# コモンズとしての都市祭礼

長浜曳山祭の都市社会学

武田俊輔——著

新曜社

目　次

装幀・加藤賢一

# 第Ⅰ部

# 課題の設定と分析視角

# 第1章　本書の目的と研究の視角

## 第1節　課題の設定

本書の目的は、近世以来の歴史を持つ地方都市（都市社会学における、倉沢進による古典的な類型で言うならば「伝統消費型都市」）、特にその都市を構成する名望家層の「家」を中心に構成された「町内」社会の社会構造と社会的ネットワークについて明らかにすることである。そのための手段として、「町内」自体がその担い手となっている都市祭礼を通じて見いだされる「町内」の社会関係、「町内」内部や「町内」社会間の関係性の性質、さらに「町内」社会を構成する人びとの社会的ネットワークや、「町内」社会と行政・経済団体との関係性や相互交渉を描き出す。そのことを通じて現代の伝統消費型都市の社会構造とそれを支える人びとの社会意識について明らかにするとともに、またその分析の枠組みを提示したい。

ここでの「町内」社会とは近世の城下町のうち商家や職人によって構成されていた町方、あるいは近世以降に発生した農村を巻き込んだ商品経済の発展の渦中において成長した在郷町《ざいごうまち》において成立し、それが変容しつつ現在までに至った都市社会である。本書は「町内」社会を中心に伝統消費型都市の社会構造について明らかにすることを目的にしているが、その際にまず町内会と対比する形で「町内」社会の概念を明確にしていこう。倉沢進は津山市における火事の際の状況を事例に、「町内」を「地域の住民の相互扶助のまとまった単位、換言すれば地域的共同生活単位であって、火災のような共通共同の危機の相互扶助的な突破を担う」とする。町内会とはそうした「町内というもっと広い社会的な基盤があって、その町内という小社会の一つのエージェント」であり、主婦層（おなごしゅ）・青年層（若い衆）・老人層・子どもたちといった年齢階梯集団ごとにつくられた「年齢階梯組織の一つであるとともに、町内を代表する最高意思決定機関」であると位置づける（倉沢 1990: 11-12）。すなわち「町内」とは「地域的共同生活単位」、すなわちそこに生活する人びとが構成するコミュニティなのに対し、「町内会」はそのなかにつくられたアソシエーションの一つ（そのなかで町内を代表する、唯一の意思決定機関）に当たる。

倉沢は「本来町内をもっていた地域は、すべて商店街、あるいは職人町、江戸時代の言い方でいえば、町方の居住地」であったと述べる（倉沢 1990: 14-15）。そうした町内は「表通りに、間口3間なら3間、5間なら5間の店と土地をもっている」といった「土地持ち・家持ち層」と「裏店」に住む「浪人者やあんまや職人」、そして後になると「勤め人」で構成されるが、「町内のフルメンバー」といえるのはそのうち「土地持ち・家持ち層」のみというのが「明治以前から引き続いてきた町内のルール」であった。それが昭和期の銃後体制の確立のなかで変容し、区域内の全戸参加型の町内会という原則が成立したことを倉沢は指摘している。

本書において扱うのも、こうしたかつての「町方」を引き継ぐ「町内」である。もちろん、明治期以来の「町内」社会がそのまま現代まで引き継がれているわけではない。たとえば奉公人を抱えるようなかつての商家の経営を現在までひき続き行なっている商家があるとは考えにくいし、「土地持ち・家持ち層」以外に対するあからさまな差別も今では明確には行ないづらい。また従来であれば商店の後継者となっていた人びとの多くはサラリーマンとなって郊外に新たな住まいを構え、あるいは進学や就職を通して大都市へと移動していった。さらに郊外での大型商業施設の増加とともに、従来の「町内」社会を構成していた中心市街地の商店の経営が悪化し、多くの地域でシャッター通り化が進んでいったこともしばしば指摘されてきた。

しかし近世以来の歴史を持つ「町内」の社会関係とその歴史的性格は現在でも色濃く残り、そこに生活基盤を持つ人びとの生活を規定し続けている。都市の伝統的な共同が、鉄道や駅の建設による中心の移動、産業化、移住者の増加といったさまざまな状況によって危機にさらされ、それまで保持していた共同が地域社会全体のなかでは少数派へと転化していっても、たとえば移住してきた人びとを排除したり選別して受け入れ、また地理的には離れた地域に住んでいる出身者についてはその内部に含みこむ形で、「町内」社会という枠は観念として維持されていった（松平 1990: 222-229）。現在でも、たとえば京都の祇園祭を担う山鉾町においてはマンションの建設を阻止したり、マンション住民のうち祭礼に対して熱心な一部のみを保存会に受け入れるといった限定をかける一方、地理的に移動した元の住民やその血縁については「通い町衆」として祭礼につなぎ止めることで、「家」の観念と「町内」とは維持され続けている（山田浩之 2016: 67-74）。その意味で現代においてもこうした「町内」社会、またそれを構成する「家」の観念は、こうした近世以前からの歴史を持つ都市について分析を行なううえで重要な意味を持っている。

こうした「町内」や「家」を軸とした社会関係の中核を構成してきたのが都市祭礼である。松平誠が述べているように、村落と違って「町内」は生産の共同にもとづく社会ではなく、それが一体となった形で生業に関連した生産物を生みだすことはない。そこにあるのは多くの異なる職業を持つ家の集団だけであり、共同を通じて発生するような村落の結合に対応するものを、自然の状態では生みだすことは困難であった。生業の単位はあくまで「家」にあって「町内」にはない以上、村落における入会地や生産に不可欠な共同の資源や財産、それらの管理を通して必然的に創出される社会関係も存在しない。そうした中での「町内」の共同として、松平は土木・衛生・教育・防犯、それに祭礼や冠婚葬祭の共同行為を挙げている（松平 1983: 33-34）。

そのなかでも祭礼は、「町内」を構成する各「家」が参加する、定期的かつ大規模な生活共同である。生産の共同やそれと結びついた資源・財産がない「町内」においては、それに代わる共同の資源・財産として挙げられるのは町会所や神社、それに付け加えるならば祭礼に用いられる山車や道具などに限られる。そしてそれらを維持・管理するための金銭や知識をともなう共同行為、そしてそれらを用いた祭礼を通じてその「町内」の威信を外部に示し、また熱狂や興趣を創出することを通じて結合を発生させていく。

さらに祭礼は人びと同士の「町内」という共同認知を象徴的に構成し、またその内部における各「家」の威信秩序を表出する大きな機会であった。町内の生活組織と祭礼組織は全く同一であることはしばしばみられ、また祭礼における役職や等級が「町内」を構成する各「家」の経済力・政治力と、「家」同士の関係性、また「町内」の構成員をめぐる境界線をクリアに表出するシンボルとして機能してきた。加えて祭礼は「町内」の内部だけではなく、たとえば農村部の人びとが祭礼にともなう肉体労働や下働きの役割を担うことを通じて、「町内」とそれらの人びととの関係を示すものでもあった（松平 1990）。

とりわけ現代において「町内」を考える際、祭礼は重要な位置を占めている。というのは、こうした「町内」を構成してきた地方都市の持っていた、周辺農村部から人・モノ・金を呼び込むような経済的な中核性は戦後になって次第に失われ、中心市街地の商業的な衰退が進行するとともに、「町内」の領域から郊外へと住居を移動した住民も数多くなっている。そうしたなかで伝統的な「町内」は、松平が挙げているような土木・衛生・教育・防犯といった「住縁」という近隣性なしに行なえない生活共同以上に、祭礼を通じてその相互認知のあり方を維持するようになっている。先に祇園祭の山鉾町において地理的に移動した元の住民やその血縁を「通い町衆」として祭礼につなぎ止めている状況について触れたが、このような形で「町内」が維持されているのは、地方都市においても同様である。

そうした都市祭礼、そして日常的に少しずつ行なわれているその準備のなかで、「町内」に住まう人びとが「家」や「町内」という単位においていかに負担と名誉とをわかちあうしくみを創り上げているのか。そうした枠組みをふまえたうえでの「家」同士や祭礼において役割分担を行なう世代間の関係、また異なる「町内」の人びと同士の関係はどのようなものか。「町内」社会の内部における「家」同士の関係性や、異なる「町内」同士の関係性は人びとによってどのように意識されるのか。郊外化や町内の領域における人口の減少といった状況において「家」や「町内」といった観念をいかに変容させつつ、人びとは祭礼を継続していくのか。本書ではこうしたなかで人びとが協力し、また対立しつつ祭礼という場を成立させていく状況、そこで交わされる日常的なやりとりからなる「相互行為の集合」(Goffman 1967=2012: 2) について、参与観察とインタビューを通じて具体的に描き出しながら明らかにしていく。

またそうした「家」や「町内」といった意識が確認される場としての祭礼を維持するために、「町内」が周囲の村落や行政、専門家といった外部のアクターとの間で関係性をどのようにとり結んできたのかについて、その歴史的な変容も含めて論じる。もともと祭礼に限らず伝統的な都市において、その周辺の農村部は商品作物や奉公人などの労働力の供給地であった。そうした関係性は祭礼の場においても見いだされ、たとえば祇園祭であればその山鉾の曳き手は、かつては近隣の農村部から雇われた人びとであった。祇園祭の場合は戦後の山鉾町と農村部との関係性の変化にともなって、山車の曳き手はボランティアへと変化したが、そのように祭礼を成立させるためにはさまざまな外部のアクターとの間に関係をとり結び、かつそれを時代の変化にあわせて更新していくこと、また複数の「町内」がそのために協力しあうことが必要となる。さらにこうした祭礼当日に必要な労働力だけでなく、都市祭礼を行なううえでは山車の維持や修理、技芸の継承といった複合的な資源の管理が必要であり、そのためには行政からの補助金や文化財行政、また専門家からの知識の供与といった、専門性をもった外部のアクターとの協力関係なくして祭礼は成立し得ない。地域社会をとりまくマクロな社会変動とそれにともなう盛衰に対応しつつそうした関係性を、「町内」の人びとが都市祭礼を継承するなかでどのように創り上げていったのかについても分析を行なう。

本書ではこのようにして、祭礼を成立させているさまざまな関係性、すなわち同じ「町内」社会を構成する「家」と「家」の関係や世代間の関係、また「町内」と「町内」の関係、「町内」社会と周辺村落との関係、「町内」を構成する個々人が祭礼と結びつけて動員する日常的な社会的ネットワークといった関係性を具体的に描き出す。と共にそうした集団間・個人間の関係性だけでなく、祭礼という場がそれなくしては成立し得ないような舞台装置、たとえば山車といったモノやそれを維持するために必要なメンテナンスを媒介として、「町内」の内外において発生するさまざまな社会関係についても分析を行なう。さらに現在の広く知られた伝統的な祭礼が観光資源や無形民俗文化財、ユネスコ無形文化遺産といった社会的文脈を付与されていくなかで、「町内」がそうした文脈にどのように向き合い、時にはそれをうまく活用して継承に役立て、時にはいかにそれにともなう制約と折り合いをつけていくのかを分析することを通じて、「町内」と行政・地域経済団体との関係性を描き出す。以上のように本書は都市祭礼を媒介として、現代の伝統消費型都市を構成する生活共同と社会的ネットワークについて具体的に明らかにすることを目的としている。

## 第2節　研究対象と分析の視角

本書において扱うのは、滋賀県長浜市の中心市街地を構成する「町内」である「山組」という地縁組織である。「山組」は近世以来の歴史を持つ「町内」で、毎年4月13日~17日にかけて行なわれる長浜曳山祭という都市祭礼の担い手であり、「町内」と祭礼組織は同一になっている。したがって祭りを担う単位の山組名+町名、たとえば「月宮殿」（山組名）＋「田町組」（町名）の二つがセットで、「月宮殿田町組」というように合わせて呼称される。現在祭礼の中心となっているのは、12の各山組のそれぞれが共有する曳山という山車上の舞台において、6歳~12歳前後までの男児が演じる子ども歌舞伎（長浜では「狂言」と呼称するため、以下はその表記に従う）であり、各山組はその披露を通じて互いに競いあう（図1-1）。

**図1-1　狂言（子ども歌舞伎）2018年４月15日撮影**

後述するように、長浜は当初、豊臣秀吉によって開かれた城下町として数多くの商人が集められて栄え、江戸時代に城が破却されて以降もこの地域の中心的な商業都市、かつ琵琶湖の水運や複数の街道といった交通の要所に位置する宿場町、さらに門前町としても栄えた。明治期以降もいち早く鉄道を開通させて近畿・北陸・中京と結ばれ、また周辺農村部から人・モノ・金を集積する、この地域の中核的な商業都市であり続けた。商業以外の産業としては近世より彦根藩の保護をうけて「浜縮緬」と呼ばれる縮緬・ビロードの生産が盛んであり、近代以降も織物業で繁栄した地域であった。倉沢進による歴史的形成過程にもとづく都市類型に従えば、典型的な伝統消費型都市ということになる。

山組が位置するこうした伝統消費型都市の中心市街地は、戦後のモータリゼーションの進展やライフスタイルの変化を背景とした人口の郊外化、さらにロードサイドにおける大型ショッピングセンターの進出などによって衰退していったが、長浜もまたその例外ではなく、特に1980年代においてはシャッター通り化が進行した。この状況を大きく変えたのは地方都市におけるまちづくりの成功例としてしばしば挙げられる、第三セクター「黒壁《くろかべ》」である。もともと郊外で事業を営む非商業主たちを中心に設立された「黒壁」は、中心市街地に位置する明治時代の旧第百三十銀行長浜支店の建物を買い取り、そこを中核としてガラスを中心とした店舗展開を1989年より行なっている。その後、空き店舗を借り入れて修復し、テナントとして新たな商売の担い手を呼び込むことを通じて中心市街地を活性化することで、長浜は地方都市の商店街の数少ない「成功例」としてみなされている（矢部 2000）。

ただしこうした黒壁のメンバーは従来からの中心市街地の担い手である山組とは重なっておらず、「町内」の一員ではない。黒壁の関係者の多くは中心市街地である山組の周辺部に住居・職場を構えており、事業の評価は高いものの、山組のような伝統的な中心市街地の担い手層ではない（矢部 2000: 53）。現在に至るまで、山組の中心メンバーは黒壁の経営者層とは重なっておらず、両者は異なる社会層に属している。とはいえこうした経済的な活性化の影響を、山組に属する従来の商業者たちもまた多かれ少なかれこうむっていることは確かである。

こうした長浜という都市の歴史と現状をふまえたうえで、以下では祭礼の概要と本書に登場する祭礼に関する組織について、またそれらについてどのような視点から分析を行うかについて説明する。

## 長浜曳山祭の歴史

長浜は小谷城を本拠としていた近江浅井氏が１５７３（天正元）年に滅亡した後、その旧領を与えられた羽柴秀吉が開いた城下町であった。秀吉は近江北部より農民、侍、奉公人、商人に至るまで徴集して強制的に築城工事に従事させ、城の東に碁盤状の町をつくり、在来の民家だけでなく、小谷城下をはじめとする周辺地域の商人を移住させた。１５９１（天正19）年には町人屋敷３００石の年貢米を免除する朱印地の特権を与え、さらに番匠・鍛冶・大鋸引《おがびき》・畳指《たたみさし》・鍋屋・塗師といった諸職人にも諸役を免除する特権を与えるなど、商工業者の招致に努めた。

徳川幕府の成立後、長浜は井伊直孝の彦根藩領となり、城郭は彦根に移されたが、その後も朱印地の特権は持続され、町屋敷年貢が免除されたほか、営業税や所得税が賦課されることはなかった。こうして長浜は商業的中心たる在郷町、また北陸と京大阪をつなぐ港町かつ北国道の宿駅という交通都市、加えて大通寺や長浜八幡宮といった多くの参詣者を持つ門前町としても発展していく（長浜市史編さん委員会 1999）。

さらに湖北の養蚕地帯を背景に製糸布産業が発展し、18世紀後半から19世紀初頭にかけてはそこから縮緬機業が盛んとなった。そして藩の経済的な中心としてその権力の強固な支配と庇護を受けつつ、京都などへの販路を獲得して浜糸・浜絹・浜縮緬・浜蚊帳・ビロード等の問屋制家内工業をも発達させていった。長浜の明治初期の戸籍簿の分析によると数多くの職業的使用人や徒弟奉公人を抱えた商家や手工業者が多数存在し、生産・商業都市として発展した長浜の状況がうかがわれる（西川幸治 1994a: 197–201）。戦後に至るまで長浜周辺の農村部の人びとにとっては、買い物や曳山祭、大通寺への参拝等で長浜に行くことは「浜行き」と呼ばれ、憧れのニュアンスをともなうものであった。

こうした長浜の都市としての発展を背景として行なわれるようになったのが、長浜八幡宮の長浜曳山祭である。この祭りは羽柴秀吉が長浜城主であった天正年間に長浜八幡宮の祭礼として始まった太刀渡りという武者行列に由来し、後に秀吉がみずからの男子出生の際に町民に見舞った祝金をもとに、各町で曳山と呼ばれる山車を造ったとされる。18世紀半ば以降には祭礼の中心は、曳山のうえで歌舞伎を演じるものとなり、現在まで引き継がれている。

## 山組組織を構成する家とその歴史の重要性

曳山祭は江戸時代の長濱52か町に基盤を持つ「山組」という13の地縁組織によって行なわれており、現在に至るまで各山組の領域は、一部の脱退した地域を除けば基本的には変わっていない（図1-2）。江戸時代に町人の自治都市であった長浜では、52の個別町のそれぞれが町代を中心とする町役人組織と町掟を持つ自治団体として運営されており、個別町の上部にテーマによって異なる町の組み合わせの連合体である「組」が置かれていた。山組はそうした複数の個別町を含んだ「組」のなかの一つであるが[1]、そのほとんどが明治以降は消滅したなかで、

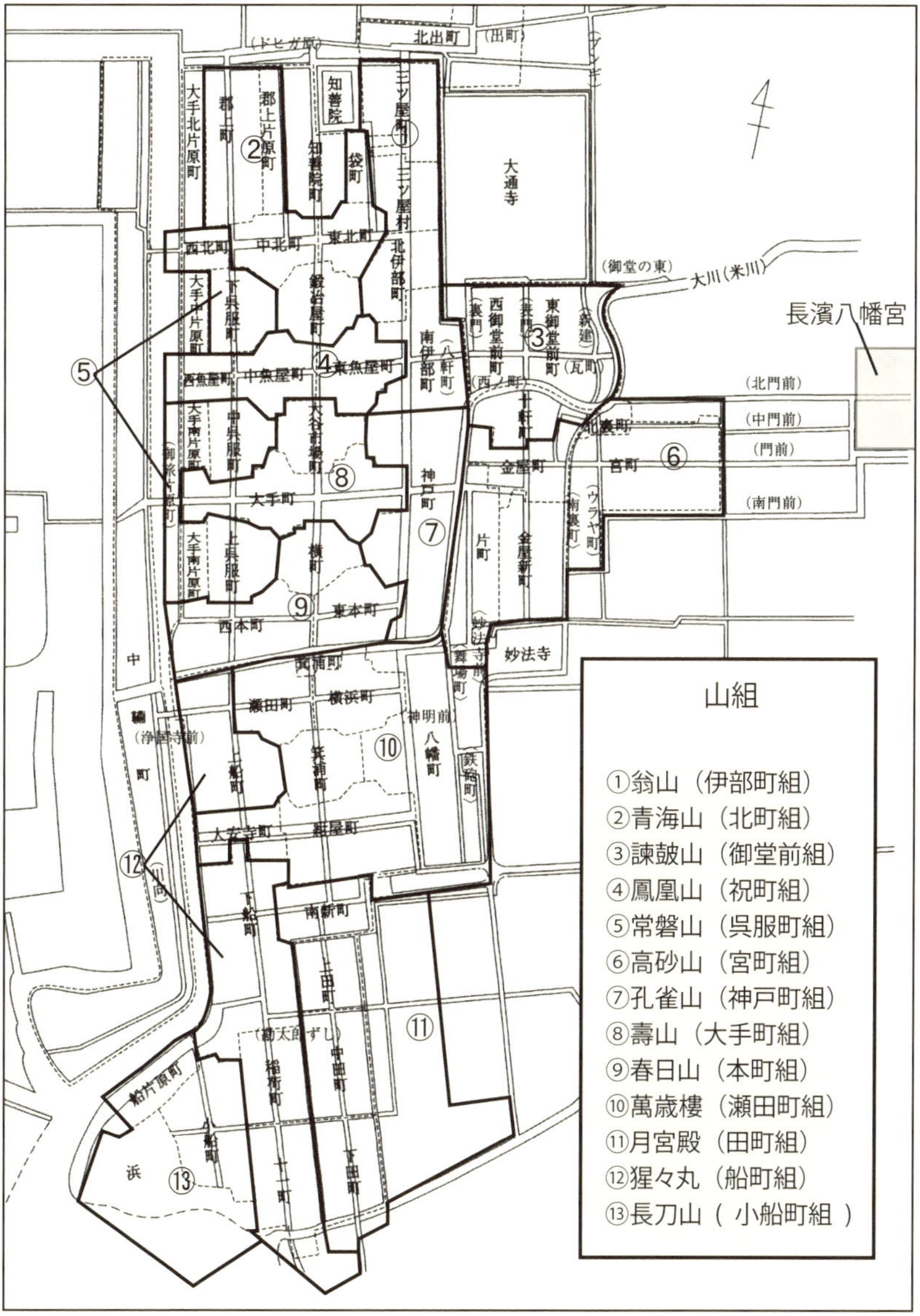


図1-2　近世の長浜町と現在の13の山組（町内）の範囲

点線は近世の町境界、太線は現在の山組の境界線

（長浜曳山文化協会・滋賀県立大学人間文化学部地域文化学科 2012：14）

唯一現在まで引き継がれた「町内」の単位である。[2] 祭礼においては山組のなかの個別町がローテーションで祭礼における中心的な役割を担うという「当番町」と呼ばれるしくみが設けられているが、現在では人口減少や少子高齢化にともなって個別町で祭礼を担うのは難しく、山組全体で分担して祭礼を行なうところが多い。

山組は個々人ではなく、そこに居住する家単位で加入する。山組のメンバーとして正式に行事に参加するのは、各家の世帯主である男性とその息子に限られる。女性は曳山（山車）に触ることは許されておらず、妻や役者の母親として男性のサポートを行なうが、祭礼自体において正式な役割が与えられることはない。唯一、祭礼における周縁的な役割である囃子の演奏について、1970年代以降に関わるようになったのみである。[3]

山組の成員資格は倉沢が述べる「町内」社会の特徴をよく示しており、多くの山組では現在でも、山組内での土地・家屋を所有している居住者・店舗の経営者が祭礼において中心的な役割を担う。現在では店だけを残して住まいを中心市街地の外に移す者も多いものの、山組の町内に店や家屋、土地を所有して祭典費を納め、労力を割いている家かどうか、またそうした家の血縁かどうかは、祭礼においてどのような役割をはたすかという点で現在でも基底的な意味を持っている。特に昔から代々町内に居住していた家はそれだけ金銭的にも、また労力の面でも祭礼により貢献してきたとみなされ、祭礼においてより高い威信を持つことが多い。また近年まで多くの山組では、各家が納める祭典費は間口割にもとづく傾斜配分になっており、現在でも一部にそうした山組が存在する。当然ながら、そこではより大きい間口を持ち、高い祭典費を納める家の方がより貢献度と威信が高いということになる。[4] このような「町内」を単位とし、祭典費の支出額や役職という形で組織編成において威信構造が示され、祭礼を通じてそれが強化・再編成されて「町内」の社会構成原理としてはたらくというしくみも、伝統的な在郷町に由来する都市において全国的に見られるものであり、その典型的な姿を示している。そうした点で長浜は、伝統消費型都市の「町内」の社会構造と社会的ネットワークに関する社会学的研究を行なおうとする本書の対象として最もふさわしいものと言えるだろう。

こうした威信は、長浜の場合はたとえば狂言の際にその家の息子が役者、あるいは山組を代表して八幡宮から御幣を受け取る御幣使に選ばれるか、また世帯主やその息子が重要な役職を任されるかどうかという形で示されるが、そうした貢献度と威信に対する評価は全員が必ずしも一致するわけではない。むしろそうした貢献度に対する評価と名誉の配分をめぐって、しばしばコンフリクトが発生する。

なお近年では中心市街地の人口減少にともなって、テナントを借りている自営業者、また他の町出身だが子ども時代に「借り役者」[5]として祭礼を経験したり、曳山の曳行の際に奏される囃子（以下では長浜での呼称に従って「シャギリ」と呼ぶ）を習いに来たことが縁で外から山組に加入した者、役者の親として初めて祭礼を経験した者、血縁者の友人なども加わるようになっている。そこでも祭礼に対する金銭・労力面での負担をどれだけ担っているかが、山組内における評価の対象となっている。

山組という町内は、30~100軒程度の上記のような家を単位として成り立っており、その祭礼組織を分析するうえでは、そうした上記のような山組内における居住歴や貢献度とそれにもとづく評価・威信をめぐって競合しあう関係にある、各家同士の関係性を論じることが不可欠である。

## 山組における世代間の協力と対立

山組はいずれも男性の、狂言を担う45歳前後までの若衆と、曳山の管理・曳行や祭礼の進行、また他の山組との交渉を担ったり、後述する総当番《そうとうばん》と呼ばれる祭礼全体を統括する事務局に出席する70歳前後までの中老からなる。山組の組織については図1-3を参照されたい。

若衆の代表を筆頭、中老の代表は負担人と呼ばれる。山組全体を代表するのは負担人である。祭りのメインステージにあたる狂言執行を若衆のみで担う「若衆祭り」の山組と、中老も含めて行なう「総祭り」の山組があり、かつては若衆のみで狂言の準備を行なっていた若衆祭りの山組でも人数不足や時間的・資金的な問題から、中老

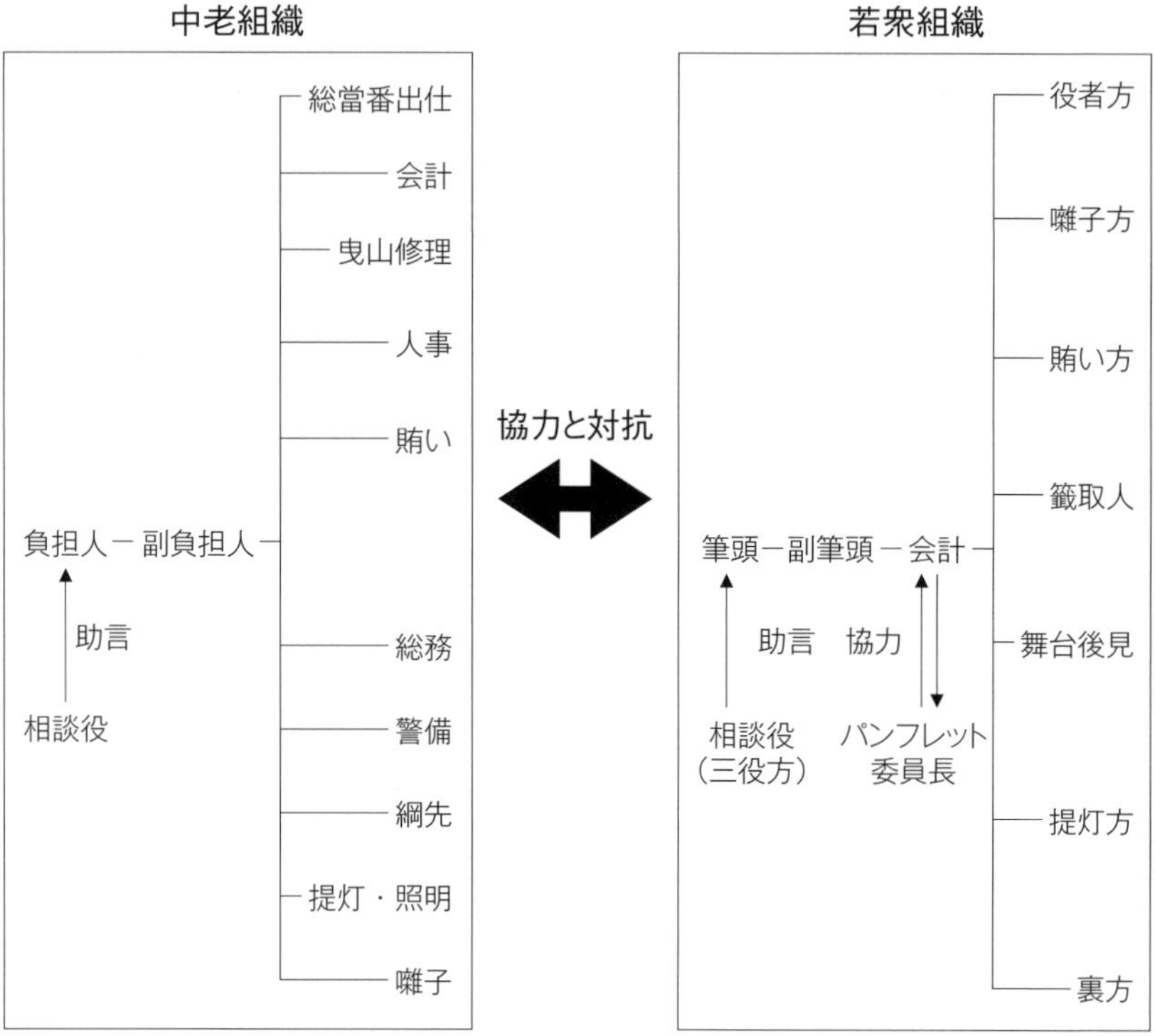


**図1-3　A町の山組組織**

も狂言の準備をサポートする総祭りへと移行した山組も見られる。実際、長浜中心市街地の在住者の人口減少にともない、地縁・血縁にもとづく若衆たちの数は大きく減少しているのが現状である。ただし総祭りの山組であっても、狂言についてはできるだけ若衆に任せるという方針のところが多い。

祭礼の最大の見所となっている狂言を若衆が担うのに対し、中老が担うのは各家からの祭典費の集金とその管理、狂言の異動舞台である曳山の管理、そして他の山組との交渉である。この2つの世代は他の山組に負けないように祭礼を協力して行なうべき立場にあるが、実際にはしばしば山組内における資源の配分、また祭礼に関する知識とその解釈の正統性などをめぐって相争いあう関係にある。たとえば狂言と曳山のどちらにどれだけの予算を充てるかについての対立や、従来の祭礼のしきたりに自分たちなりのバージョンアップを加えようとする若衆と以前のやり方を堅持するよう求める中老とのぶつかり合いがしばしば発生する。山組という「町内」の社会関係について考えるうえではこうした世代間の関係性についての分析も、重要な課題である。

## 祭礼を支える技能と舞台装置

この祭りにおいて各山組が披露するのは、曳山という山車の舞台の上で行なわれる狂言（子ども歌舞伎）である。狂言は多くの山組では、歌舞伎のプロの振付に役者の指導に当たってもらい、また舞台設定や役者の心理について語る太夫や、役者の演技に合わせて演奏する三味線もプロを招聘する。これらは合わせて「三役」と呼ばれる。そして5歳〜12歳前後までの役者として選ばれた男児たちが若衆のサポートを受けつつ振付らの下で連日稽古に励み、祭礼の際には狂言を披露するのである。

**図1-4　曳山の一つである萬歳楼（2016年４月14日筆者撮影）。**

そして狂言を行なううえで欠かせないのが曳山である（図1-4）。長浜の曳山は18世紀後半から19世紀前半にかけて、浜仏壇と呼ばれる長浜独自の仏壇の技法にもとづいて建造されている。曳山は木造で彫刻が施され、漆で彩色されて、数多くの錺《かざり》金具で装飾されている。曳山の後方と左右には美しい幕が懸かり、舞台と楽屋を仕切る障子や天井まで美しく彩色されている。曳山には4つの車輪があり、それらは直径1メートルを超える巨大な丸太を材料としている。曳山の前後には綱と梶棒がつけられ、それらを用いて人力で動かすようになっている。

曳山は祭礼などの機会に用いられれば用いられるほど車輪が故障するリス

図1-5　シャギリ（2016年４月15日撮影）

クが高まり、さらに紫外線による漆の退色や錺金具の欠損、また乾燥による木部の割れが生じる。そうしたことを防ぐべく曳山は日常的にメンテナンスが必要であり、またいずれは多額の費用をかけた修理をしなくてはならなくなる。

曳山の曳行や狂言の開始前後においては、篠笛・太鼓・鉦による「シャギリ」と呼ばれる囃子が曳山の2階に当たる「亭《ちん》」のなか、また曳山の周囲で繰り返し奏される（図1-5）。シャギリもまた舞台装置の一つであり、その音色が定められた時間・空間に鳴り響くことで、祭礼の場が創りだされる。道中を曳行するときには「御遣り《おいや》」、長浜八幡宮やその御旅所（祭礼のとき、御神体を奉安する神輿を安置する建物）に入るときは「神楽」、狂言の開始が近いことを予告する「奉演間《ほえま》」、狂言開始を告げる「出笛《でぶえ》」と呼ばれる笛のソロ、祭礼の本日が終わって曳山が長浜八幡宮の御旅所から各町内に帰るときの「戻り山」と、曲によってそれぞれの場面を伝える。聴く者はシャギリによって、たとえば心を昂ぶらせて狂言の開始を待ちわび、また本日が終わる寂しさや無事に本日を務めあげたことへの安堵を抱きながら、祭礼を執行し、また眺めることになる。

狂言の三役、曳山の修理に当たる職人、曳山の曳き手、シャギリの担い手は歴史的に遡るといずれも山組の外部から雇う形で確保されてきた。もともと伝統消費型都市の町内において中核を成す豪商たちが、その財力によってこうした人びとを雇うのが都市祭礼だったのである。しかし「町内」が経済的に衰退し、また社会環境の変化と共に三役として雇ってきた地歌舞伎の担い手（橋本章 2017: 186）、浜仏壇の職人、そして農村から雇っていたシャギリの担い手や曳山の曳き手が減少していくなかで（上田喜江 2012, 2017）、山組はそれまでとは異なる形でそうした技能・技術の担い手を見いだすべく、その内外に新たな社会関係を構築するようになっていく。祭礼を構成するさまざまな技能、また舞台装置である曳山という共有資源がなくては祭礼の執行は不可能であり、それらが媒介となる形で必然的に「町内」の枠を超えたさまざまな関係性が呼び込まれざるを得ないような形で都市祭礼は創り上げられている。伝統消費型都市の「町内」とその社会関係について分析するうえではその分析が不可欠だと言えるだろう。

## 山組間の対抗と協力

長浜曳山祭はこうした13の山組の競い合いにおいて成り立つ祭礼である。他の山組の狂言に先立って太刀渡り行事を奉納する長刀組を除く12の山組がそれぞれ3年に1度、すなわち毎年4つの山組が曳山のうえで男児による子ども歌舞伎を執行する。狂言を行なう順番に当たることを出番、そうでない場合は暇番《かばん》と呼ばれる。狂言や曳山、またそれに付随するさまざまな行事を通して、「町内の経済力や文化の高さをほかの町内や見物人に見せる機会として機能し、さらに町内間の祭り・山車を媒介にした競争が当事者たちにとってゲームという娯楽として作用する」（金 2013: 17）という、都市祭礼の典型的な性質が、祭礼全体に見いだされる。複数の「町内」によって構成される伝統消費型都市を分析するうえでは、そうした山組という「町内」間における対抗関係がどのようなものか、またそうした「ほかの町内や見物人」の存在、そのまなざしやふるまいは対抗関係にどのような影響を与えるのかについて明らかにする必要がある。

ただしその一方で都市祭礼が成立するのは、こうした対抗しあう山組同士が競争の場を協力して構築しているからである。曳山祭は13の山組によって担われているが、毎年の祭礼全体はその年その年の祭礼の事務を統括する総當番と呼ばれる中立の機関の下で運営される（図1-6）。総當番の構成は当番に当たった2つの暇番山組から3人ずつの計6人（このなかから委員長が決められる）と長浜八幡宮の氏子総代、長刀組と4つの出番山組の中

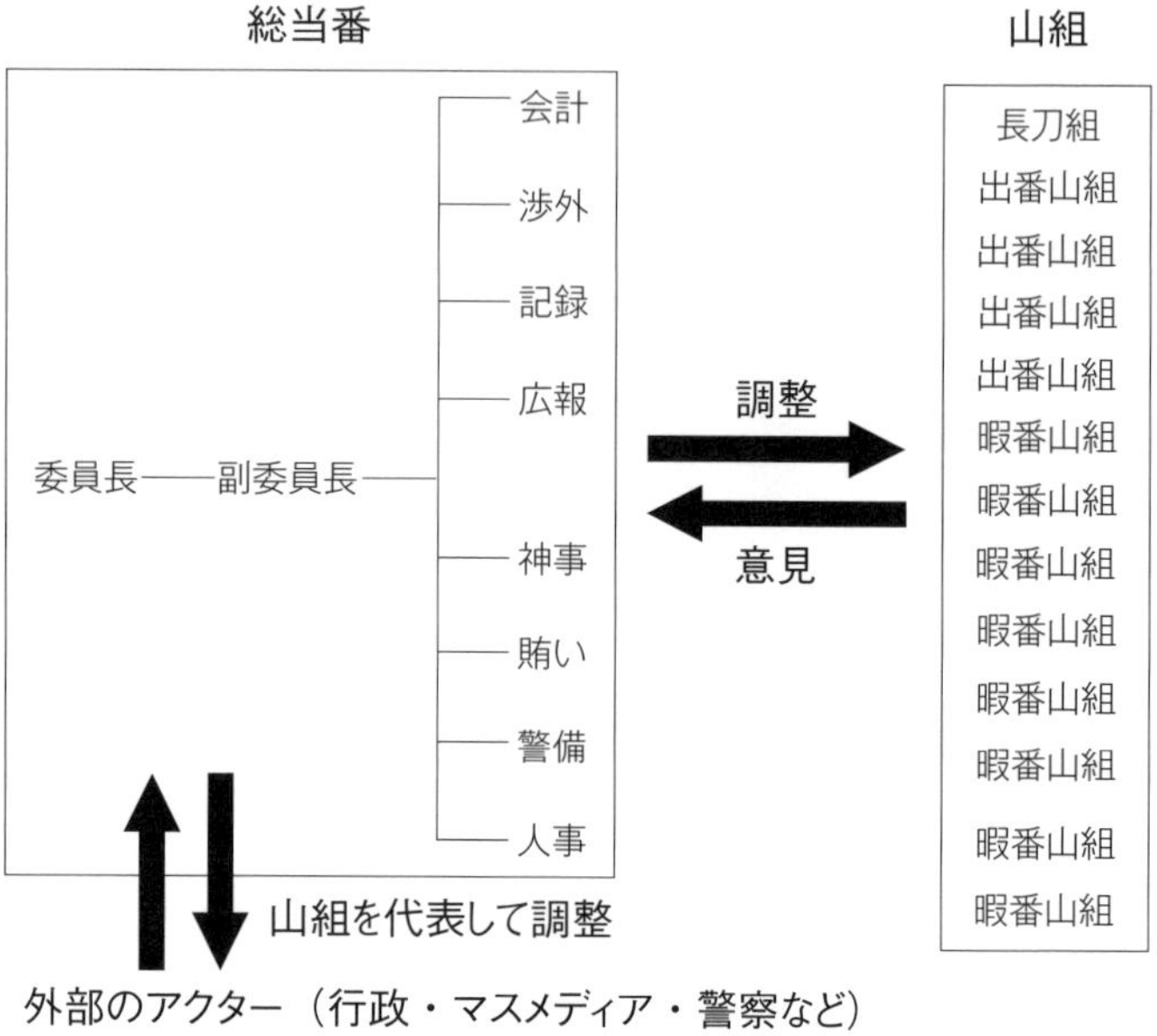


**図1-6　毎年の祭礼を執行する組織**

老、そして山組以外に江戸時代の長浜町の周辺にあって、祭礼の際に神輿を担ぐ役割を担う七郷[6]という区域から選ばれた7人の合計13人体制で組織されている。

祭礼全体に関する決定は1923（大正12）年にまとめられた「祭典申合規約」と呼ばれる規則にもとづいて、總當番委員長が出番山組の正副負担人を召集して開催する出番山組集会、またすべての山組の正副負担人を召集して開催する総集会において行なわれる。總當番は集会において山組の意見を集約し、祭の進行のタイムスケジュールを定めると共に、曳山の曳き手などの人手の確保を行なう。また県・市・長浜市観光協会・マスメディア・警察・警備会社・ボランティアなどの祭礼に関わる外部のアクターに対して、祭礼を円滑に進めるべく山組全体を代表して交渉する。一方で逆にそうしたアクターから祭礼への意見や要望を会議で全山組に伝えて討議し、山組として受け入れ可能な結果となるように調整を行なう。

總當番はその年の祭礼をつつがなく執行するための組織であり、毎年メンバーが交代する。これに対して祭礼全体に関する山組共通の課題に取り組むべく、山組の枠を超えて恒常的に設けられている機関として、1979

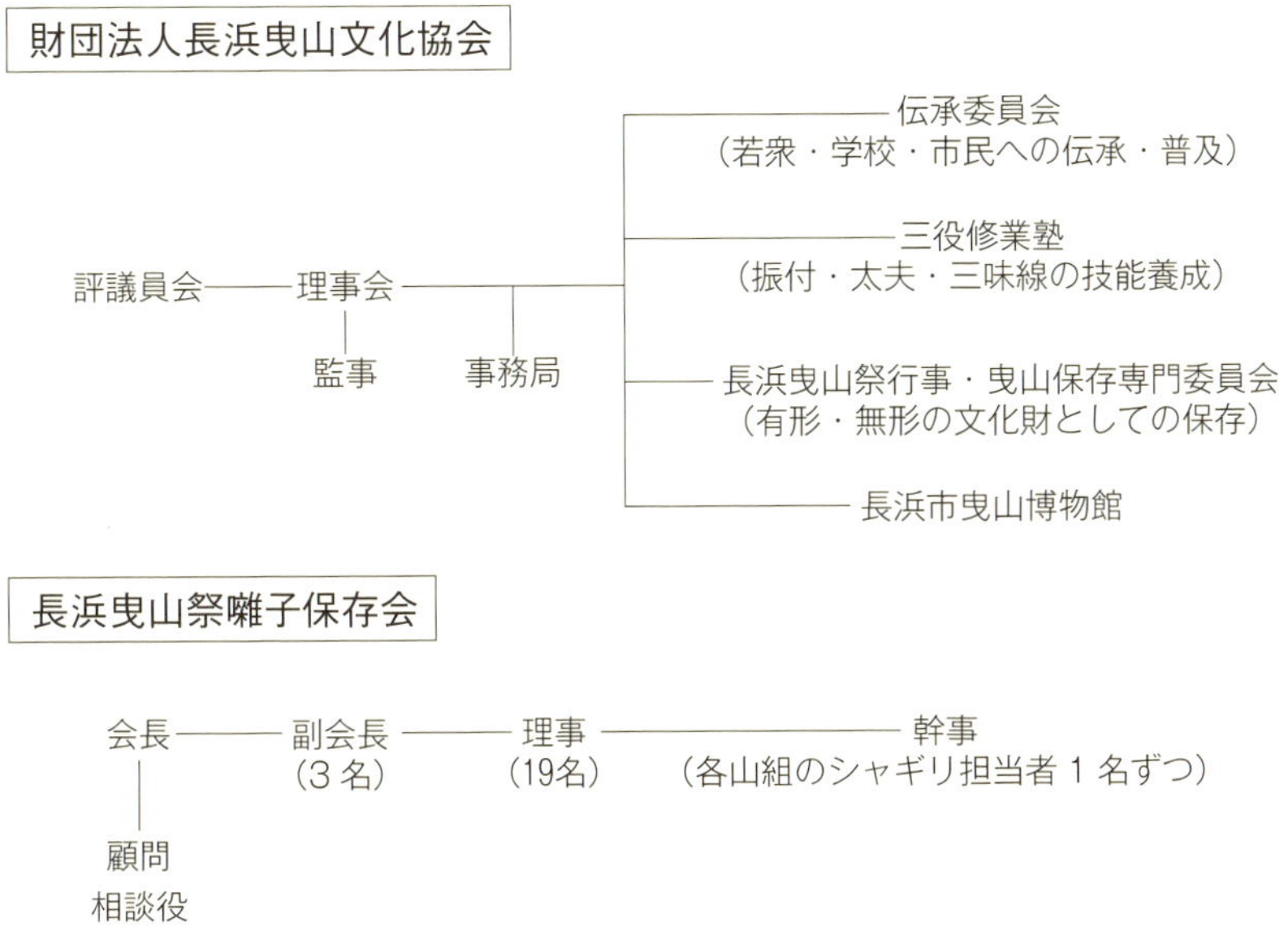


**図1-7　祭礼の保存・伝承・普及に関する常設組織**

年に長浜曳山祭が国指定重要無形民俗文化財に指定された際に設立された長浜曳山祭保存会、およびその後身として１９９９年に設立された財団法人長浜曳山文化協会がある（図1-7）。これらは先に挙げた各山組にとっての共通課題である曳山の保全・修理や三役の養成、また伝承委員会という下部組織が中心となって祭礼全体に関するしきたりや慣習について山組の垣根を越えた形での若衆の勉強会を主催するといった活動や、市民への祭礼の普及啓発に取り組んでいる。またこれも共通の課題であったシャギリについては、山組の垣根を越えてその担い手を山組内に養成し、山組間での相互協力を行なうための組織として長浜曳山祭囃《しゃ》子《ぎり》保存会が１９７１年に設立されている（図1-7）。伝統消費型都市の町内を考えるうえでは、競争だけでなく、そもそも競争を成立させるこうした協力関係がどのように構築されているかについて見ることも重要な課題となる。

### 山組外からの祭礼に関する資金調達と社会関係

戦前期までの長浜は浜縮緬・浜仏壇といった伝統的

な産業や商業が繁栄し、数多くの使用人や徒弟奉公人が居住していた。そうした生産・商業都市として発展していた長浜の各山組にいた豪商たちの経済力によって、狂言の指導者である振付や太夫・三味線、さらにシャギリの担い手を雇い、また美しい曳山を維持する費用をまかなう形で祭礼は行なわれてきた。しかしそうした状況は戦後以降、大きく変わっていく。すでに述べたように、現在でも山組を構成する各家、特に間口が大きい家や居住歴が長い家は多額の祭典費を払って祭礼を維持しているが、それだけでは毎回の出番に必要な金額にはとうてい及ばないうえ、ましてさらに曳山の修理を行なうための予算を捻出することは不可能である。

そうしたなかで山組を構成する個々の家や個人は、山組外部に広がるさまざまな社会的ネットワークを駆使して資金を獲得している。また近現代における都市祭礼が置かれた社会的文脈、たとえば観光客誘致や経済振興に寄与する地域資源、貴重な文化財といった形での意味づけの社会的な付与といった状況に巻き込まれつつ、時にはそれを活用していくことで、祭礼に必要な諸資源を獲得してきた。すなわち祭礼は単に山組内だけにとどまるものではなく、地域社会における経済団体や行政との関係性といったさまざまな社会関係とそうした観点からの意味づけを踏まえつつ成立するものへと再編成されていくのである。

## 祭礼の準備とパフォーマンス

さてここまで山組という組織やそれを構成する家・世代、山組同士の対抗と協力、そして山組が曳山・技能・資金を通して山組内外が創り上げている社会関係について説明してきたが、そうした関係性は長期にわたる準備と当日の実践のなかで、祭礼においてパフォーマティヴな形で創り上げられていくものである。したがって上記のような組織だけでなく、実際に祭礼が準備・実行される場における山組の人びとの実践に注目し、そこから人びとの関係性がどのように創出されているかを分析しなくてはならない。

まず祭礼自体の公式のスケジュールを確認しておこう（図1-8）。祭礼は4月9日以降に本格化し、13日から

**図1－8　長浜曳山祭　出番山組のスケジュール**

| 時期 | 作業内容 |
|---|---|
| 11月頃 | パンフレットの編集、各山組での協賛金集め（2月まで継続）。 |
| 12月頃 | 外題《げだい》（芸題）・役者・三役の内定。 |
| 1月頃 | 役者顔合わせ。鬘合わせと配役の正式決定。外題・役者・三役の山組内部での公表。 |
| 2月頃 | 山組総集会における、外題・役者・三役の一般向け公表。若衆の役割分担の決定。 |
| 3月20日頃 | 狂言の稽古開始。 |
| 4月第一土曜日 | 曳山交代式（長浜市曳山博物館から、出番山組の曳山を各山組の山蔵へ、翌年の出番山組の曳山を博物館へ曳行）。 |
| 4月9日 | 線香番・裸参り（初日）。 |
| 4月10日 | 裸参り（2日目）。 |
| 4月11日 | 裸参り（3日目）。 |
| 4月12日 | 神輿渡御・裸参り（4日目）・起こし太鼓。 |
| 4月13日 | 御幣迎え・籤取式《くじとりしき》・十三日番（山組内での自町狂言）。 |
| 4月14日 | 自町狂言・登り山・夕渡り。 |
| 4月15日（本日） | 朝渡り・長刀組太刀渡り・翁招き（長刀組による狂言開始の合図）。<br>八幡宮での狂言奉納・参道での子ども狂言・御旅所での狂言奉納。<br>神輿還御・戻り山。 |
| 4月16日 | 後宴（自町）狂言・長浜文化芸術会館での子ども歌舞伎観劇会・千秋楽。 |
| 4月17日 | 御幣返し。 |
| 5月頃 | 若衆後宴。 |

行事が行なわれて17日に終わる。出番山組の祭礼に関する年間のスケジュールは図1-8に記したが、まずは4月の祭礼本番を中心に述べておこう。4月9日夕方より各山組の町会所で行なわれる稽古が一般に公開されるが、この日は総當番の委員が出向いて、すべての山組が40分という制限時間内に狂言を終了できるかどうかを確認する線香番と呼ばれる行事が行なわれる。

9~12日の夜には町会所に若衆が集まり、「裸参り」と呼ばれる行事が行なわれる。これは各山組の狂言奉納順を決める「籤取式」という儀式で籤を引く籤取人という名誉ある役職の若衆を盛り立て、役者の健康と祭りの成功を長浜八幡宮と豊国神社に祈願する。各山組が参拝の道中ですれ違い、多くの見物人が集まるなかで喧嘩を行なうなど、相互の対抗意識をむき出しにする。

12日の深夜には「起こし太鼓」と呼ばれる、若衆たちやシャギリを担う子どもたちが祭礼準備に向けて町内の家々をシャギリで起こして回る行事が、暇番を含む各山組で行なわれ、各山組の町内では一気に祭礼の場へとその空気が切り替わっていく。またこの日、八幡宮から御旅所へと、御神体を載せた神輿が渡御を行なう[7]。

13日以降が正式な祭礼となる。13日午前7時には八幡宮の儀式殿で各山組が曳山に飾る御幣を受け取る「御幣迎え」が行なわれる。次いで昼前には山組内で若衆・中老が会食をし、中老たちは、負担人そして筆頭・籤取人を中心とする若衆たちを激励して八幡宮へと送り出す。13時15分より総當番が監督して本殿で行なう籤取式で狂言の奉納順が決まり、その後に各町内で狂言(自町狂言と呼ばれる)が披露される。

14日は自町狂言の後に「登り山」として、それぞれ曳山が役者を乗せて八幡宮に曳行され、神前に整列する。その後、夕刻の「夕渡り」という行事では、各山組の役者が八幡宮から参道を歩いてその姿を観衆に披露する。沿道は見物人で溢れ、若衆たちはその前でどのように役者を演出し、その名前や姿を広めるかに工夫を凝らす。

15日は祭礼の本日である。「朝渡り」として役者や若衆・中老が八幡宮に向かった後、八幡宮で狂言奉納が行なわれ、その後、奉納が終わった山組から御旅所へと曳山を曳行する。御旅所に向かう道中でも狂言が披露され、御神体を載せた神輿が納められた御旅所での狂言が最後となる。御旅所では4つの山組が奉納した後に神輿還御が行なわれ、その後に「戻り山」として出番の曳山は山組内の山蔵に戻される。なお14日・15日において各行事や狂言を山組が行なう際には、必ず総当番による確認を受け、その承認を得てから始められる。

16日になると、各山組では本日が終わった安堵感に包まれる。祭礼に協賛金を寄付した市民向けに長浜文化芸術会館での4つの山組の狂言が上演されるが、それ以外はすべて自町の人びと向けの狂言であり、若衆たちもリラックスして内輪での狂言とその準備を楽しむ。最後に千秋楽と呼ばれる狂言、そしてその後に役者たちをたたえ、町内の人びとの協力に若衆たちが感謝するセレモニーが行なわれる。最後17日に各山組が御幣を八幡宮に返す「御幣返し」をもって、その年の祭礼は終了する。

こうした祭礼当日の実践の場から山組内外における社会関係、たとえば祭礼を執行する若衆と中老との協力と対立、祭礼における山組間の対抗関係と競争を行なうための協力関係、狂言や山曳きをめぐる山組外のアクターや観光客等との関係性などを見いだすことができる。

しかし山組とそれをとりまく関係性はそれ以上に、むしろ当日に至るまでの準備のプロセスのなかに埋め込まれている。図1-8に記したように、出番山組の準備はすでに前年秋には本格化している。さらに山組内での月々の祭典費の集金や曳山の管理、狂言の役者や重要な役職の決定をめぐるプロセスにおける家同士の関係性、祭礼をめぐる従来のしきたりをどこまで守りまた改変するかについての若衆と中老の間の世代間の交渉、毎週のシャギリの練習を通じた次の役者候補を含む子どもたちの育成、山組外部からの資金の調達といった、次の出番に向けた3年間の日常的な準備のなかにこそ、「町内」や「町内」間、さらに「町内」とその外部のアクターとの関係性はより具体的に見いだされる。

さらにそうした直接的な準備だけでなく、たとえばシャギリの練習後等に山組の者同士は日常的に酒を飲みつつ、過去の祭りにおけるエピソードや失敗談を面白おかしく語り合っては記憶を共有し、それを反芻して祭りにおける楽しみや教訓を引き出し、習得していく。そうした場も祭礼を創り上げ、継承していくうえで重要な意味を持っている。加えて山組の人びとは3年に1度の出番の時期には仕事を休みがちになること、また祭礼のための協賛金を取引先にお願いすることを頭においたうえで、それまでの2年間どのようにスケジュールを立てておくか、また仕事上の信頼関係をいかに深めておくかというように、仕事においても祭礼のことを常に意識して日々を過ごしている。

すなわち、祭礼当日は3年間の準備の集大成だが、祭礼の世界はそこにとどまるものではない。むしろ山組の人びとは日常的にそうした準備をし、また生活するなかで祭礼を意識しているのであり、山組の内外における社会関係について明らかにするには祭礼当日だけでなく、そうした準備のプロセスや祭りをめぐる語りが交わされる日常の場、仕事上での社会的ネットワークといったものも含めた形での分析が必要なのである。

## 分析視角のまとめと調査方法

本書においてはこうした形で、祭礼が執行される場とともにそれを支える準備のプロセスに注目する。すなわち祭礼の場で狂言や儀礼において見いだされる担い手たちのふるまい、それを眺める人びとのまなざしや働きかけといった祭礼当日のパフォーマンスについての分析はもちろんであるが、同時に祭礼当日にむけた準備の過程や日常のやりとりにおいて、山組の人びと同士や、山組と山組外部のアクターとの交渉ややりとりがどのように行なわれているかについて分析を行なう。

また祭礼を行なうに欠かせない舞台装置を構成している曳山のようなモノの維持・管理やシャギリのような技能を、山組の人びとが日常的に維持し、管理していこうとするなかでどのような関係性が創出されているのかについて論じる。すでに述べたように曳山の修理に必要な技能を持つ職人やシャギリの担い手は元来、山組の経済力を背景として外部より調達されるものであったが、そうしたことが困難になっていくなかで、山組間の協力や他のアクターを巻き込む形でそれらを確保すべく関係性を創り上げていくのである。

さらにそれと関連して、現代の都市祭礼を構成している社会的文脈、たとえば地域社会における観光資源としての位置づけや重要無形民俗文化財への指定、ユネスコ無形文化遺産への登録といった状況をふまえつつ、山組の人びとがどのようにそうした文脈に巻き込まれていったのか、また逆にそれを利用するなかでいかに行政や経済団体のようなアクターとの関係性を結果としてとり結んでいくことになったのかについて分析する。本書はこうした分析を通じて長浜を事例として伝統消費型都市における社会関係と社会構造を描き出していくことになる。

本書で用いたデータを収集するにあたっての調査は２０１０年12月から２０１８年４月にかけて行なっている。２０１０年12月から２０１２年３月にかけては、筆者が市川秀之とともに研究代表者として財団法人長浜曳山文化協会から受託した調査にもとづいて、４つの出番山組と８つの暇番山組に関する共同での参与観察と聞き取りを、調査員[8]および調査補助員を務めた滋賀県立大学の学生たちと共に行ない、報告書を作成した（長浜曳山文化協会・滋賀県立大学人間文化学部地域文化学科 2012）。そのうち筆者が直接に調査を行なったのは１つの出番山組と２つの暇番山組、総当番、長浜曳山祭囃子保存会、およびかつて山組がシャギリを雇っていた周辺農村部２ヵ所である。

また２０１２年から２０１８年までは筆者が指導学生と共に、出番山組の祭礼について準備段階から参与観察と聞き取りを継続し、これまでに８つの山組（A町・C町・D町・E町・F町・G町・H町・I町・J町）について調査を行なった。また１つの山組（B町）については参与観察は行なっていないが、山組の組織や運営等についての聞き取りを実施している。

特に２０１２年から２０１５年にかけてはA町という山組の若衆として祭礼に参加し、暇番・出番それぞれにおける流れをみずから体験し、参与観察と聞き取りを行なった。毎週行なわれるシャギリの稽古に月に１～２度参加してその技能を習得すると共に、子どもたちの指導のサポートに当たり、その後に若衆たちと酒席を共にすることもしばしばであった。A町が暇番の際には協力関係にある他の山組のシャギリの応援として、子どもたちをサポートしつつみずからも演奏に参加していた。出番の際には若衆としてほぼすべての公式の会議や行事、懇親会に参加し、山組が発行するパンフレット記事の編集、3月下旬から行なわれる狂言の稽古のサポート、裸参り行事への参加と祭礼期間中の役者の世話を行なった。2015年に山組を脱退して以後も、それまでに築いた関係性を基盤にインタビュー調査を行なった。

また山組の連合組織とも研究上の協力関係にあり、2011年から2013年にかけては総當番が主宰する山組の会議にオブザーバーとして参加したほか、2012年・2013年は長浜曳山文化協会伝承委員会が主催する若衆向けの勉強会において学生による調査報告会を行なっている。長浜曳山祭囃子保存会の会議や懇親会にも参加し、その設立40周年記念行事のシンポジウムで筆者による基調講演を行なうなど、調査結果の還元を行なっている。

上記のような活動を通じて得られた山組の人びととの関係性にもとづくインタビューや参与観察、また調査の最中や調査後の酒席の場で耳にすることができた祭礼をめぐるさまざまな語りが本書のデータとなり、またその分析に反映されている。

なお本書ではインフォーマントについてそれぞれの町（A町〜J町）ごと、また属性（若衆＝「W」、中老＝「C」、女性＝「J」）ごとに区別して記述するため、それぞれのインフォーマントについて町の名前と属性、そして数字による番号を振って区別している。すなわちA町の若衆であればAW1氏・AW2氏・AW3氏…、B町の中老であればBC1氏・BC2氏・BC3氏…、C町の女性であればCJ1氏というように表記している。

## 第3節　本書の構成

本書は以下のようにⅢ部10章から構成されている。

第Ⅰ部「課題の設定と分析視角」では、この章での本書における課題と研究対象の設定に引き続き、第2章・第3章で先行研究の検討と本書でのアプローチについて説明する。

第2章では戦後日本における都市社会学や都市祭礼研究が伝統消費型都市の「町内」社会の社会構造をどのようにとらえてきたか、あるいはこなかったのかについて先行研究の検討を行ない、そのうえで本研究のアプローチについて説明する。

第1節では、戦後における都市社会学において「伝統消費型都市」がどう論じられてきたかを説明するとともに、本書におけるその位置づけを論じる。そして都市社会学の研究の主流においては、都市化の進行と共に連帯感や所属感が失われたことを前提としつつ、いかに規範としての市民意識を確立するかを問う「コミュニティ論」が中心となり（松尾 2015）、そうしたなかで「家」同士の関係性を基盤とした「町内」、そして「町内」を核として広がる伝統消費型都市の社会構造に関する分析は不十分なものにとどまったことを明らかにする。

第2節ではそうした都市社会学の系譜を踏まえつつ、本書におけるテーマである伝統的な商業都市の「町内」を分析するための、有り得たかもしれない都市社会学の可能性として、都市を「聚落的家連合」として分析する有賀喜左衛門と中野卓が示した視点の意義を確認する。次いで有賀や中野といった非シカゴ学派からの視点で日本の都市社会を分析する可能性を探ったその後の研究の系譜として、有末賢（1999）と松平誠（1980, 1983, 1990）による都市民俗・都市祭礼を通じた都市社会学的研究の展開と課題を中心に論じる。また第3節では社会学以外で関連する研究として、都市人類学や都市民俗学などの伝統消費型都市に関する研究についても批判的に検討する（和崎 1987, 1996; 中野卓 2007ほか）。以上を踏まえて先行研究の課題を明確にする。

第3章では祭礼を手がかりとして伝統消費型都市の社会構造をどう分析するべきかについて論じる。その際に有賀による「全体的相互給付関係」、すなわち「家」同士の「生活行為の内面的な部分に及ぶ」「労力、物品、心情の総合的贈答」（有賀 1939=1967: 123）の体系という分析視角を引き継ぐものとして、コモンズ論のアプローチを採用する。

ただしコモンズ論といってもその研究の視角は多岐にわたる。そもそも英語圏でのコモンズ論はハーディンによる「コモンズの悲劇」という、共有牧草地という有限な自然資源をめぐる社会的ジレンマと過剰利用に関する論文とそれに対する批判からスタートしている。また日本でのその受容においても入会地をはじめとする山野海川といったローカル・コモンズが中心であり、そのままの形で文化現象に適用するには問題がある。さらに文化現象といってもインターネット上の知識や特許のようなグローバルな資源と、民俗文化のようなローカルなそれとでは大きく性質が異なってくるだろう。

そうした点を解決するべく本書では、民俗芸能を「複数の主体が共的に管理する資源や、その共的な管理・利用の制度」（菅 2008: 128）としてのコモンズと位置づけて、コモンズ論における「管理アプローチ」から分析するという提案を行なっている俵木悟の枠組みをとりあげ（俵木 2015=2018）、その批判的検討を通じてコモンズ論的視角からの都市祭礼へのアプローチについて説明する。そこでは研究対象である長浜曳山祭の「町内」（山組）の事例にもとづいて、祭礼が複数の資源の調達・維持やそれらの資源をもとに創出された用益の配分をめぐる一連のサイクルとして成立しているコモンズであることを示す。その上で、こうしたサイクルの管理を通じて「町内」あるいは「町内」連合の内部、さらにその外部のアクター（行政、経済界、専門家、市民、ボランティア、見物人など）と「町内」が関係性をどのようにとり結んでいるかを描き出すことを通じて地方都市の社会構造を描き出すという方向性を提示する。

第4章から第8章にかけては、第Ⅱ部「都市祭礼を構成する諸資源・用益と祭礼の伝承メカニズム」となる。第2部では都市祭礼に関する具体的な分析を通じて、「町内」の内部や「町内」同士の関係性、さらに「町内」と農村部との関係性の変容や、「町内」の中核を占める自営業者たちの町内外の社会的ネットワークについて分析を行なう。

第4章「町内における家と世代」では祭礼における町内の用益として、おもに祭礼における役者や役職といった名誉、また自身の主張や存在価値の承認といった威信の配分について論じる。とともに配分をめぐるコンフリクトとそれが生み出す用益としての興趣、そして名誉・威信や興趣といった用益を町内で配分するために必要となるルール・知識の伝承について論じることで、「町内」の内部構造について分析する。こうした資源をめぐるコンフリクトは祭礼を行なううえでの障害というよりは、むしろそれが興趣として語り継がれ記憶として共有されることを通じて、次世代への伝承を可能とするメディアとして、むしろ祭礼の継承を可能にするものでさえある。具体的には狂言を担う若衆たちが祭礼のメインステージに当たる狂言の役者やそれに合わせた外題《げだい》をどのように選ぶのかについての「家」と「家」のコンフリクト、また祭礼をめぐるしきたりをめぐる若衆と中老との間の祭礼のやり方に関するコンフリクトに注目する。そしてコンフリクトの経験・記憶が興趣を創りだしつつ共有されていくことによる、祭礼のルール・知識の伝承とその変容をうみだすダイナミズムについて明らかにする。

第5章「山組間における対抗関係の管理と興趣の生産・配分」では「町内」間の関係性、特に対抗的な関係性を通じた名誉・威信、興趣の生産と配分について分析する。都市祭礼において「町内」間の対抗関係という形式は、担い手自身だけでなく見物人にとっての祭礼の興趣を創りだすものである。こうした興趣という用益が、山組間の交渉と駆け引き、さらに暇番山組を含む見物人も関与する形でどのように創出されていくかに注目する。具体的な分析対象は、山組の若衆同士が最も互いへの対抗意識を燃やすことになる裸参りと呼ばれる行事である。対抗関係の創出においては出番山組同士の相互交渉だけでなく、それを見物する暇番山組を中心とした見物人もまたアクターとして関与することで成立しており、さらに暇番山組は見物人としての経験をみずからの出番の際にフィードバックして、さらに競い合いのゲームを洗練させていくことを明らかにする。

第6章「シャギリをめぐる山組間の協力と町内の再編成」では、山曳きや狂言の前後において祭礼の時間と空間を構築するうえで必要とされる技能であるシャギリという資源の枯渇という状態において山組同士が協力しあい、また山組自身でその技能の担い手を獲得すべく組織を再編成していくプロセスを分析する。かつては祭礼のなかの周辺部に当たり、かつて各山組が長浜の周辺の集落から人を雇うことでまかなっていたシャギリは、戦後における農村の変化、そしてかつての豪商たちによる祭りからの変化という双方の面から、それまでと同じ形態での維持が困難になった。こうした状況をふまえて、山組内での子ども育成と山組間の相互協力のしくみである長浜曳山祭囃子保存会が1970年代に成立し現在に至るプロセスを通じて、対抗関係を通じて用益を生み出し配分するという祭礼のあり方を維持するべく技能資源の調達がいかに行なわれたのかについて分析する。

第7章「若衆たちの資金獲得と社会的ネットワーク」では、祭礼を行なううえで不可欠な資源である資金の調達とそれにともなう名誉・威信の顕示に注目する。山組内の祭典費だけでは不十分な資金を、祭礼の担い手である若衆たち一人一人が、同じ山組内の関係者だけでなく家族やみずからの家業の取引先、青年会議所のネットワークなどを駆使することで祭礼への協賛金を集める仕方に注目することで、祭礼の中心的な担い手である自営業者たちの都市におけるネットワークの維持や再生産の仕方を明らかにする。

第8章は各山組が共有する曳山というハード面の資源に注目し、その物理的な維持管理の困難をめぐって山組と行政、青年会議所といった外部のアクターとの関係性が構築されていったプロセスを描き出す。具体的には曳山の収蔵・展示・修理施設である長浜市曳山博物館の建設をめぐるプロセスと、文化財としての一般への公開とひきかえとなる曳山の修理費用の国庫負担が、曳山の維持管理のあり方と祭礼にどのような影響を与えたかについての分析を手がかりとする。1970年代以降の山組＝商店街の経済的苦境、まちづくりや観光、文化財といった公共的な用益に曳山という資源を供しつつ、そうした諸団体との関係性をとり結ぶことで、曳山のメンテナンスに関する専門的な知識と多額の資金とを確保するしくみがどのようにつくりだされていったのかを論じる。

第Ⅲ部「コモンズとしての都市祭礼／地域社会／公共性」は第9章、そして結論となる第10章よりなる。第9

章では戦前から戦後にかけての長浜曳山祭について、第8章で論じた曳山のような祭礼を構成する個々の資源の場合に限らず、山組が常に商業者や行政といった担い手の外部に位置するアクターと関係性を取り結んでその存続を可能とし、そうした状況で祭礼が地域社会における公共的な文脈にさまざまに位置づけられていくプロセスについて、歴史的・俯瞰的な視点で分析を行なう。

結論となる第10章ではここまで論じてきた資金・人材・曳山・技能といった資源、そして名誉・威信、興趣といった用益、資源調達や用益の生産・配分に必要なルール・知識、経験・記憶といったものから構成されたコモンズとしての都市祭礼を通じて、都市の社会関係の総体がどのように描き出せるのかについて本書全体を要約しつつ俯瞰して論じ、そして本書の都市社会学や祭礼研究、コモンズ論に対して持つ意義について明らかにする。

# 第2章　都市社会学における「町内」社会研究の不在とその可能性

本書で対象とするような「町内」の社会構造について、従来の研究はどのように論じてきたのだろうか。本章では第1節で、戦後日本の都市社会学において強い影響力を持った倉沢進の都市類型論における「伝統消費型都市」という類型をめぐって、その歴史的背景を踏まえつつ、現代における「町内」を研究するうえでこの概念をどのようにひきつぐべきかについて検討する。そのうえで伝統消費型都市における「町内会」とその歴史的な形成・変容に注目した研究について検討し、それらの研究においてはあまり重視されてこなかった都市を生きる人びとの伝統や文化、時間的・空間的な意味経験の重要性を提起する。

第2節では都市社会学でそうした視点を備えた数少ない先行研究として、まず有賀喜左衛門・中野卓による都市の家連合研究を紹介した上で、有末賢の都市民俗研究と松平誠の都市祝祭論について検討する。まずは有末による、シンボルを介して都市を生きる人間が作っていく文化の意味や生活のあり方に照準する都市民俗研究の意義と、その具体的な分析における課題について論じる。その後、有末の理論的な視点と重なる、松平による「町内」の歴史をふまえた家同士の身分階層性と、役職の基準となる「筆順」にもとづく集団の組織編成によって示される威信構造の分析の意義を確認しつつ、その問題点について指摘する。それをふまえて「町内」の時々の祭礼における、社会変動への対応をめぐる葛藤や対立、妥協と決定のプロセスに注目することによって、祭礼自体や「町内」の変容の契機を具体的に描き出す必要を論じる。

また第3節では隣接領域である都市民俗学や都市人類学における研究についても概観する。おもに和崎春日のアーバン・エスニシティ論について検討し、エスニシティ同士の拮抗と相互規定で「都市共同体（態）」の一体感が生みだされるしくみについて、祭礼の担い手内部だけでなくその外部のさまざまなアクターとの関係性をも含んで論じたその議論の意義を確認する。と共に、そこから描き出される「都市共同体（態）」の極めて調和的な像と、記号論的分析にもとづく分析が「共同体（態）」を支える下部構造であるはずの、さまざまな人的・金銭的な負担の配分をめぐる人びとの関係性を消去してしまう問題点を指摘する。一方、そうした負担の配分を視野に入れた金賢貞の研究においては、むしろ負担の配分が同時に名誉や威信の配分でもあること、そうした配分が単なる同時代の世帯間の問題ではなく、世代を越えて引き継がれる「家」同士の関係性を基盤とすることが見失われている。これらの問題点をふまえて、祭礼を通して「町内」を分析するうえでの課題について明らかにする。

## 第1節　戦後日本の都市社会学における「町内」

### 倉沢進による「伝統消費型都市」類型

第1章において論じたように本書で扱うのは地方都市、とくに近代以前において「町方」と呼ばれた商店街や職人町に起源を持ち、土地・家屋所有者を中心とした社会秩序が形成されてきた「町内」である。戦後日本の都市社会学において、こうした都市やその「町内」を含むような都市は、「伝統消費型都市」という類型で位置づけられてきた。

これは、日本の諸都市には西欧的な産業型都市と性格を異にしたものが少なくないことをふまえた、倉沢進による都市の歴史的形成過程に即した類型化である。倉沢は、かつては城下町・門前町・宿場町といった機能、そして近代化以降はホワイトカラー層が勤める行政機関や大規模資本あるいは地元資本があって、そこで働く消費者に商品を提供する商業者を中心とした都市として発展してきた、大規模な産業を持たない都市の性格を説明すべく、この概念をつくりだした（倉沢 1968: 50）。

すなわち主として近代的産業技術にもとづく新しい社会構造が中心となる産業型都市においては、資本家・経営者・高級官僚を除けばホワイトカラー層と産業労働者群が圧倒的な比率を占め、特にホワイトカラー層には夫婦中心・平等的家族、近隣・地域社会への無関心、完全に分離された家庭と職場といった都市的生活様式が見られるのに対し、伝統消費型都市では自営業者層と職人層、すなわち伝統的生産関係に基礎をおく社会構造と生活様式が中心であり、家庭と職場が相接していて、伝統的な家族関係や近隣関係を維持している人びとの比率が高まる（倉沢 1968: 65-67）。倉沢が津山を事例に挙げて論じたような、小規模な伝統消費型都市[1]においては町内会の果たす役割が非常に大きく、青年団・婦人会・消防団などの集団をそのなかに累積させて社会統制の重要な機構となっており、祭礼や冠婚葬祭といった伝統的行事や地方選挙のような日常の生活慣行に重要な役割を果たしている（倉沢 1968: 86-93）。

もっとも、こうした倉沢の都市類型論は、１９９０年代以降の都市社会学においてほぼ用いられなくなっていく。そこにはさまざまな原因があるだろう。たとえば高度成長期以降の全国的な地域開発の趨勢において、地域権力構造が国家の斡旋をうけつつ中央の大企業を誘致していったことがもたらした構造変容がある。これによって都市を超えた労働力の調達や、そうした労働者のニーズに応えようとする人びとが流入し、そうした流入人口の新しい生活と消費のスタイルが優勢になっていく。その結果、それまでの地元資本の経営者たちを中心とした名望家支配が崩壊してしまうといった形で、多くの伝統消費型都市は産業型都市へと変質していった。また特に70年代以降における地方都市の郊外化と消費生活の変化が中心市街地に位置していた商業者の立場を大きく揺るがしたこと、そしてグローバライゼーションによる産業型都市の変容といった状況も、地方都市をこの２種に分けて論じることの現代的意義を失わせることになっていると思われる。

ただし本書の観点からは、倉沢が論じた生活様式の観点から、伝統消費型都市という概念に意義を見いだすことは現在でも可能であると考える。倉沢は、個人ないし自家で処理しきれない問題を知恵・時間・労力・土地・道具・金銭などの生活上の資源を出しあって、非専門家による相互扶助的な形で処理を行なう村落の生活様式に対し、専門家・専門機関の専業・分業システムを通して処理するものとして都市的生活様式を特徴づけている。こうした都市的生活様式が営まれるようなタイプの「都市社会においては近隣集団――そしてもう少し大きな範囲を意味する地域集団は、きわめて結合力が弱いものとなるのがふつうである」（倉沢 1977: 25-26）。倉沢はこれと対比しつつ、伝統消費型都市では町内会・隣組・婦人会などのフォーマルな地域集団が古くからの伝統と強力な組織を持ち、市政の末端連絡機関であるとともに葬儀や祭礼の執行を司る存在となっていることをその特徴として論じている。倉沢がその典型例として挙げるのは静岡県の宿場町であり、そこでは祭礼における役割が町内の伝統的家格によって決定されるという形で町内の階層秩序が維持され、さらに町内会組織が選挙に隠然とした実力を持ち、市政はそうした町内会連合体を基盤として運営されている（倉沢 1968: 62）。本書においては倉沢が論じた都市類型論、すなわち産業型都市やメガロポリスとの対比によってではなく、こうした生活様式を現代においても継承している都市を、伝統消費型都市として定義しておきたい。

## 「町内会」論における「町内」

では、次にこうした伝統消費型都市における「町内」とその生活様式をめぐる研究について、都市社会学を中心に見てみよう。戦後、「町内」というコミュニティそのものというよりも、戦後日本において民主主義的な政治体制をいかに構築するかという問題意識のなかで、「町内会」について日本の近代化・民主化との関係性という観点から論じられてきた。たとえば松下圭一（1959）や奥田道大（1964）のように町内会を旧中間層が支配する保守的伝統の温存基盤であって民主化を阻害するものとして否定的にとらえる立場と、近江哲男や中村八朗のように旧来からの町内会と同様の組織は日本人の「文化の型」(近江 1958) であって、その換骨奪胎がコミュニティ形成に有効とする立場 (中村八朗 1973) との間でくりひろげられた「町内会論争」もそうした文脈で行なわれている。

こうした問題意識ゆえに、これらの研究では町内会と戦時期のファシズムとの関係、また戦後における市民意識の形成の可能性や保守政党との結びつきといった点が問われることが多かった。またその後は逆に革新的な立場から、町内会のシステムが「革新的首長の実現」や、「日常生活に根ざした高い水準の自治能力、民主主義を実現している」といった形での評価とそこからあるべきコミュニティの実現の可能性を探る議論も生まれている (岩崎 1989: 469-470)。

こうした論争を経て、町内会は「行政の末端補助機関」なのか、戦時期以前はむしろ自発的な生活共同組織だったのかといった「町内会の歴史的な起源論ないし本質論」、さらには「町内会の担い手層」は誰か、また「日本の民主化や近代化にとって町内会はどのような意味をもつのか」といった問題が浮上してくる (玉野 1993: 28-35)。こうした研究の展開で、本書の対象となる伝統的な商業都市の「町内」というコミュニティの担い手や町内会の形成のプロセスが明らかになっている。

冒頭で触れた倉沢の議論もそれであり、「町内」はもともと商人町や職人町のような「町方」にあったものであり、土地持ち・家持ち層を正式の構成員とし、裏店の人びととの間で明確に格差があったが、昭和期の銃後体制の確立で初めて全戸参加型の町内会という原則が成立して、それがこうした地域にも広がっていったとする (倉沢 1990: 14-15)。また田中重好も、東京の地域社会を伝統的な町地である下町、江戸期には町を形成していなかった旧武家地や埋立地・新造地、旧農村地域に分類して、それぞれの町内会の結成とその担い手層について論じている (田中重好 1990)。

さらにそれまでの異なる立場の諸研究をふまえつつ、玉野和志は松阪市と東京の事例をもとに、町内会の形成とその担い手層について商人町・職人町・在方と呼ばれる新市街地、新興住宅地や集合住宅団地それぞれの事例に即して、実証的に分析を行なっている。そのなかで本書が対象とする商人町の「町内」における町内会の担い手の状況も具体的に明らかになっている。玉野の分析では、商人町については基本的には倉沢の議論をより具体的に論証したものになっている。すなわち伝統的な商人町では明治期の中小の商工業者や卸売小売業者といった「家持層」が中心となる「町内」が形成されていたが、昭和期に入って非常時に対処できる手腕が重要視されるなかで借家人であっても新たに流入した自営業者層がイニシアチブをとるような場合が出てくるようになった。そうした状況が職人町や在方で先駆的に現れ、次第に波及する形で全戸加入型の「町内会体制」が商人町でも成立したのだという（玉野 1993）。こうして、商業町を中心とした地域における「町内会」の構成員とその形成プロセスについては上記の研究によって具体的に明らかにされていると言えるだろう。

では町内会というアソシエーションの構成員、戦前・戦後の政治体制や社会運動との関係性といった観点からの分析だけでなく、町内というコミュニティ内部の「家」同士の社会関係はどのようなものか、その構成員たちは日常の生活で「町内」社会をどのように生活し、経験しているのか、また「町内」と「町内」との関係性はどのようなものかといった点については、どれだけ具体的に明らかになっているだろうか。町内会に関する機能の分類についての分析（たとえば菊池美代志 1990）、また行政と結びついた「町内会」としての機能の羅列や制度面での歴史的な変化について論じられることは多いものの、歴史的な経緯や伝統意識をふまえた相互扶助や文化の内実について、その「町内」社会において生活する人びとの視点に立った分析はごく限られている。

たとえば岩崎信彦らが編集した『町内会の研究』およびその増補版（岩崎他編 1989, 2013）は町内会研究における代表的な論集であり、京都や津山のような伝統的な商業都市を含め、さまざまな規模、性格の都市における町内会についての分析が行なわれている。が、上記のような分析は個別の章で部分的には触れられているものの、その重点は行政と結びついた町内会の制度的な変遷や、地方の伝統消費型都市・産業型都市における町内会の歴史的経緯とその行政・企業との関係性、町内会の類型、住民の町内会に対する態度などであって、「町内」社会それ自体の内部の関係性ではない。また倉沢進・秋元律郎の編集になる『町内会と地域集団』（倉沢・秋元 1990）においても、倉沢がその序章で論じたような「町内」と「町内会」を区別して「町内」の社会関係について分析する視点は、それ以外の章では希薄である。[2]

こうしたことから、有末賢は「町内会・自治会や氏子集団の研究は、今までともすると政治権力や行政、社会運動などの近代社会学ないしは現代社会学の関心テーマとして扱われてきた傾向がある。しかし、ここでもう一度、都市の文化的伝統性という文脈で、このような地域集団を再考してみる必要がある」という問題提起を行なっている（有末 1999: 20）。上記のような視点の限定は、先に述べたように戦後日本の民主化や近代化との関係で「町内会」をどう論じるかというテーマが支配的であったがゆえにやむをえないところであるが、倉沢が津山を例にラフスケッチを行なった「町内」における人びとの生活世界のあり方と「地域的共同生活単位」としての実践は、ほとんど論じられていない。また有末が述べているように、伝統的な「町内」として人びとが生活してきたことへの自覚や伝承、またそうした歴史的な記憶や経験が持つ意味も、そこからは浮かび上がってこないのである。

## 戦後日本の都市社会学における「コミュニティ論」的偏り

上記のような視点の偏りは、「町内」や町内会に関する研究に関する問題というよりは、より日本の都市社会学全体に見られる傾向でもある。そのことを明らかにするために、戦後日本の都市社会学の系譜と、そこで見失われていった可能性について以下ではいくつかの学史的な研究を引きつつ論じていこう。

日本都市社会学の形成史を論じることで、有末賢が言うところの「有り得たかもしれない都市社会学」（有末

2007b）の可能性を探った松尾浩一郎は、１９６０年前後から日本の都市社会学においては、理論的にはシカゴ学派でもそれまでの人間生態学でなくアーバニズム論を土台とした都市社会学のあり方が参照枠となり、それと結びついた社会調査の形態が市民意識調査であったことを指摘する。そのうえで鈴木広・奥田道大・倉沢進の三人、特に倉沢の市民意識調査にもとづく研究がその後の日本都市社会学に大きな影響を与えたと論じている（松尾 2015: 249–250）。以下、松尾の整理にしたがって倉沢の研究の特徴を見てみよう（松尾 2015: 268–285）。

倉沢はアーバニズム論を下敷きとしつつ、都市の形態（生態学的構造）・構造（社会組織）・意識（パーソナリティ）の３側面の相互連関を明らかにするという問題意識にもとづき、意識面を質問紙調査で明らかにしうることを前提とした整理された４つの次元（①行動原理：伝統主義から合理主義へ、②価値志向：パーソナルネスからインパーソナルネスへ、③共同体の価値：集団主義から個人主義へ、④個人の主体性：権威主義から平等主義へ）に整理する。また形態面についてては個人の行動や属性のレベルに分解して買い物先や勤め先といった流動性と来住時期による移住性を指標として、東京に勤めて買い物に出る新住民を都市的環境、自営業者・農業従事者で市内において買い物をする地付層を非都市的環境とみなした。そうした概念的操作を経て個人の次元での質問紙調査から都市化やアーバニズムといった問題を解明していくことになる。

さらにその後倉沢は、そこで見いだされた都市住民の個別化・原子化という議論を修正するものとして、西洋近代の市民社会とは異なるかたちでの都市社会における社会統合、市民意識や連帯にもとづく合意の可能性を探るという研究課題を設定する。「村落共同体的連帯感や所属感」といった「偏狭なローカル・アタッチメントを離れてどの地域社会に住もうと、また永住の意思の有無にもかかわらず、地域社会を自発的共同によって向上せしめようとする態度」（倉沢 1968: 263）という「市民意識」あるいは「コミュニティ意識」についてサーベイ調査を行ない、そこから「コミュニティ意識が大都市近郊においても形成される可能性」を導き出す。それ以降、「都市社会学研究の主題は、倉沢のいうように『いかにして規範としての市民意識、その基礎としてのコミュニティ意識を確立するか、その萌芽はどこに見出されるかを問』うことへと定まっていく」。すなわち「市民意識と市民的連帯の学」として都市社会学はその地歩を固めることになった（松尾 2015: 280）。

やがて「市民意識アプローチ」はその後、１９７０年代の都市社会学となったコミュニティ論、たとえば奥田道大（1971）による「コミュニティ・モデル」における「地域社会への関与についての規範を提示し、それと実態との差を社会調査によって明らかにしていくという研究戦略」や、中村八朗による都市コミュニティ論にも引き継がれていく（松尾 2015: 284）。こうした都市社会学の形成は「戦後の日本社会や社会科学全般で広く関心を集める論点であった近代化の問題、とくに市民と市民社会の問題との強い親和性」と結びついており、また「１９７０年代を中心とするコミュニティのブームのなかで、都市社会学者が社会的発言力を得ていくこと」とも関係するものであった（松尾 2015: 282）。

こうした「市民意識と市民的連帯の学」としての位置づけやコミュニティ論といった規範的な視点からの研究の進展は、「有り得たかもしれない」さまざまな都市社会学の問題意識や調査のアプローチを見失わせていった。松尾はそうした失われた可能性の例として、島崎稔らのマルクス主義的な経済過程に焦点をおいた都市研究、そしてドーア（Ronald P.Dore）による社会人類学的な町内研究（Dore 1958=1962）、中野卓の歴史社会学的な都市同族団研究（中野卓 1964=1978）、日本の都市の歴史性に注目した都市理論を構築した矢崎武夫（1962, 1963）のマクロな理論研究などを挙げている（松尾 2015: 291-292）。

また都市社会学からの歴史性の排除については、「倉沢はみずからの『都市化アプローチ』を非歴史的アプローチと位置づけ、根源的に歴史性を内包している概念である都市化を、直接に時間的推移や歴史的事象を扱わずとも解明し得る方法だと主張した」ことも影響していただろう（松尾 2015: 274）。先に述べたように倉沢は日本における都市固有の歴史的経緯をふまえた都市分類を行なって「伝統消費型都市」という類型を提示し、津山市内の「町内」の様子も描き出しているが、その津山市に関する共同研究の成果はその後、公表されないままに終わっている（中筋 2006: 210）。

かくして、後に鈴木広が編集した『リーディングス日本の社会学 都市』で設定された都市社会学の範疇が端的に示しているように（鈴木広・高橋・篠原編 1985）、「個人の意識や集団参加から都市的なるものを見出していくという、シカゴ学派の受容と読み替えを洗練させたスタイル」が「核」となり、「よりマクロな社会構造や政治経済、文化の次元で議論をするものは、注意深く選り分けられ」（松尾 2015: 16–17）、見失われていった。先に触れた「町内会」研究はそうしたなかで成立していた都市社会学の中心的なテーマの一つであり、戦後の近代化・民主化という問題意識や行政との関係性、また新たなコミュニティ意識の可能性といった主題に制約されることになったのは当然のことであったと思われる。それゆえに「町内」の生活世界の感覚と「地域的共同生活単位」としての実践、その歴史や伝統と結びついた記憶や経験は、都市社会学においては周縁的な研究対象としかなり得なかった。

一方、都市社会学とは異なる地域社会学の文脈においては、高度経済成長期における政府と資本とが一体となった開発政策の進展のなかで、それが農村や都市にどのような変動と問題をもたらすのかについての実証的な分析と理論化が目指されていく（西山 2006）。開発政策がもたらした環境や生活の破壊に問題提起を行ない、国家の強力な支援体制とそのメカニズムを分析し、またそれに対抗する地域主体としての住民運動や革新自治体の社会的基盤、階級構成を探るといった地域社会学の研究の方向性のなかでは、伝統消費型都市に関する上記のような分析が生まれるはずはなかった。

## 第2節 都市社会学における「家」と「町内」社会

では本書におけるテーマである伝統的な商業都市の「町内」を分析するための、「有り得たかもしれない」都市社会学の可能性はどこに見いだされるだろうか。本節では過去の研究に見いだされるそうした鉱脈を探り、本書における研究の視点を導き出していく。

## 有賀・中野卓による都市の家連合研究

戦前からの日本の社会学における最も重要な成果は村落社会学における「家」と「聚落」に関する研究であり、それは萌芽期の日本の都市社会学とも重要な関わりを持っていた。すでに村落社会学においては1930年代より柳田國男に影響を受けつつ、鈴木栄太郎・有賀喜左衛門・小山隆・喜多野清一・及川宏らが綿密な調査にもとづく成果を発表しており、戦後の日本の都市社会学においてもその視点がもちこまれていったのである。

その代表例と言えるのは有賀喜左衛門の「都市社会学の課題：村落社会学と関連して」という論文であろう（有賀 1948=2011）。有賀は、戦前期より展開したみずからの村落社会学と同様の観点から、婚姻を軸にしつつ血縁だけでなく非血縁成員を含む生活共同体としての「家」、そして複数の「家」によって構成される「聚落的家連合」という地縁関係として都市を分析する視点を提起している。有賀によれば「家連合」とは、「日本社会で一つの生活単位としての特殊な役割を担う家が他の家と生活上の種々の契機について結合している共同関係」（有賀 1956=1971: 125）であり、「家の利害を強めるためにある利害の共同を目標として結ばれ」たものである（有賀 1956=1971: 146-147）。有賀は都市における「家連合」を、商家の本家・分家・別家から構成され「暖簾内」と呼ばれる「家々の結合が本末の系譜を辿る上下関係に結合」した「同族団」と、「系譜関係のない平等並立の関係に於いて結合」する「組」の二種類に分類する。そして同じ同族団の家に限らず他の同族や同族を持たない家との間での生活上の関係として「町内」「隣組」が構成され、さらに「町内」だけでは処理できない事柄を担当するための「町内連合」がその上部組織として存在するというしくみを通して、京都などの伝統的都市の社会構造を記述している（有賀 1948=2011: 194-195）。

そうした都市においては新たに「町内入り、組入り」を行なうことも、「本家の背景」、あるいは「町内の有力者又は町内の誰かを世話人と立て」ることで初めて可能となる。さらに従来からのしがらみを持たない新開地における家の増加や村落からの都市への流入、口入れ業を通した人口の流入といった都市の膨張に関しても、同族団と組という形式によって規定されているとする（有賀 1948=2011: 197-198）。

また有賀は家連合を離れた社会関係、たとえば資本主義経済の発達で発達した近代的企業においても同族結合の性格が顕著な「同族関係」が浸透しているとする。すなわち本家を中心として血縁分家や非血縁分家である別家、血縁分家の別家といったもので構成される同族会社に限らず、近代的大企業における重役と社員、職長と職工との間の上下関係においても「オヤブン・コブンの関係」が結ばれており、また内部で各重役の「同族関係」が対立協力する「組」的な結合が見られると論じるのである（有賀 1948=2011: 203）。このように有賀は、家連合を離れた社会関係が村落の場合よりもはるかに多い都市生活においても、村落社会学と共通の視点から社会関係を分析することの重要性を提起している。

ただし有賀はこの問題提起にもとづいた都市の分析についてはほとんど行なっていない。この視点を引き継ぎつつ伝統的な商業都市である京都二条の同業街、そしてさまざまな業種の商業者たちによって構成された五條大和大路を中心的な事例として実証的な研究を行なったのが中野卓の『商家同族団の研究――暖簾をめぐる家と家連合の研究』である（中野卓 1964=1978）。店の経営だけでなく日常生活全般にわたる共同として本家・分家・別家を含みこんだ商家の家連合の共同体である「暖簾内」、そして同族団でなく姻戚関係にもとづいた親類のネットワークの分析から、京都における「聚落的家連合」の歴史とそれが崩壊に至る過程を中野は描き出している。

中野による商家同族団の分析において鍵になる概念が、本家・分家・別家の階統的秩序にもとづく「全体的相互給付関係」である。これは有賀による分析概念で、「各戸間の一切の相互給付関係」であり、「生活行為の内面的な部分に及」ぶ「労力、物品、心情の総合的贈答」からなる関係を意味する。農村であれば「農耕、屋根葺、建築、婚姻、葬式、出産、祭祀、病気、火風水の災害」といった生活全般に現れており、その際に見いだされる相互給付関係には、必ず村の各戸間の社会関係が表れている（有賀 1939=1967: 123）。

中野が論じた商家の場合であればこれは、「店経営の面のみにとどまるわけではなく、これと不可分な、というより、これを不可分にその内側に組み入れているところの、日常生活の多面にわたる家々の経営の共同」であり（中野卓 1964=1978: 86）、「日常的接触における交際や相互扶助に、月並行事・年中行事、あるいは本家先祖をはじめとする同族物故者の法要、あるいは葬送、婚儀、その他の儀礼執行など、経済面だけでなく、宗教・儀礼・社交・娯楽の各面に見出され、また、これらすべてにわたってみられる本家の支配のもとにおける庇護と従属、またかかる諸同族の連合における政治の面においても、多面的に見出される」という（中野卓1964=1978: 87–88）。

そうした全体的相互給付関係は、「対面的接触、全人格的な直接的な交渉をたもちうる範囲内でのみ可能」な「近隣性」が成り立つところにしか成立しない（中野卓 1964=1978: 87）。都市の場合は農村のように聚落の範囲内で同族団がまとまることは困難だが、「近隣の組（五人組、隣組）」「町内」、「近隣諸町内のなすサブ・コミュニティ」が存在するなかで、「本家所在町内を中心に、隣接する数町内をとれば、ほぼその範囲内にその分家・別家は分布していて、このような近隣性の上に、暖簾内の多面的生活共同は存立している」という。別の論考で中野は「近隣性」を「地縁」と言い換えているが（中野卓 1964: 5）、そうした「近隣性」を持つ同族団内部の雇用の関係性や交際・相互扶助、たとえば年中行事・法要・葬儀・婚姻・儀礼・社交・娯楽といった生活の諸側面を手がかりに、中野は京都という都市の江戸期から戦後までの変遷を描き出していく。

ただし有賀は「家連合」について、本家と分家、別家という本末の系譜をたどる上下関係にもとづく「同族団」と、「系譜関係のない平等並立の関係に於いて結合」する「組」の二種類に分類し、同じ同族団の家に限らず他の同族や同族を持たない家との間で生活上の関係としての「町内」「隣組」、さらに「町内連合」を設定していたにもかかわらず、中野の研究においては後者の「組」については、親族間のものを除けば明確に論じてはいない。

むしろ「家々の対等な交渉といっても、それが家を単位とするものであるかぎり、その対等的なつながりをもつ家々の、それぞれがみずからの持つ同族関係における立場と無関係ではありえない」、また「地域的な組についてみると、町内はその一単位の内部に暖簾内のすべての家々を含んでいないのが普通であったが、それでも、一町内のなかでも町内連合でも各家はその存立基盤となっている同族関係との関連においてそこでの格付けがきまり、また人々の行動の仕方も規制された。同業街では隣接数ヵ町内の連合が同業の組と相即していたから、その範囲の町々の組は同族連合的組織をもつこととなった。このような同業街でなくても、隣接町内を合わせればその中に暖簾内の家々のかなりな部分が本家を中心にその中に分布していることは普通である」といった記述からは（中野卓 1964=1978: 103-104）、「組」においても同族団の関係にもとづく関係性が規定しているとして、「町内」や「町内連合」独自の「全体的相互給付関係」については等閑視されているようにさえ読める。実際の行事や葬儀などの分析では同族団だけでなく、町内や同業仲間といった「組」の存在も触れられるが、研究の主軸はそのタイトル通り同族団にあり、それ自体は分析されていない（中野卓 1964=1978: 724）。

とはいえ、「家」同士の関係性を通じた伝統的な商業都市の社会関係とその変容について、膨大な史料をもとに分析した中野の研究の意義は極めて大きい。しかしながらその後の都市社会学においては、有賀や中野の「聚落的家連合」という観点からの都市研究は受け継がれてこなかった。１９５６年の段階でも安田三郎が「生産活動」がすでに「家」から分離している以上、「マス・ソサイティ」である「近代都市の社会構造の全部とはいかない迄も、重要な部分が、単なる家連合やその変形で説明しつくされるであろうか」と有賀の家連合論や鈴木榮太郎の結節機関説にもとづく都市分析を批判している（安田 1956: 105-108）。中野はこれに対して「近代都市」についての安田の先入観について反批判を行なっているが（中野卓 1964: 36）、こうした安田の視点と重なる方向性がその後の都市社会学の主流となっていったのである。

加えて中筋直哉が述べるように、奥井復太郎・磯村英一・鈴木栄太郎らを「第1世代」と位置づけ、それをいかに「第2世代」である倉沢・奥田・鈴木広らが批判的に継承し発展させたのかという都市社会学史における世代論が構成されていくなかで（中筋 2008: 92–93）、「第1世代」と「第2世代」の間の「第1・5世代」にあたる中野らの研究者が学史上位置づけられにくくなったこともこうした傾向を助長したと思われる（松尾 2015: 136）。さらに経営体としての商家同族団や「家」という存在そのものが過去のものとされ、「家族」もまた地域的なコミュニティと切り離されて論じられるようになった結果、中野の研究は歴史的なアプローチを採る家族社会学や産業社会学の文脈に位置づけられ、一つの親族組織または経営体の歴史としてしか読まれなくなっていった（中筋 2006: 205–206、2013: 166–167）。しかし和田清美が同族理論で都市社会全体を説明するのは無理があるとしつつも、一方で商業や製造業など「職住一致の生産・生活形態をもつ都市自営業者が多くする下町地域」においては、有賀の視点に現在でも意味があると指摘するように（北川他 2000: 257）、こうした「家」や「家連合」としての「町内」を分析する視点は現在でも有効性を持っているのではないか。本書のアプローチは有賀や中野によるそうした「聚落的家連合としての都市」という理論的な方向性を、現代の「町内」の研究において引き継ごうとするものである。

### 有末賢の都市民俗論、田中重好の「共同性の地域社会学」

ここまで論じてきた日本の都市社会学の主流が歩んできた系譜とその問題設定の限界をふまえつつ、都市の人びとの生活に関する研究の意義を論じたのは有末賢である。有末は「従来の都市研究は『都市民俗』と呼ばれる現象をどのように見てきたのか」をテーマとする都市民俗に関するアンソロジーの解説で、有賀のこの論文もまた中野の『商家同族団の研究』も「狭義の都市社会学の範疇には入れられていない」理由について、日本の都市化が有賀の考えていた「課題」をはるかに超える社会変動を引き起こしたためだけでなく、シカゴ学派を受け入れて発展したかどうかによって、狭義の都市社会学の範疇に入ってくるかどうかが規定されているためであると述べている。移民の増加による都市の成長が引き起こした状況を分析する学問として形成されたシカゴ学派を前提にした都市社会学の枠組みでは、日本の城下町の伝統や生活慣習、民俗・風俗などが分析の範疇から抜け落ちるのは当然のことであった（有末 2011: 11-12）。

有末はそうした従来の都市社会学やコミュニティ論、またマルクス主義的な地域社会学の流れが見落としてきた、中野が提起した「地域生活の社会学」という観点、すなわち消費に限らず「生産あるいは労働という社会的行為を当然その内容として含む『生活』」を軸として「地域」を見ていこうとする視点の重要性を指摘していた。そして「資本と行政、自治と自治体、運動と計画」といった「制度論的分析視角」に立つそれまでの主流の都市社会学・地域社会学と、「地域住民の生活の場としての社会集団、社会関係、生活様式、民俗文化など」を問題にする「文化論的分析視角」を対置し、後者に自身の都市民俗研究を位置づけていく。前者では「地域」とは「支配の単位としての地域」、すなわち行政や制度が区画した地区単位（エリア）という上からの規定が優位性をもつのに対し、後者では「近隣や町内社会、学区域、神社の氏子区域、同業者集団、あるいは結節機関（鈴木榮太郎）、あるいは統合機関（矢崎武夫）をとおしての生活地区、社会圏」の複合的、重層的構造に位置づけられることになる[3]（有末 1999: 49-52）。

こうした観点から有末は都市社会学と都市民俗学の接点を探り、都市文化・都市民俗に注目する都市社会学を展開していく。それ以前の民俗学では、都市の特徴である「変動」をめぐる諸相、民俗と社会変動、文化変動の関わり合いをとらえるための「変化論」の視点が十分とは言えなかった。また都市民俗を都市の文化、生活様式や生活意識との関係でみていく視点、都市での遊びや余暇活動、ボランティアとの関連、都市空間の意味、風俗やコミュニケーション・メディアとの関係をとらえる「意識論」という点でも限界があった。そうしたなかで都市社会学の側でも民俗文化の担い手という文化史的観点を取り入れ、シンボルを介して都市を生きる人間が作っていく文化の意味を読み解く研究を行なっていく必要があると有末は述べている（有末 1999: 59–60, 62）。

その具体的な研究対象は佃・月島の住吉神社大祭という都市祭礼であり、そこで論じられた内容は以下の3点に集約することができる。第一に、佃・月島という2つの地区の人口や祭祀組織の構成と、それぞれの祭礼の順序・役割分担との関係である。神社の所在地である佃島（有末は「祭礼の内部構造」と呼ぶ）の住吉講の組織原理が年齢階梯による身分制、そして町組と呼ばれる3つの町内の地縁性にもとづいて組織されているのに対し、その外側にある月島（「祭礼の外部構造」）は町内会を基礎とする祭祀組織であり多様な参加層を含むことが分析される。そのうえで祭祀組織の違いや佃島・月島相互の関係について、住民の居住歴や居住形態といった地域社会構造、そして人口減少や地付層の減少など社会変動にともなう祭祀組織の変化に結びつけて論じている（有末 1999: chap. 8）。

第二に、インナーシティ化と高齢化、若年層の転出、外部居住者の増加が進行するなかで、佃の祭礼集団が従来の地縁・血縁だけでなく、他出者や親族、職縁のような「地縁の選び直し」を通じて伝統を維持しつつ、変化に対応できる町内社会のしくみを形成していることが見いだされる。さらに町組や祭礼集団、町内会、行政区画、下町地区、インナーシティ・エリアというコミュニティの重層が描かれる（有末 1999: chap. 9）。

そして第三に、ウォーターフロントの開発と大規模な高層住宅の増加が大祭における船渡御《ふなとぎょ》の復活に結びつき、行事の意味が漁師の豊漁祈願から都心居住者の海への親しみへと変容しつつ継承されていくという伝統の適応力が論じられ、そうした新たな住民を含みこんだ「伝統」を活かした開発の必要が述べられる（有末 1999: chap. 10）。

このように有末は「生活や文化」の観点から下町の社会構造と民俗文化の伝承および変容を描き出していく。

ただし有末は理論的には「人間の生活世界からの意味の重層性という観点」（有末 1999: 16–17）や、「シンボルと意味」（有末 1999: 60）の重要性を強調してはいるものの、具体的な分析としてはむしろ人口構成や組織、社会的属性、社会関係と社会参加、祭礼参加のきっかけ等に関する量的調査を基盤としている。園部雅久が有末のこの著書に対する書評として、「著者が得意とする生活史法によって、地域のひとびとの祭りへの意味付けがライフヒストリーのなかで語られていれば、一層リアリティが増したのではないか」と述べているように（園部 2000: 124-125）、この分析から「町内」社会の人びとの生活世界やそこで祭礼のもっている意味がリアルに浮かび上がるとは言い難い。たとえば地域集団のリーダー層における祭礼とそれ以外の地位の非一貫性から、祭礼とその変化を支えていく地域住民の生活構造の現出を見いだす箇所でも（有末 1999: 230-234）、そこでの町内社会を支える個人と個人、家と家との関係性や秩序感覚について、人びとの意識や感覚からそれらが具体的にイメージできるような分析にはなっていない。その後有末は、ライフヒストリーにもとづいた「生活」や「意味」の領域の研究を深化させていくが、都市民俗に関しては理論的、学史的な仕事が中心となっており、そうした視点を用いた具体的な分析は行なっていない。

また地域社会における共同性とその可能性を都市祭礼・雪処理・交通・災害といった対象から論じる田中重好は、青森・弘前・黒石のねぶた祭り（ねぷた祭り）を比較検討しつつ分析している（田中重好 2007）。そこでは儀礼性・瞠目性・発散性といった都市祭礼をめぐる主観的な構成要素の議論と、各都市における人的資源・経済的資源・物的資源・技能的資源をめぐる資源動員論的な分析、そして弘前市内の町内・中心商店街・農村の3地区のねぷた祭りをめぐる比較を行なっているが、儀礼性・瞠目性・発散性といった本来は担い手の主観的な意味づけから論じられなくてはならない問題については理論的な考察と外側からの観察にとどまる。またそうした意味論と資源動員論的な分析、また地縁や社縁についての分析とが有機的に結びつけられておらず、祭礼を通じた都市の分析としても平板なものにとどまっている。

佐藤健二は町内会研究に代表されるようなコミュニティ研究の実践が「集団論あるいは組織論・制度論の観点」を主要な枠としており、「集団を支えている制度の分析と、質問紙での意識調査にたよるあまり、そこに住むという経験がもつ身体や感覚への注目や、それをふまえた新しいコミュニケーション分析の視点の組織化は弱かったのではないか」と批判する。そのうえで佐藤は、共に住まうという「第一次的接触」の内実を分析するうえでも、そうした「身体論や感覚論の問題意識」の必要性を論じている（佐藤 2011: 118-119）。「コミュニティを論ずるにも、社会関係レベルにおける集団の質としての規定の前提にさかのぼり、人びとの感覚（五感の感受性）、記憶（歴史意識）、実践（身ぶり／しぐさ／作法／行動様式）の平面上にあらわれてくる効果に焦点をあてるような方法論的な視座の拡大」と、それを可能にするために「どのような観察や調査が組織されなければならないのか」を考える必要がある（佐藤 2011: 120）。とりわけ祭礼のような対象をもとに「町内」というコミュニティを論じるのであれば、その現場において見いだされる五感や記憶、実践が持つ意味は重要であり、そうした点も含めて分析の対象とすることが必要になってくるだろう。

## 松平誠の都市祝祭論

有末が提起した「町内」社会における生活や文化、特に都市祭礼から人びとの意味やシンボルについての感覚を、より具体的に描き出した論者として挙げられるのは松平誠である。江戸期後半の文化・文政期以降に農村を巻き込んだ商品経済発展の渦中において成長した在郷町において成立し、それが変容しつつ現代に至った都市社会を「町内」社会と松平は定義し、その性格を以下のように説明している。

①町内と認知する家々の全員（同じ地域に居住していても認知されない場合もある）が納得して加入し共同しうるような無性格性を特徴とし、町の家々の集団結合としてだけの縁で成り立つ（無性格性）。

②自律性と共同の自覚をもち、土木・衛生・教育・防犯・祭礼・冠婚葬祭といった町共同の事業については活発だが、制度的な次元では常に防衛的で、外部社会に対しては滅多に積極的な行動は起こさない。

③生業の共同性がないため、町内共同の生活環境整備や集団内の人間関係維持に関する事柄以外では、集団内部の共同行為が貫徹しにくい。

④商工業者の家集団からなる戸主中心の社会であり、協同的側面における戸主とその後継者の役割が極めて大きい。後継者以外の男子は他家に奉公に出て、土地に残らないため家の一員としての人格は十分に認められない。妻などの家族労働の役割は農村に比べて低く、また定着民として認められていない奉公人層や裏店に住む借家人層の地位は極端に低く、町内から疎外されている（松平 1983: 30-37）。

こうした「町内の家として認知された生活集団が、戸主において代表される場面において形成した特異な伝統的社会」であり、奉公人層や町に住みつつもその祭の文化に入り込むことができない人びとを外縁において包摂し、分離しつつ成立した社会が「町内」社会なのである。この定義は特に①④については倉沢の町内に関する規定とも重なる。

松平はその代表作となった『都市祝祭の社会学』において、秩父祭に関する明治期から１９８０年頃にかけての町内の祭礼集団の構成・財政基盤・役職のキャリアパスなどについてのさまざまな史資料を分析している。そして各「家」が祭礼に供出する費用の大小と結びついた「等級制」に明示される家同士の身分階層性と、役職の基準となる「筆順」にもとづく集団の組織編成によって示される威信構造が、祭礼を通じて強化・再編成されつつ町内の社会構成原理として働いていたこと、その上層に当たる家々を中心に「町内」が形成されていたことを明らかにしている。こうした「町内」では裏店や借家、奉公人は祭礼においては役職のうち最も低い人足仕事が与えられるか完全に無視されていた。この秩序が昭和期に入ってから動揺し、裏店や次男、三男、他所者も含めて次第に組み入れられ、町内組織が町内会へと改編されていくプロセスを松平は描き出す。これは玉野が描き出した商家町における町内会の成立過程と基本的に同一のものである。

戦後には経済的な停滞や人口の減少を背景として、居住者の親戚なども含めた形で「町内」は維持されることになる。松平は府中の暗闇祭を事例として「町内」の共同の内包と外延が明治期から第一次大戦前後に変容したこと、戦後になると「町内」の生活共同が実態を失って観念化し、もはや府中でごく一部を占めるにすぎなくなった中で、その祭礼を府中全体の祭りとして強調する一方で、実際には他の地域を排除するというしくみが作られていくプロセスを明らかにしている（松平 1983,1990）。

高度成長期以降にはそうした社会構成原理が崩壊して観念化し、今後は氏子集団や家ではなく個人が単位となり、地縁・血縁と無関係な社会縁にもとづいて見る者とする者が入れ替え可能で一時的かつ開放的なネットワークによる「合衆型祝祭」が現代の祝祭のあり方となったと松平は論じる。すなわち「20世紀末、21世紀初頭の日本都市では、近世都市の生活共同にもとづく『閉鎖的』な祝祭は、すでに純粋な類型としては、ほとんど残っていない」（松平 2000: 205）とされ、『都市祝祭の社会学』の後半、そして90年代後半以降は松平は「合衆型祝祭」の研究にそのテーマを移行していく（松平 2000, 2008）。

しかし、では現在でも引き継がれている伝統的都市祝祭とそれを支える社会関係、社会構造をどう扱うべきか。現実には近世以来の歴史を持つ伝統消費型都市においては、現在でもそうした歴史的性格は色濃く残り、そこに生活基盤を持つ人びとの生活を規定し続けている。都市の伝統的な共同が、鉄道や駅の建設による中心の移動、産業化、移住者の増加といったさまざまな状況によって危機にさらされ、それまで保持していた共同が属する社会で少数に転化しても、たとえば移住してきた人びとを排除したり選別して受け入れ、また地理的には離れた地域に住んでいる出身者については含みこむ形で、「町内」社会の枠は観念として維持されていくことを松平自身が論じていた（松平 1990: 222-229）。それから30年近く経過した現在においても、たとえば京都の祇園祭を担う山鉾町においては、時にはマンションの建設を阻止したり、またマンション住民のうち祭礼に対して熱心な一部のみを保存会に受け入れるといった限定をかける一方、地理的に移動した元の住民やその血縁については「通い町衆」として祭礼につなぎ止めている（山田浩之 2016: 67-74）。

また80年代までの松平は「町内」の崩壊後においても、自営業者、そして家事従業者、老人、子どもというような「全日制」住民が構成する都市の生活文化がいまだに存在し、無数の縁によって生活のネットワークを形成しながら新しい「町内」が形成されていると論じていたはずである。たとえばＰＴＡを軸にした主婦の縁や、趣味でつながる地縁、商店街組合や商工会議所・青年会議所・ロータリークラブ・ライオンズクラブといった職縁などもその具体的な例であるという（松平 1983: 277）。

その意味で、現代においてもこうした「町内」社会の観念は、こうした近世以前からの歴史を持つ都市において重要な意味を持っている。そしてかつてとは形を変えつつも、そうした観念が現在において持つ意味を考える必要がある。松平の都市祝祭研究は代表作とされる『都市祝祭の社会学』が言及されがちだが、『祭の社会学』（１９８０年）や『祭の文化』（１９８３年）といったそれ以前の著作、特に前者では立教大学のゼミの学生たちによる参与観察調査と口述による個人または集団の生活史の作成を通じて、「崩壊」し「観念化」したはずの「町内」の姿を生き生きと描き出している。

松平が具体的には論じなかった新しい「町内」のその後の姿を描き出すうえで、松平と松平ゼミの学生たちによる参与観察と生活史にもとづく研究は、現在においてもヒントを与えてくれる。学生という異分子が「町内」の人びとにどのように受け入れられ、また受け入れられないのか、また学生が人びととのコミュニケーションの過程で資料を発見し、それを分析するに至るプロセスの記述も含めて、「町内」の持つ性質が描き出されている点も興味深い。

このように松平は、『都市祝祭の社会学』ではマクロな社会変動の流れでの「町内」の崩壊と再編成を描き、他方『祭の社会学』『祭の文化』ではその調査の時点におけるミクロで定型化された秩序にもとづいた各アクター同士の役割分担とスムーズな進行という調和的な姿として「町内」の姿を描いている。しかしこの２つの分析はかなり剥離したものとなっており、祭礼における「調和」と「変動」の両面を同時にどのように説明しうるのかをこれらから見いだすのは難しい。ある時点の祭礼を見ればそこでは明確な統制と手慣れた役割分担による調和や統合を見いだすことができるし、時間的に長いスケールをもつ社会変動と結びつけた分析においては、「町内」自体は一枚岩のものとして、その時々の社会変動に巧みにそのシステムを適応させていったように見えてしまう。おそらく実際にはその時々の祭礼の際に、社会の変化でどう適応するか、従来のあり方を保持あるいは変化させていくのかをめぐって、アクター間での葛藤や対立、妥協と決定があることが予想されるのであり、そうしたプロセスに注目することによって、祭礼自体や「町内」の変容をより具体的に描き出すことが必要ではないだろうか。

このことは近年の祭礼研究について「地域社会の再生、個人のアイデンティティの確認、人間性の回復、あらたな共同性や関係性の構築、等々を強調する予定調和論的な偏りがみられる傾向に、いささか懸念を覚えている」とする芦田徹郎の議論とも響きあう（芦田 2001: 28）。芦田が述べるように、祭りは内部の結束と成員への生きる意味を与えると同時に差別や排除の側面を持ち、ある局面での共同性の順機能が別の局面では逆機能になり、「内部」と「外部」は相対的・重層的で反転しうる。松平の議論においても歴史的かつマクロな視点ではそのことが明らかにされているが、それと参与観察にもとづいた祭礼についての調和論的な記述とのミスマッチを克服するうえでは、一見調和的に見える祭礼の場における葛藤と変動の契機を見いだしていく必要があるだろう。本書の第4章・第5章においてはそうした側面について、具体的に見ていくことになる。[5]

## 第3節　都市民俗学と都市人類学における都市研究

さて民俗文化を通じて都市を描き出そうとする研究は、松平や有末による都市社会学の観点からの研究と影響し合いつつ、都市人類学や都市民俗学においても数多く生みだされてきた。すでに1970年代から中村孚美によって秩父祭・川越祭、さらにその後は博多祇園山笠に関しても、祭りの運営組織や経費、行事とその順序、担い手の役割、ゲームとしての性格、ふるまいにおける担い手の美意識などに関する社会人類学的な分析が行なわれている（中村孚美 1972, 1986）。また米山俊直の祇園祭や天神祭に関する研究は巨大な都市祭礼の複合的・重層的なシステムを描き出すものだ。逆に言えば米山の研究においては松平が論じたような「町内」の人びとについての記述はごく一部にすぎず、むしろ祭礼という現象にさまざまなアクターが関係し合い、それぞれのアクターにとって祭礼が異なる意味を持っているという点にその分析の焦点は当てられている（米山 1974, 1979）。他に森田三郎は長崎くんちをとりあげ、担い手となっている踊町の伝統的な「町内」としての意識、社会変動のなかで祭礼が直面する人的・資金的危機、また「ウラくんち」と呼ばれる行事に参加する若者のアイデンティティを論じた（森田 1990）。

こうした都市人類学の蓄積、さらにここまで論じてきた松平や有末による都市社会学の成果や都市民俗学などもとりこみながら行なわれたのが和崎春日による京都・大文字に関する研究である（和崎 1987, 1996）。その集大成である著作『大文字の都市人類学的研究――左大文字を中心として』は日本の都市祭礼に関するもっとも巨大な作品と言えるだろう。多岐にわたる和崎の議論の最大の特徴は、海外の多民族都市の分析視角である都市人類学の「アーバン・エスニシティ論」を日本の都市祭礼の分析に適用しつつ独自の展開を見せている点にある。

すなわち都市化が進展して異なる他者と他者とが出会い、疎外状態にある中で（脱フォーク化）、左大文字の担い手たちは「シンルイ」概念に融通をきかせて解釈することで成員を確保しつつ、その共通のシンボルやコードを通して自分たちの「エスニシティ」を主張する。そうした歴史的・政治的な変化をふまえつつ他者の期待や関心、市長表彰のような新たな権威づけを取りこんで新たな「伝統」が作られていく（再フォーク化）。都市はそうした相互的な影響の場であり、他者に開きつつ独自性が創造される。そうしたさまざまなエスニシティが拮抗し相互規定しあうなかで、「都市共同体」の「我々」の一体感が生みだされるのが都市祭礼なのである。それは民俗と新たな風俗との関係という観点から見ると、都市民俗にさまざまな新たな都市風俗が加わりまた便乗し、都市民俗と都市風俗が互いを活かしあう形で広がっていくという、都市民俗の生成過程、都市伝統の創造過程となる。組織的にも、祭礼に多様な組織がからみついて派生的・外延的に拡大した新たな組織結合が出現していく。和崎はこれを都市祭礼のアソシエーション複合と呼んでいる。

左大文字保存会は祇園祭のような京都の「町内」によって担われたものではなく、対象エリアもアーバン・フリンジという半農村の都市周辺部が新住民を加えて市街地化した地域であり、また地縁でなく血縁や姻戚などのシンセキ関係によって構成されているため、「町内」を対象とする本書の研究目的とは直接重ならない面があるが、そこから理論的に学ぶべきものは数多い。また祭礼の担い手だけでなく、それと関わる都市におけるさまざまなアクター間の関係性において京都という都市に広がる社会関係を描き出したという点でも、極めて重要な研究である。

ただし、人びとが伝統的な文化の再創造を通じて「アーバン・エスニシティ」を創り上げつつ他者に向けてそれを自己主張し、開放するというプロセスでの間の弁証法的な関係において「都市共同体（態）」（和崎 1996: 382-423）を形成していくという和崎の議論においては、エスニシティの自己主張やエスニシティ間における対抗関係は最終的には必ず「共同体（態）」に回収される。

しかし祭礼に関するアクターやそれらが取り結ぶ関係性は、そうした「共同体（態）」の内部で調和し、完結するものなのだろうか。たとえば芦田が論じていたような排除や葛藤といった問題は、和崎の理論ではそれ自体「共同体」を活性化させる自己主張の一部として位置づけられることになるだろうが、そうした記述によっては離脱しあるいは排除される人びとの存在は記述されることはなく、排除や離脱という現象は「共同体」を揺るがすほどの意味はないものとして過小評価されてしまうことになる。実際、和崎の分析からは祭礼がさまざまなアクターや風俗を巻き込み包含していくことが広範に描かれている一方で、アクター間の葛藤やアクターの離脱、排除といった面についての具体的な記述や分析はまったく見いだされない。

また和崎の研究の出発点は「都市祭礼の記号論」（和崎 1987: iii）にあり、大文字をめぐるもう一つの著作である『左大文字の都市人類学』では、都市祭礼におけるシンボルとその送り手・受け手の相互行為、祭礼集団の年齢や性別に応じた構造、祭礼が広がりを見せるうえでの市民・旅人・行政などとの関係について詳細な分析が行なわれている。しかしその一方で、京都市による補助金に関する分析を除けば、「共同体」がそのシンボルである祭礼を維持していくための財政面での負担や、また祭礼に欠かせない装置などのハード、また技能やしきたりといったソフトを維持していくためのコストと、それを誰がどのように引き受けるのかについての分析は皆無である。

第1節でも述べたように都市社会学においては「非専門家・住民の相互扶助システムを原則とする共通・共同問題の原則」から、「専門家・専門機関の専業分業システム」への移行を前提とし（倉沢 1977: 25-26）、都市においていかに前者の相互扶助的・共助的なシステムを組みこんでコミュニティを形成できるかということが議論されてきた（倉沢 1981: 16-31）。ここでの「相互扶助的・共助的システム」「専業分業システム」はコストや負担の問題に限られた概念ではないが、単にシンボルの創造やその送り手と受け手の関係性といったレベルだけでなく、そうしたコスト・負担の配分がそうしたシステムを通じていかに行なわれているか、あるいはそれをめぐっていかなる摩擦や変化が生じるかを論じなければ、地域社会における共同性を考えるうえで十分ではないだろう。むしろそちらにこそ共同性を維持していくうえでの困難があり、和崎による祭礼集団の内部構造についての記述が一枚岩な共同性に読めてしまう原因の一つは、そこに考察が及んでいないことにあるのではないか。

と同時に、もちろん祭礼に必要な金銭や労力は単なるコストにとどまるわけではない。そうした寄付をできる、また重い役を担うということは、それができる自分自身あるいはみずからの「家」や「町内」の力と名誉、それらに裏打ちされた自己主張を周囲に見せつける機会を持つことである。祭礼とは「町内」また「町内」間においてそうした名誉を配分する場でもある。このようにコストと名誉とは表裏一体のものでもあるが、実際には必ずしもみずからが負担をした者が、正当な対価を得たと感じられるかどうかはわからない。コストを払っているのに十分な名誉が配分されていないと感じることも起こりうるし、そのことが「町内」におけるコンフリクトを発生させることもある。そうした負担と名誉をめぐる配分のシステムをより具体的に分析する必要があるだろう。

なお、和崎以降に都市人類学の分野で都市の文化や生活について論じた研究として、中野紀和によるものがある（中野紀和 2007）。この研究は小倉祇園太鼓について、それまでの町内単位でなく新たに生まれてきた有志チームというボランタリー・アソシエーションに注目し、それが町内との関係において、みずからの正統性や中心性を祭礼でいかに獲得しようとするのか、その相互のまなざしや観客のまなざしでの他者との差異がいかに生成されるかについて、おもに太鼓の打ち手のライフヒストリーにおける都市と祭礼をめぐる語りをもとに分析している。

この研究では「町内」においておもに地縁・血縁関係と共に選択縁を組みこみながら祭礼が継承されていることと、また町内と有志チームの対抗関係と差異の構築が主として論じられている。しかし主題が個人の集合によって成り立つボランタリー・アソシエーションの側にあるため当然だが、「家」と「家」の相互関係、家連合としての組的結合として構成されてきたはずの「町内」における「家」に関する意識や「家」同士の関係、またその変容や解体については一切触れられていない。そこで分析されるライフヒストリーも個人のレベルであり、「家」のような家族・世代を通した記憶や経験については論じられていない（有末 2009: 131）。中野紀和に限らず、阿南透の時代祭などの研究（阿南 1986）、地理学の内田忠賢や民俗学の矢島妙子のよさこいソーラン祭りに関する研究（内田編 2003、矢島 2015）などは、松平が論じた個人単位の一時的・開放的なネットワークに都市の民俗を見いだして研究する方向に向かっている。

これに対し都市民俗学の分野においては金沢や京都といった伝統的な城下町・商業都市に関して、都市の民俗をめぐる研究が行なわれてきた（小林忠雄 1990、谷・増井編 1994、森栗 2003、村上 2009など）。そうしたなかで「町内」の社会関係に注目したものとしては、これも都市祭礼の代表格である祇園祭をもとにした増井正哉（1994）や村上忠喜（2009）が挙げられよう。ただしこうした研究では、あくまで「町内」社会の領域的な内部に関する関係性の分析が中心であり、「町内」内部の「家」をめぐる意識や「町内」同士の関係性、また「町内」を超えた都市における他のアクターとの関係性にまで広げた形で、伝統的な商業都市の社会構造の現在を描くというスケールには至っていない。また「町内」における旧住民同士の社会関係は調和的なものとして描かれており、そこに摩擦や排除といった面は見いだされない。

一方、神田祭の現代における変容を分析した秋野淳一は、町会で祭りを担う旧住民の減少のなかで、神輿同好会や女性、企業などのさまざまなネットワークの動員によって祭りがかえって拡大している状況を示し、地域社会の結集を維持するための「最後の拠り所」に神田祭がなっていること、また祭りを通じた「祭縁」の拡大が町内共同の外延を拡大し、内包を強化していることを論じている（秋野 2018）。しかしこの研究も松平の議論と同様、「町内」の共同における旧住民同士の社会関係も、またアクター間の関係も極めて調和的で、摩擦や排除、アクター間での葛藤や対立、妥協と決定のプロセスやダイナミズムという面は見いだされず、静的な分析に終始している。

そうしたなかで注目されるのは金賢貞による石岡の總社宮大祭に関する分析である。「土着の祭礼集団と新しいヨソモノとしての祭礼参加者たちがどのように相互作用を繰り返し、どのような結果を導くのか」（金 2013: 18）をテーマとしたこの研究は、戦後における「歴史」の町としての石岡イメージの構築プロセスや、文化財という社会的文脈を通じてみずからを再定義する囃し手の姿、都市祭礼としての閉鎖と開放の弁証法など多岐にわたる。本書との関係で注目すべきは、町内会として祭礼に参加している2つの町における金銭的な負担の配分と人手の供出を通じて祭礼集団のしくみを探った第5章の分析であろう（金 2013: 199–249）。その議論には祭礼における担い手のランク付け、町会寄付金と商店などからの祝い金の割合の違いを通じて見える祭礼組織の構造の分析、寄付に協力せざるをえない「伝統行事」としての強制力など興味深い指摘が多い。

ただし金の議論では、負担の配分と表裏一体にあるはずの力や名誉といったプラスの配分とそれに関する人びとの意識、祭礼においてそれらに裏打ちされた主張や存在感を周囲に見せつけること、またそうした競い合いの面白さ、そこでひけをとることをめぐる憤りや怨念、伝統ある祭礼において重い役をこなすことにともなう責任と誇りといった面についてはほとんど見いだされない。また金は担い手のランク付けに居住歴や町内での実務経験が反映している面を指摘しつつも、あくまでそうしたランクは現在の世帯主個々人に関わるものとして論じている。しかしながら伝統的な「町内」においては多くの場合、町内における威信はその世帯主個人というよりは、その先祖の「家」としての居住歴であり、また名誉や負担の配分は単に現在生活している世代に関する問題というよりも、代々の「家」に関するものとして認識されることが多いはずである。[6] すなわち伝統的な祭礼における正負それぞれの配分は、個々の世代を越えた「家」の単位で考えられるべきではないだろうか。

†

ここまで都市社会学・都市人類学・都市民俗学における「町内」に関する研究について論じてきたが、上記の検討を通して見いだされる本書の分析の方針について簡単に述べておこう。まず「町内」の社会関係・社会構造についての分析を行なううえでは、戦後日本において主流となったシカゴ学派的な都市社会学、特に市民的・民主的な共同性や町内会と行政との関係性といったコミュニティ論、町内会論的な視点からではなく、「地域的共同生活単位」としての「町内」の実践やそこでの文化・生活・伝統がどのように生きられているかに注目する。そうした「町内」においては伝統的には、（現在そこに住まう者のみが成員となる「世帯」というよりは）先祖代々

「家」としてそこに居住しているということが重んじられる、「家持ち層」を中心とした秩序が成立している。従来の都市社会学において十分に論じられてこなかったそうした伝統的な都市のあり方を分析するうえで手がかりとなるのは、村落社会学の流れから都市研究へと入り、戦後の都市社会学では結果的に傍流とされた有賀喜左衛門・中野卓による「聚落的家連合」とそれらの家相互の「全体的相互給付関係」といった概念を通じた都市の分析であろう。

この流れを引き継いだのは有末賢による「文化論的分析視角」にもとづく都市民俗研究であり、シンボルを介して都市を生きる人間が作っていく文化の意味や生活のあり方に照準する視点は、本書において重要である。ただし有末自身は人口や祭礼組織から「町内」の社会構造を分析したものの、「町内」社会を生きる人びとの生活世界についてては必ずしも十分に描き出したとは言えない。それに対して家同士の身分階層性と、役職の基準となる「筆順」にもとづく集団の組織編成によって示される威信構造を生きる人びとの姿と、そうした構造の変容をより明確に浮かび上がらせたのは松平誠であった。ただし松平の分析は参与観察にもとづく町内に関しては調和論的に描かれている反面、長いスパンでの分析においては「町内」の崩壊と個人を単位にした合衆型都市祝祭への変化というドラスティックなものであり、その両者をつなぐ民俗・伝統の継承と変動をめぐる契機について、具体的なフィールドから分析する視角に乏しい。「町内」の時々の祭礼における、社会変動への対応をめぐる葛藤や対立、妥協と決定のそうしたプロセスに注目することによって、祭礼自体や「町内」の変容の契機を具体的に描き出すことが必要となる。

また都市人類学・都市民俗学においては和崎春日に見られるように、さまざまなエスニシティが拮抗を通して、自己と他者が相互規定しあうなかでの「我々」としての、「都市共同体」の一体感が生みだされるしくみ、また祭礼のなかで都市民俗にさまざまな新たな都市風俗が加わりまた便乗し、都市民俗と都市風俗が互いを活かしあう形で広がっていくという、都市民俗の生成過程が分析されてきた。ここには松平の議論には欠けていた伝統と変動に関する具体的な分析が見いだされる。

ただしその一方でそこから描き出される「都市共同体（態）」からは、そこから離脱・排除される人びとや対立するアクター間の関係性が「共同体」を揺るがす可能性は消去され、極めて調和的な「共同体（態）」像が描かれてしまう。またその記号論的な分析は、「共同体」を支える下部構造、さまざまな人的・金銭的な負担の配分をめぐる人びとの関係性までは視野が及ばないのである。逆にそうした負担の配分を視野に入れた金賢貞の研究においては、むしろ負担が同時に名誉や威信、それを背景にした自己主張や知識といった正の配分でもあることやそれと結びついた人びとの競い合いの感覚が論じられていない。またそうした配分が世帯間の問題ではなく、世代を越えて引き継がれる「家」同士の間でなされる「家連合」的な関係性において成り立つことが捉えられていないのである。

次章ではこうした研究状況をふまえつつ、本書における分析のアプローチとそれにもとづく調査方法について明らかにしていこう。

# 第3章　本書の分析視角——コモンズとしての都市祭礼

本章では、第2章において論じた先行研究の課題をふまえつつ、本書において伝統的な商業都市の社会関係・社会構造を分析するうえでの視角について論じる。まずは第1節において、有賀喜左衛門・中野卓による視点を引き継いだ農村社会学における地域資源の共同管理に関する研究、そしてローカル・コモンズ論を論じる。これらはいずれもおもに農山漁村を対象とした分析に用いられることが多かった分析視角だが、近年では都市における資源の利用と管理に関する研究にも援用されつつある。そのうえでコモンズ論における近年の異なるさまざまなアプローチについて整理する。これは伝統的な商業都市におけるさまざまな関係性について都市祭礼という共有の資源を通じて分析するうえでのアプローチの前提となる作業である。

第2節では上記の議論をふまえて町内における社会関係を分析するための手がかりとして、俵木悟による「コモンズとしての民俗芸能」（俵木 2015=2018）という観点を参照しつつ、都市祭礼をコモンズ、すなわち「複数の主体が共的に管理する資源や、その共的な管理・利用の制度」（菅 2008: 128）とみなすという、「管理アプローチ」（山田奨治 2010: 27）にもとづく分析視角について検討する。そのことを通じて都市祭礼を手がかりとして見いだされる「家」と「家」、「町内」と「町内」といった担い手間における人的資源の供出や金銭的資源などの割り当て、そしてそれに対する反対給付としての名誉・威信や興趣の生産・配分としての「全体的相互給付関係」を描き出すという形で、伝統消費型都市における社会関係を分析する方向性を示す。

ただしこうした担い手間の関係性だけで現在の都市祭礼が可能となっているわけではない。かつての伝統消費型都市における都市祭礼は旦那衆と呼ばれる豪商たちがその経済力にもとづき、芸能や山車・道具類の維持、人足の確保等、人的資源・資金・技能・物的資源に関する負担を一手に担うことで成立していたが、戦後は資金的にもまた人的資源の枯渇という点でもそうした負担は困難となった。それらを新たに調達するための社会的なネットワークを行政や地元経済界、観光産業、市民、芸能・山車修理の専門家といった外部のアクターとの間で創りあげていく必要が生じるのであり、そうした関係性を活用することで、現代の都市祭礼は継承可能なものとなっている。

そうしたことをふまえて第3節では、都市祭礼が祭礼を行なう人的資源、舞台装置となる物的資源としての山車、祭礼において披露される技能、資金といった資源に加え、祭礼をめぐって伝承されるルールや知識、それらを支える経験・記憶、そして祭礼を通して配分される家や個人の名誉・威信、そうした名誉・威信の配分をめぐる競い合いが創りだす興趣、加えて行政や経済界、市民・観光客など外部のアクターに提供される公共的用益など、さまざまな要素が適切に管理されることで成立する一連のサイクルであることを、長浜曳山祭の場合に即して説明し、都市祭礼がいかなる意味でコモンズなのかについて説明する。そしてそれぞれの要素が都市におけるどのような社会関係と結びついているのかについての概要を示した後、第4章以降の分析の方針を明らかにしていく。

## 第1節　地域資源の利用と管理を通じた生活共同

### 地域共同管理論とローカル・コモンズ論

第2章第2節で論じたように、有賀喜左衛門や中野卓らによる「家連合」という観点から都市の社会構造を明らかにしようとする方向性は、その後の日本の都市社会学においては十分にひきつがれることはなかったが、農村社会学においては「いえ・むら」論を中心とした研究のなかで、中心的な位置を占めていくことになる。そこでの「むら」とは個々の「いえ」(家族労作経営)の存続を支える共同労働組織であり、そのうえに生活の共同が重ね合わされてきたと捉えられてきた。「むら」の生業は農業であることが前提であり、「むら」は農業を行なうための資源の利用や管理の共同、慣行と規範といった農業維持のメカニズムを機能させる主体とされてきた(池上 2011a: 10-11)。

しかしながら高度成長期以降の農村社会の再編と農業の後景化で、「むら」の共同労働組織としての意味、生活の共同の内容と意味が変質し、社会福祉的な相互扶助やメンバーシップを確認するためのコミュニケーション、好ましい生活環境を守ろうとする活動として表出するようになっていると池上甲一は述べる(その状態を池上は〈むら〉と表記する)。農業が規範性を失っているか、あるいはその位置が大きく後退しているにもかかわらず、〈むら〉を〈むら〉たらしめているものとして、単に同じ場所に住まうだけではなく、その基盤に共通の資源に対する働きかけが存在していることが重要なのだ(池上 2011a: 11)。

そしてそのような社会関係の継続性やその堆積、特定の場所への定着性、さらにはなんらかの共通目的を持ち、活動する主体としての性格は〈むら〉に限らず、〈まち〉と言えるような地域社会においても同様に見られると池上は述べる。ここでの〈まち〉とは、過去に「生計の基盤である資産(とくに家屋敷)と営業を保証するための同一の生業集団あるいは関連する生業複合体の自治集団」が、「生業の規定力が大きく減少した」にもかかわらず、一定の範域と継続性を持つ社会的実在を指している。そしてその地域社会に定住する人たちにとって共通の関心事項となるなんらかの働きかけ対象(資源)とその共通消費を核として生まれる累積的な社会関係と生活上のつながりが〈まち〉と〈むら〉を成り立たせる、あるいは機能させる重要な要素であり、その諸要素の関わり合いから村落や都市を分析するという視点を池上は提示している(池上 2011a: 12-14)。

従来こうした農村社会学的な視点から、都市について研究が行なわれることはあまり多くなかった。それは都市社会学においてはなじみの薄い組織や集団であり、農村社会学にすれば都市という地理的領域の問題なので手を出しにくいという事情があったのかもしれないと池上は推測するが（池上 2011b: 27）、前章で論じたような日本における都市社会学の主流であった「コミュニティ論」からは、そもそもこのような発想は生まれにくかっただろう。

具体的な分析対象としては財産区、土地の管理と利用をめぐる諸問題、祭祀組織、寄り合いを介する物的基盤ならびに人間関係を池上は挙げている（池上 2011a: 14）。本書において対象となる都市祭礼もまた、町内における共通の関心事であり働きかけの対象となる資源としてみることができるだろう。また農村社会学の「いえ」とその共同である〈むら〉、そして〈まち〉という視点は、現在においても「家」をめぐる意識が強く意味を持つ「町内」にそれを応用するうえで、極めて適合的である。

そしてこうした地域資源の共的な所有と管理を通じた社会関係の分析という視点は、ローカルな自然資源をめぐるアクター間の関係性やそのためのガバナンスのあり方、また自治的な資源管理制度を生成・維持するうえで必要な社会関係資本に注目するローカル・コモンズ論とも重なるものでもある。福田恵は農村社会学からの資源の共的な所有・管理に関する研究が、もともとは戦後の農村民主化との関わりから「むら」あるいは〈むら〉の規範や支配構造、個々人の社会的自立に強い関心を寄せて、その歴史的なグランドデザインを描こうとしたのに対し、コモンズ論は地域住民間に介在する価値・規範などのミクロな場面に関心を向け、資源管理システムや環境維持機能が、住民が生活を維持する中で自ずと生成してきた面に注目してきたと述べている。すなわち前者はおもに政治経済的側面から資源の共的な所有・管理を論じたのに対して、後者は住民世界の価値規範の動態に焦点を当てた意識文化的側面からのアプローチとまとめられる（福田 2011: 120–121）。

福田はいずれかを拒否するのではなく、マクロな政治経済機構とミクロの意識文化がいかに関連して共有地の形成を促すかに関心を払いながら、両研究に共通してみられた「社会」的位相に焦点を当てるというアプローチを採用している。すなわち第一にコモンズ論的に、土地や自然資源を共有化する前提となる人と人とのつながり、異質なアクターの接触やコモンズの維持に必要なガバナンス、自治的な資源管理制度の生成の要となる社会関係資本など、共同性の創出を諸主体の社会的連関から解きほぐすこと。そして第二にさまざまな主体が立ち現れるなかで、土地利用秩序がいかに形成されるのかについて明らかにすることである。後者について福田は、共有地の危機が発生した際に所有者に変わって不特定多数の利用者がそれらの秩序を規定し始める（利用者管理）という中田実の地域共同管理論の知見を引きつつ（中田 1993）、地域生活の危機的状況と複数のアクターの土地への働きかけに注目してそうしたなかでの共有地形成の社会的メカニズムをとらえる必要があると述べている（福田 2011: 121-122）。

本書における祭礼の分析においても、こうした福田の両方の視点を重ね合わせるアプローチは参考になる。「町内」における共同資源を通じて人びとの間でどのような意識や規範、関係性がつくりだされ、またそうした資源を共的に所有し維持・管理するためにいかなるガバナンスがなされているのか、そしてそれを支える「町内」の外部も含めた社会関係資本というミクロな視点。さらにそうした資源を共的に所有し、維持・管理・利用していく秩序と行政や経済とがどのように関係しているのかといったマクロな視点。これらの両面を捉える必要がある。

ただし中田が「〈むら〉の組織とその行動原理が、それが保有する地域資源の利用および管理の仕方に大きく規定されている」（中田 2011: 158）と述べるように、その資源がどのようなものであり、いかなる形での管理や利用を必要とするかによって、資源への働きかけの仕方も、また資源を通じて見いだされる関係性やそれと結びついた意識・規範もまったく異なるであろう。さらにここまで資源（あるいはコモンズ）における所有・管理・利用と並べて論じてきたが、実際にはそれらは異なる水準にあり、たとえば所有の主体と管理の主体、また利用の主体がそれぞれ異なることもあれば（先の中田が述べた「利用者管理」に関する事例はそれに当たる）、どの側面に注目して論じるかによってそこから見えてくる関係性も変わってくる場合もある。都市祭礼に注目する前提として、近年のコモンズ論における議論をふまえつつ、そうした点について整理をしておく必要があるだろう。

## 自然資源としての「コモンズ」概念とその文化資源への拡張

よく知られているように「コモンズ」という概念は、ハーディンによる「コモンズの悲劇」という議論に端を発している。ハーディンが提示したのは、すべての人に開放された共有牧草地では、それぞれの牧夫はできるだけ多くの牛をそこで飼育しようとするため、土地の許容量を超えた過度の放牧がなされてしまい、牧草地は荒れ果てて再生不可能になるというモデルである。このように有限な自然資源に対してそれぞれが短期的利益を追求すれば、全員が破滅するという社会的ジレンマが発生する（コモンズの悲劇）。こうした状況を回避するにはコモンズを放棄して各自が私的に利用管理するか、共有地の利用ルールを中央政府がこと細かに管理するほかないというのが、ハーディンの主張であった（Hardin 1968=1993: 445-470）。

ハーディンのこのモデルはやがて、多くの研究者からの批判を受けることになる。それらはコモンズが地域社会によって持続的に管理されていることをさまざまなフィールド調査から事例として示し、むしろハーディンの議論とは逆にコモンズという共的な管理システムがもつ可能性を示すものであった。日本においても山野海川といった自然資源の地域共同体による共的管理のしくみをコモンズとして評価する議論が展開されていった。英語圏では共同所有制度の資源管理上の効率性を強調するというのがコモンズ論の基本的な方向性なのに対し、日本では伝統的な地域共同体の環境保全機能を強調するという点での違いはあるが、両者とも共的管理の可能性を主張している点は同じである（高村 2012: 6）。

このように元来、コモンズという概念は自然資源ないしその共同管理システム、あるいはそれら両方を合わせて指す概念として用いられてきたが、やがてその用法は極度に一般的な意味に拡大され、さまざまな現象の分析が「コモンズ論」として扱われるようになる。もともとハーディンの議論自体、中世イングランドやウェールズのローカルな慣習を誤解し、本来の地域社会の文脈を無視して創りあげたモデルであり、さらにそのモデルを比喩として地球規模の環境や資源管理をめぐる問題に拡大解釈したものであった（磯辺 2004; 菅 2010: 268-269）。そうした拡大解釈がさまざまな論者によって行なわれた結果、コモンズという概念は家族のような小集団から、コミュニティレベルの資源利用、そして深海資源や大気のようなグローバルな資源利用の問題にまで拡大されている。しかしながらローカルなコモンズの共同管理の問題と、地球規模のグローバルな資源利用の問題とを同列に論じられないことは言うまでもない（菅 2010: 269-271）。

さらにコモンズ概念は自然資源から文化資源という、資源の質が異なる領域まで拡大して用いられることになった。たとえばレッシグの「クリエイティブ・コモンズ」のようなインターネット上の知識のコモンズ的管理の主張や（Lessig 2001=2002）、ヘラーの特許という知的財産をコモンズと見立てる議論などにも用いられている（Heller 1998）。これらはインターネット上の知識や特許を公衆に開放すべきという視点からコモンズ概念を組み立てている。一方、菅豊はこうしたレッシグやヘラーの議論に対して、それらがネット上の情報や新技術、著作権や特許といった現代的な所有と利用のしくみ、さらに拡散性（diffusivity）を持ち、商品性・市場価値を持つ文化を前提としていることを指摘し、それらが「ローカル・コモンズ」と言えるような地域文化に適用できるものではないこと、そしてコモンズ論において地域という共的社会における文化資源や、その資源の管理のしくみを明らかにすることの必要性を論じている（菅 2010: 287-288）。

もっとも菅は、グローバルな規模で共有される文化資源とローカルな形で管理される文化資源との峻別を強調する一方、同じローカルな資源とはいっても自然資源と文化資源、また同じ文化資源といってもそれらの性質の違いにもとづいて、分析の枠組み自体に修正を加える必要があるのではないかという点については考察を展開していない。しかし土地や牧草のような自然資源の過剰利用による社会的ジレンマを防ぐための管理のしくみと、ローカルな土着知識や伝統的知識・フォークロアといった資源の管理とでは、自ずからそこでの「管理」の内容も、またアクター間の関係も変わってくるのではないか。

### コモンズ論における所有・管理・利用

同じ問題点が、コモンズという概念が自然資源から文化資源まで、そしてそのスケールに関してもローカルからグローバルまで異なる文脈で用いられている状況を整理した山田奨治の議論にも見られる。山田はコモンズをめぐる議論においては「クローズドな資源」「オープンな資源」の両極端なイメージが併存しており、土地や自然環境のコモンズでは前者を、デジタル社会論のコモンズは後者を主として指すことが、議論を混乱させる大きな要因になっていると指摘する。しかしここでは資源の管理の規模がグローバルかローカルという問題と、自然資源か文化的な資源かという性質の違いという問題とが区別されずに論じられてしまっている（山田奨治 2010: 26）。また資源がクローズドかオープンかということは、少なくとも直接的には資源がローカルかグローバルかとは関係がない。グローバルでなくてもある限られた範囲ではオープンな資源など、数多く存在するだろう。

むしろ山田の議論で興味深いのは、彼がこのクローズド／オープンの違いについて管理・用益の観点から整理し、クローズドなコモンズは管理と用益の主体が限られたメンバーである資源、オープンなコモンズは管理と用益の主体が分離していて、基本的に誰でも用益を享受できるものとしたうえで、祇園祭を例にその所有・管理・用益について整理しているところである。

すなわち、祇園祭は誰が所有しているのかはあいまいで、祇園祭山鉾連合会も八坂神社も祭りそのものを所有してはいない。祭りのハイライトである山鉾巡行を管理しているのは連合会で、用益については、鉾に乗って巡行する用益は管理と一体であり、限られたメンバーしか得られないクローズドなコモンズであるが、巡行を見物する用益は誰でも得られるので、その面ではオープンなコモンズだと言える。このように所有・管理・用益のどれを見るかによって、同じ物事の違う顔が見えてくるし、用益でも何に着目するかによってクローズドに見えたりオープンに見えたりするというのである（山田奨治 2010: 26-27）。

祭礼をコモンズ論の観点から論じるうえでは、同じ「用益」といっても連合会のような祭礼の担い手にしか得られないものもあれば、観客であれば誰でも得られるものもある。山田は「管理」についてはそうした多元性を論じていないが、個々の山鉾の巡行をめぐる管理の担い手が特定の町の町衆なのに対して、山鉾巡行という行事全体の管理は山鉾連合会であったり、また巡行に用いられる山鉾というモノはそれぞれの町だけによってではなく文化庁によってその管理のあり方が定められていたりというように、その面だけとっても決して単純ではない。そうした複数性や多元性を含み込んだ形で都市祭礼を分析しなくてはならないだろう。

## 第2節　コモンズ論からの都市祭礼へのアプローチ

### 民俗芸能への「管理アプローチ」という視点とその問題点

本書の対象である都市祭礼に近い対象について、コモンズ論の視点からの分析を提案しているのは俵木悟である。俵木は民俗芸能のような地域社会における無形の文化財／文化遺産について、そうした遺産が誰によってどのように管理されているのかという視点でとらえるのが、その文化財／文化遺産の当事者とは誰なのかを理解するうえで有効であると述べる。ここでの管理とは、「文化財／文化遺産を保存する、活用する、継承する、改良する、再創造する、変化させる、といった行為」のすべてを指している。[1]

また「管理」という語を用いることで、その対象となるものがまったくの創作ではなく、何かしら「すでに存在するもの」「過去から受け継がれたもの」を含意する点で、文化財／文化遺産を過去から将来に至るプロセスで理解するのに役立つ。民俗芸能のような無形の文化財／文化遺産は、これまで一定の方法で管理されてきており、その方法自体が継承されたり改められたりしながら、将来に向けて管理される。民俗芸能を研究するうえで、その管理の主体や方法がどのように継承され、また変遷してきたのかを分析することが有効であるというのである（俵木 2015=2018: 276–282）。

俵木は民俗芸能とその管理のしくみは「複数の主体が共的に管理する資源や、その共的な管理・利用の制度」（菅 2008: 128）としてのコモンズであり、先に山田奨治が挙げた3つのアプローチのうち、管理の面から分析するのが最もふさわしいとする。民俗芸能は不特定の観客に開かれているとは言い難く、そのような文化を「招かれざる客」としての観客の用益の観点から考えるのは無理があるというのがその理由の一つとされている。また用益型アプローチにおいては、その利用の恩恵を受けるという権利を認めながら、それに対して義務や代償を負うという面はあまり強調されない。文化財／文化遺産の担い手がそれを管理するうえで、責務として維持にかかる労役やコストを負担することも含んでおり、その責務を負わないものには権利も認められないという性質を持つ以上、用益アプローチではなく担い手を中心とした管理アプローチの方が適切だというのである（俵木 2015=2018: 278–280）。

そしてこうした管理の観点から民俗芸能の伝承活動を見ることで、民俗芸能における伝承の変化は従来のように単に文脈依存的・環境決定的に語られるのではなく、その担い手たちがどのようにその変化を決定したのか、また逆に変化させないことを選んだかという主体的な働きかけ（管理）の結果として読み解くことができる。そしてそのような判断や合意形成のプロセスに正統に参加している集団こそが、その民俗芸能の当事者として構成されている。ここでの「正統に参加している」とは、たとえば保存会費を払っているといった明示的なことから、毎晩の稽古に参加している、祭礼当日の雑務を断らない、ふさわしい額の花を打つといった慣習的でインフォーマルなことまで、さまざまな責務をどの程度はたしているかについての感覚として納得される、参加のあり方を指している。もちろんそうした管理の実践は、常に動態的で、状況が変われば判断も変わりうるし、「正統」とされる主体のあり方も変化しうる（俵木 2015=2018: 281-282）。

俵木のこの提案は、都市祭礼を通じて「町内」の社会構造や社会関係の分析を行なおうとする際に参考になる。たとえば前章でとりあげた松平の研究において見られるように都市祭礼の管理においては、その家が家持ちか借家か、その家柄といった身分階層性にもとづいて金銭的な負担や労力、祭礼に関する責任（役職）が割り振られており、そのあり方を分析することで「町内」の社会構成原理とその変容が論じられていた（松平 1990）。さらに「町内」でも個々人にそこで割り振られる役割は世代や性別によって異なり、特に女性については周縁的な役割が与えられてきた場合が多い。また複数の「町内」が共同して行なわれる都市祭礼においては、「町内」間においてそうした割り振りと秩序がつくりだされてきた。こうしたことに関する分析を行なううえで俵木の議論は適合的である。

ただし俵木の枠組みを都市祭礼にあてはめて分析する上ではいくつかの問題点がある。第一に、俵木は民俗芸能の「管理」という概念において、その金銭の供出や労力の提供といった資源の負担・責務の配分に関することしか論じていないように思われる。都市祭礼においてはしばしばお祝いとして「家」同士、「町内」同士で金品や酒が送られるといった形での贈与が数多く行なわれるし、また松平が都市祭礼における金銭的な負担の等級制が同時に威信構造の強化・再編成でもあったと論じるように、名誉や威信といった用益が各家や各町内に対して配分されるはずである。

したがって都市祭礼の管理とは金銭や労力といった形での負担だけでなく、贈与を受け取ったり名誉を手に入れたりといった用益の配分を通じて祭礼を継承していくことも含まれている。単に負担をこうむるだけでなくそうした利得がなんらかの形であるからこそ、祭礼は継続されてきたのである。このように祭礼においては金銭・物品・労力・感情といったさまざまな種類のものが配分されているのであり、それゆえにこそ「家」同士の「生活行為の内面的な部分に及ぶ」「労力、物品、心情の総合的贈答」という、先に論じた有賀喜左衛門による「全体的相互給付関係」という概念が重要な意味を持っている（有賀 1939=1967: 123）。コモンズは先の菅の定義にあったように「資源」そのものと「管理・利用の制度」のいずれを指す場合もあるが、本書では都市祭礼を（「文化財」のような）「資源」そのものというよりは、必要な資源の調達と、それらを投入することによって創出された用益を配分する一連のサイクル、すなわち「管理・利用の制度」という観点からとらえることになる。

なお、こうした「全体的相互給付関係」は必ずしも調和的に成立しているとは限らない。負担と利得は必ずしも公平性を持つとは限らず、A家は負担が少ないにもかかわらず名誉を得ているのに対し、B家は重い負担にもかかわらず十分な名誉が得られていない（とB家が考える）場合もあり得るし、時にはそれをめぐって「町内」でコンフリクトが起こることもあるだろう。またある時期は家柄や財産を持ち、名誉ある地位を占めて大きな負担を甘受していた家がそれに耐えきれなくなることもあれば、その逆にある家が急速に経済的に繁栄して、伝統に裏打ちされた威信がなくとも祭礼への関与を強めることもあるだろう。そうした意味で常にそこには不均衡や変動、コンフリクトやルールの変容の可能性が秘められている。

さらに年齢階梯集団によって構成されている地域社会では、時間的な経過、祭礼を取り巻く社会環境の変化で、管理の主体や管理のあり方をめぐって対立が、「家」同士の間だけでなく、世代間で生じることもある。わかりやすい例でいえば、少子高齢化や人口減少という状況で、傍系親族や女性、ボランティア的な参加者の「正統な参加者」としての参与をどこまで認めるか、上の世代にとって「伝統」と考えられてきた慣習やしきたりをどの程度見直すかといったことについて、世代間で判断が食い違うといった状況は起こりやすい。第4章で具体的に見るように、ここでは世代間でどちらの立場を通すかをめぐっての名誉・威信の配分が関わってくる。

このように名誉・威信はすべての家・世代が獲得することは不可能な、希少性を持つ用益であり、その配分をめぐってはしばしば争いが発生する。コモンズ論は元来、資源の過剰利用がひきおこす「コモンズの悲劇」、あるいは逆にルールを通じて資源が持続可能な形で管理される「コモンズの喜劇」のように、希少性を持つ資源の配分とその管理のしくみをめぐる議論であった。都市祭礼はまさにそうした性質をもつ名誉・威信の配分と管理をめぐるしくみであり、だからこそそれをコモンズとして位置づけることで、その分析をクリアに行なうことができるのではないだろうか。

### 都市祭礼をめぐる複数の主体の関係性

俵木の議論において問題になる第二の点は、都市祭礼を通じて紡がれている社会関係や社会構造、そしてそれと関係するアクターが、正統とされる担い手による「町内」単位での管理のみを前提としたアプローチで分析できる範囲にとどまっているかどうかという点である。

都市祭礼とはもともと多くの場合、近世以降において政治的ないし経済的に中核をなしてきた都市において、そこに蓄積された富を背景として発達しており、当該の都市だけでなくそうした都市の周辺地域からの見物客がそれを楽しむという用益に向けて提供されてきた。さらにその後、こうした祭礼は文化財や文化遺産として位置づけられていくことになるが、文化財の保存だけでなく活用を目的とした文化財保護法は、ある文化財に触れて楽しんだり知識を得たりする多くの人びとが存在し、それに向けて用益提供することを定めているものといえる（橋本裕之 2014: 135）[2]。

すなわちそうした芸能や祭礼を見る人びとの存在が前提となっており、さらにそうした形で「見せる」際には多くの場合、先の歌舞伎の例と同じように「見る」側に合わせた改変といった管理が派生する[3]。国指定重要無形文化財という「ブランド」を獲得することは、それによる観光客誘致への期待とセットとなっているし（才津 1996: 47, 1997: 32）、「地域伝統芸能等を活用した行事の実施による観光及び特定地域商工業の振興に関する法律」（通称：おまつり法）が当時の運輸省・通商産業省・農林水産省・文部省・自治省の5省によって1992年に制定されるなど、民俗芸能や祭礼を通じた観光振興は積極的に進められてきた。長浜曳山祭を含めた全国33の「山・鉾・屋台行事」のユネスコ無形文化遺産への２０１６年の登録も、各地においてそうした観光のまなざしを積極的に取り込もうとする動きと結びついている。こうしたことを背景にした不特定多数の観客の存在やその行為は、なんらかの形で都市祭礼のあり方に影響を及ぼさざるをえない。

そして都市の社会関係や社会構造の分析という観点からは、文化財という制度を通じた一般や観光客への公開が、都市祭礼を管理していくために必要なリソースを都市内外のさまざまなアクターから獲得するための名目や手段として活用され、そのことによって都市内部に社会関係がつくりだされ、あるいは顕在化するという点が重要である。そこでのリソースとは、たとえば資金や技能、人的資源、山車の維持管理に関する技能や設備といったものだ。

かつて、こうしたリソースは豪商たちが個別に保有する資金やネットワークにもとづいて集められていたが、戦後、特に高度成長期より後の地方都市において、それはおそらく望むべくもない。たとえば祭礼に用いられる山車については、現在はごく一部にしか継承されていない技術や貴重な材料を用いており、その維持や修理には極めて多額の資金と職人とのネットワークが必要である。そうした資金の調達や職人との関係性は、自治体や行政の文化財保護制度によって可能となっており、そこで公金の支出を正当化するのは、それが単にその担い手にとっての利益になるからではなく、その祭礼や山車が活用、すなわち一般に公開されて多くの市民にも開かれた公共的な用益としての価値があるからである。そしてそうした文化財としての位置づけや公金の支出によって、単に担い手だけが独占的に祭礼のあり方について決定権を持つ存在であり続けることは困難となり、行政や文化財に関わる研究者などもまた影響を及ぼす存在になる。そしてこれらのアクターは担い手と時に協力し合い、また時には対立する存在ともなりうる。

さらに毎年の祭礼を執行するためにも多額の費用がかかり、観光客の誘致や市民の観覧といった用益にその祭礼を供することで、行政からの補助金や地元企業・市民からの寄付を通じて祭礼を維持していくことが可能となる。また人手に関しても、ボランティア募集の場合なら間近で祭礼を体験するという形での用益の存在ゆえにこそ、魅力を感じて応募する市民が発生する。

こうした状況を考えれば、俵木が述べるような管理者＝担い手が、それ以外のアクターとの関係性をいかに築きつつ、祭礼の管理を行なっているかを見ていく必要があるはずだ。たとえば山車の管理や公開を前提とした祭礼のあり方に行政や専門家、技術者が深く関与するようになったり、観光という文脈を前提として商業団体や見物人の存在が影響を及ぼしたりすることが発生する。すなわち単一の担い手集団だけでなく、こうしたさまざまな関係性を通じて都市祭礼は管理され、また逆に都市祭礼を通じて都市におけるそうしたさまざまな関係性が創り上げられているということができる。したがって祭礼を通じて都市の社会構造を分析する際には、用益の側面を無視することは不可能であり、担い手の側が外部のアクターに用益を提供することを通じて管理を行なう状況を視野に入れる必要がある。もちろん担い手自体も一枚岩ではなく、その内部における対立・矛盾も存在する。加えて担い手以外のさまざまなアクターの存在や、担い手と外部のアクターとの時には対立[4]をも伴なうような関係性も含めて、分析の俎上に載せることが必要であろう。

## 資源の複合体としての都市祭礼

俵木の議論の問題として第三に挙げられるのは民俗芸能、そして本書の対象である都市祭礼ではなおさらのこと、それが土地や海と異なって単一の資源というよりも、さまざまな異なる性質を持つ複数の資源を投入する必要がある上に、さらに資源によってその管理に関わるアクターも、また管理の仕方についても異なっているという点である。

民俗芸能や都市祭礼を伝承するには、たとえば山車のような道具の適切な保管と管理、山車を曳く人びとの調達、芸能等の技能とその担い手、祭礼を行なうための資金など、多岐にわたる要素を調達することが必要となってくる。たとえば山車がいくら立派に整えられていてもそれを曳く人がいなくては意味がないし、山車を曳くだけでそのうえで芸能を行なうことができなければ祭礼として成立しない。また山車も芸能もその担い手もいるけれど、資金がなくて祭礼ができないということもあり得る。このようにそれぞれ独立して存在する諸資源が多元的に管理されて初めて、都市祭礼は伝承が可能となる（もちろん、なんらかの事情によってそのうちのどれかを手放して祭礼を変容させることもあり得るが）。

そしてそれぞれの資源の性質とそれを伝承するために必要とされるネットワークのあり方はいずれも異なっている。たとえば担い手全体で伝承されるべきルールや芸能もあれば、担い手でも一部だけで伝承されるものもあり、中には外部から専門家を招聘することで調達される技能もある。さらに山車や楽器のような道具であれば、行政による文化財保護のしくみやそれによる資金調達、また修理・製造する職人とのネットワークがなくてはならない。資金についていえば、担い手の内部においてそれが供給される場合もあれば、協賛金などのような形で地域住民や経済団体から寸志を募る場合もある。また行政から補助金を獲得したり、近年では観光客や市民を対象としたクラウドファンディングという形での関係性の拡がりを通じて獲得するような事例も見られる[5]。

このように一言で民俗芸能や都市祭礼といっても、それらを伝承していくうえでは資源に応じた異なる管理のしくみ、またそうした管理を行なうアクターとそれらが関係性を取り結ぶ場が存在しているのであり、そうした資源の複合性とそれにともなう関係性とを、まず明確に分節化してからそれらを重ね合わせていかなければ、かえって単純化した議論となってしまうだろう。

## 第3節　分析視角──都市祭礼の構成資源の調達と用益の創出・配分をめぐる社会関係

では、ここまでの議論をふまえつつ、都市祭礼についてコモンズ論的な視点からどのように分析を行なうことができるだろうか。以下では俵木の議論に関する問題として挙げたうち第一・三点目に挙げた論点を軸に、都市祭礼である長浜曳山祭をコモンズとしてみなすとともに、そこに含まれる諸資源の調達、そして用益の創出・配分について、長浜曳山祭の場合に即して具体的な形で分節化してみよう。

まず祭礼を行なうには当然ながら、それを担う**人手**がいなくてはならない。狂言を担う若衆、曳山の管理と他の山組との交渉を担う中老、役者を務める男児がいなくては、そもそもこの祭礼は成り立たないだろう。少子高齢化の進む中心市街地の山組においては、これは極めて頭の痛い問題であり、時にはそうした人材・資金不足を解決するべく祭礼のしくみが変更されたり、担い手のメンバーシップをゆるやかに拡大したりといったこともある。

次に狂言やシャギリといった**技能**である。狂言を演じるのは役者であり、またそれをサポートするのは山組の若衆たちであるが、狂言の指導という形で技能を供給できる振付は、大半の場合は山組の者でなく町外の歌舞伎の専門家である。登場人物の心情や舞台の状況について謡う太夫と三味線の弾き手の多く、そして衣装屋や鬘《かつら》屋、顔師（歌舞伎の化粧の専門家）も同様である。また曳山を曳行する際には、必ず篠笛・太鼓・鉦によるシャギリが演奏される。そうした技能を持つ専門家とのネットワークを継続的に持ち続けて資金を通じて調達するか、あるいは自前で技能を管理することが必要である。

こうした技能を披露する舞台装置となるのが**曳山**と呼ばれる山車である。これは山組の共有資源として、中老がその管理を管轄している。長浜において狂言を舞台上で行なう曳山12基の大半は18世紀半ば～19世紀前半に製作され[6]、木製の本体・車輪だけでなく錺《かざり》金具、漆塗りや金箔押し、幕や幟《のぼり》などによって彩られている。いずれも当時の技術で製作されており、現在では材料の入手や技術の再現が困難な場合も少なくない。したがってその修理は容易ではなく、極めて多額の資金が必要であり、さらに宮大工・金具・塗などの技術の伝承と技術の担い手とのネットワークが山組には必要となる。また曳山を保管する倉庫となっている山蔵や修理設備も必要である。

そして祭礼を執行するための**資金**がなくてはならない。資金については3年に1回の「出番」と呼ばれる、狂言を奉納する山組に当たる際に800～1000万円の費用を必要とする。[7] さらに曳山には定期的な修理が必要であり、特に木製の曳山本体の大規模な解体修理ともなれば数千万円単位で費用がかかる。[8] さらに幕や幟などについても別に修理や復元新調のための費用が必要である。[9]

ここまで挙げた諸資源は第2章で論じた田中重好の資源動員論的な分析に用いられている人的資源・経済的資源・物的資源・技能的資源と重なるが、これらは祭礼における原材料にすぎず、むしろこれらを投入することでどのような用益が生みだされ、さらにそれが町内や地域社会に対して配分されるのかを問わなければ、祭礼を分析する意味は霧散する。そうした生産と配分がなければ、そもそも「町内」にとっても、地域社会にとっても祭礼は単なる負担でしかない。

これらの各家から供出される資源、あるいは技能の一部のように外部調達される資源を用いて生産され、配分されるのが希少性をもった用益としての**名誉・威信**である。長浜においてであれば、たとえば息子が町内で数人しか選ばれない役者になるというのは極めて名誉なこととされており、そうした名誉をどの家に配分するかは重要な問題である。都市祭礼においては歴史と結びついた家の「格」、各家からの資金、役職（それには労力と責任がともなう）と連動した形で、それが配分されるというのが原則だが、実際にはその判断は簡単ではなく、自分が出した資源と返ってくる名誉・威信との間にギャップを感じる家も発生する。なおこうした名誉・威信の配分は町内だけにおいてではなく、町内同士の間においても発生する。祭礼を行なう順番を参加するすべての町内の間で籤で決定するといった慣習は全国で見いだすことができるが、それはその配分を公平にするためのものである。

ただし祭礼において生産され、配分される用益は名誉・威信だけではない。都市祭礼は一般に「町内の経済力や文化の高さをほかの町内や見物人に見せる機会として機能し、さらに町内間の祭り・山車を媒介にした競争が当事者たちにとってゲームという娯楽として作用する」というように（金 2013: 17）、そうした名誉・威信をめぐる争いの「ゲーム」であり、そのゲームそれ自体が持っている**興趣（面白さ）**を、担い手となる家や町内だけでなく見物人も含めた人びとに配分する機会でもある。たとえどんなに名誉の配分が適切に行なわれていたとしても、それが単なる儀式として粛々と行なわれるだけであったとしたら、祭礼に対する人びとの関心は大きく減殺されてしまうだろう。祭礼が盛り上がるのは、そうした相互の競争が激しく、また顕示的な形で行なわれるがゆえにである。名誉・威信、そして興趣が「町内」の内部において配分されているからこそ、各家・各構成員は人手や資金、技能といった形で祭礼に協力するのである。

加えて祭礼が持っている興趣、また祭礼が持つ美的価値や地域社会の伝統的な文化としての位置づけは、町内だけでなくその外部においても高く評価され、観光資源として多くの人びとを外部から引きつけたり、また行政から文化財・文化遺産としての価値を認められたり、時には学校における郷土教育や大学のゼミにおける研究・教育の素材として位置づけられたりする。そうした公共的な価値づけで外部のアクターが得る用益が発生する。これを町内や町内間のみにおいて分け持たれる名誉・威信や興趣といった用益とは区別して、**公共的用益**と名づけておこう。こうした公共的用益があることによって、たとえば行政から祭礼に対する助成金が支出され、祭礼に対する外部からの協賛金などの資金の獲得が可能となり、祭礼に関心をもつ市民・学生がボランティアで参加するといったように、入力にあたる資金や人手の獲得につながるし、こうした形で資金・人手を得られなければ、大規模な都市祭礼を維持することができないのが現状である。

このように祭礼に関する名誉・威信や興趣、また公共的用益を適切に創りだし、配分するには、祭礼に関する**ルール・知識**といったノウハウが町内や町内同士である程度共有され、適切に運用される必要がある。たとえば、筆頭として狂言の役者を出してもらえるようにお願いするときには、役者の親（役者親）に対してどう振る舞うべきかがわからなければ、役者という名誉をかえって汚すような事態を発生させてしまうかもしれない。あるいは祭礼の最中に他の町内との間での連絡・調整が必要な場合はどのように挨拶を行ない、いかに礼を尽くすべきかがわかっていなければ、他の山組に対して喧嘩を売るような結果にもなりかねない。あるいはたとえば曳山を長浜八幡宮に入れる前にどのタイミングでどのように曳山の幕や幟などの山飾りを行なうのかについての知識を持っていなければ、儀礼をしっかりと伝承できていないということで、他の山組に対して自分の山組の名誉を損ねることになってしまうといったことが発生する。

これは興趣についても同様で、都市祭礼が自分たちの文化力や経済力の高さを他の山組や見物人に対して披露し競争するというゲームである以上、それがどのようなルールのうえで成り立っているのかがわからなければ競いあうこともできないし、そのうえで自分たちなりにどのように工夫すればいいのかもわからない。また見物人の側もそうしたルールについて一定の理解があってこそ、それを楽しむことができるはずである。たとえば祭礼直前に出番となるすべての山組が対抗して行なう裸参りと呼ばれる若衆の参拝で、どのように見物人に対して自分たちの格好よさを見せればいいか、自分の山組の役者たちを他と比較して見物される夕渡り行事において、どのように披露すれば役者たちが栄えるか（また見物人の側については、そうした行事をどのように楽しめばいいのか）。そうしたことについて一定のルールと知識が共有されている必要がある。

ただしこうしたルール・知識はたとえ同じ山組であっても全員が均等に保持しているというわけでは必ずしもないし、また全員がそれらについて同じ感覚を共有しているというわけでもない。たとえば女性が祭礼に関与できる幅をどう設定するか。狂言の際に大道具の類をどの程度使うか。オーソドックスな歌舞伎の演目からどこまで外したものを選んで良いか。そこにはほぼ全員の判断が一致するものもあれば、同じ山組内や山組同士でもかなり判断の幅があるものも含まれ、また大勢として判断が次第に変化していったものもある。むしろそうした判断の食い違いとそれにともなう山組内・山組間のやりとりや衝突こそが、祭礼をめぐる興趣を発生させるものとなっていることを、本書は後で論じることになる。

またそのようなあるべきふるまいについてのルールや知識は、単なる明文化した規約やマニュアル的な「べからず」集として（だけ）ではなく、むしろ名誉・威信の配分や興趣の配分をめぐって、過去に起きたコンフリクトや失敗をめぐる**経験・記憶**と結びついた形で担い手たちに分け持たれ、また伝承される。むしろそうしたトラブルを通じて、ルールや知識は顕在化されるのであり、またそうした経験・記憶を通じてその解決が図られ、ルールや知識そのものが更新されることもあり得る。

このように都市祭礼である長浜曳山祭は実に多様な資源と用益の複合体であり、**①人手、②資金、③技能、④曳山といった原材料を入力したうえで、⑤経験・記憶をふまえて伝承また更新された⑥ルール・知識を通じて、⑦名誉・威信、⑧興趣といった山組内・山組間での用益、および⑨公共的用益といったものが出力され配分される。そして町内では名誉・威信とひきかえに人手や資金の協力をえて、行政や観光客といった山組の外側に対する公共的用益の提供とひきかえに人手や資金、技能などの資源を調達するという一連のサイクル**によって成り立っている（図3-1）。なおここでサイクルという表現はしているが、それは①〜④を投入した後、時間的に遅れて⑦〜⑨が産出されるということを必ずしも意味しない。むしろたとえば他の家に比べて高い祭典費を毎月払うという行為そのものが名誉・威信を示しているように、入力と出力が同時に発生する場合も非常に多いからである。**本書ではこうした一連のサイクルとしての祭礼＝コモンズが、いかに山組によって管理されてきたのか、またその管理の仕方がどのように変容していったのかを分析することで、「町内」あるいは「町内」連合の内部、さらに町内と見物人、そして町内とそれ以外のアクター（行政、経済界、専門家、ボランティアなど）といった関係性を析出し、それによって長浜という地方都市の社会構造を描き出すことになる。**

なおこれらは一つの資源につき一つの社会関係が対応するというものではなく、ある社会関係については複数の資源が関連しているし、一つの要素がいくつもの社会関係と関わっている場合もある。また入出力や配分につ

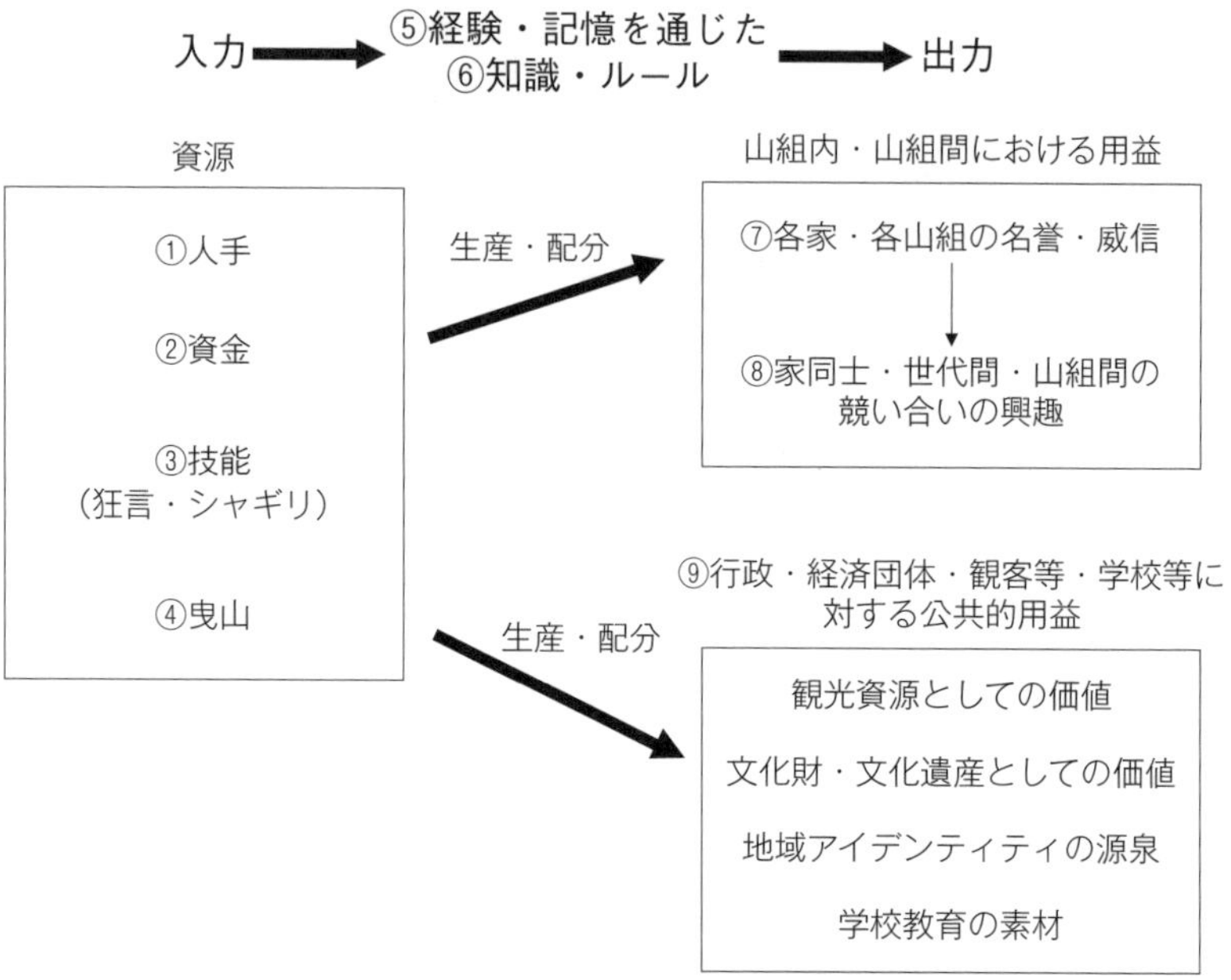


**図3-1　都市祭礼における資源の入力と用益の出力**

いて論理的には区別することはできても、それらが時間的には同時に発生していることも多い。したがってこうした構成要素となっている資源・用益ごとでなく、都市祭礼に見いだされる社会関係の種類にもとづいて各章を記述しつつ、それぞれの資源と用益がどのように関係性を創り上げているかについて、以下のような順序で論じていく。

まず第4章では同じ山組内（町内）における家同士や世代間の関係性について分析する。具体的には祭礼における3年に1度の出番のための資金や人的資源の負担、名誉・威信の生産と配分、そのプロセスで発生する家同士や世代間のコンフリクト、負担と名誉の配分をめぐるルールや知識の解釈とその裏づけになる経験・記憶の伝承といった面から、世代を超えた全体的相互給付関係としての「町内」の関係性を明らかにする。

第5章では山組同士の関係性、特にその威信を賭け金とする対抗関係に焦点をおいて、裸参りという行事を中心に分析を行なう。先に述べたように都市祭礼においては、町内同士の対抗関係を通じた名誉・威信の張り合いとそれを通した興趣の生産が不可欠である。そうした対抗関係を成立させるうえでいかなるルールが存在し、それがどのように経験・記憶を通じて運用されるのか、また興趣を生み出し盛りあげるために重要な舞台設定となる山組間の「因縁」と呼ばれるフレームが山組の若衆たちによって、さらに若衆と見物人との相互行為を通していかに創り上げられ、演出されるのかについて明らかにする。

第6章では曳山の曳行や狂言の前後を彩るシャギリという周辺的技能をめぐる労力の調達とその変化を扱う。山組間の対抗関係を通じた名誉・威信・興趣を生産し続けるためには、各山組が脱落することなく、祭礼を行なうために必要な技能を安定的に確保できなくてはならない。かつて縮緬を中心とする繊維業に支えられ、製品の集散地であった長浜が次第にその中核性を失い、また高度成長を通じた周辺の農村部の変容も相まって農村部からのシャギリの担い手を失う中で、山組間で相互協力し、また学校という回路を利用しつつ新たに子どもたちをその担い手として山組組織を再編していくプロセスを通じて、町内と農村部、町内の内部、町内間の関係性のそれぞれの変容を明らかにする。

ここまでは担い手間、すなわち山組における家同士、町内（山組）同士においていかに祭礼が全体的相互給付関係を通じて管理されているかについておもに論じる章となる。すなわち図3-1でいえば、入力から出力にいたるプロセスのうち、右上の町内・町内間で生産・配分される部分である。しかし先に述べたように現在の都市祭礼の管理を通じて紡がれている社会関係や社会構造は、こうしたアプローチで分析できる範囲にとどまらない。長浜曳山祭の場合であれば文化財指定やユネスコ無形文化遺産への登録を通じて祭礼自体の意義やブランド価値を高め、さらに観光客誘致やまちづくり、市民への観覧といった形での貢献を通じて資金的にも、人的にも資源の獲得を可能にしてきたのであり、そうしたしくみを通じて創り上げられている社会関係を見ていく必要がある。

第7章で取り上げるのは各山組の若衆たちが、祭礼において発行するパンフレットの広告協賛金を通じて祭礼のための資金調達をいかに行なっているかについてである。もともとその町内に根ざして自営業を営んできた人びとが継承してきた取引先、また青年会議所などの経営者団体において培われた結びつきといった、都市の自営業者層たちの持つ社会的ネットワークがそこから見いだされる。戦後における長浜の経済的な状況は、祭礼を管理する上でこうしたネットワークの活用を必要とした。

第8章では曳山という資源とそれを通じた社会関係について、2000年に設立された曳山のメンテナンスを可能とするドック施設である長浜市曳山博物館の建設過程と建設後の曳山の維持管理のしくみの変容を中心に分析する。この博物館は中心市街地の商店街の郊外の大規模商業施設との競争という状況において、名目上、商店街の再活性化や観光客誘致といった山組外への公共的用益の提供を直接的な目的として企図されたが、山組と行政との折衝のプロセスにおいて曳山の大規模修理という形で資源を維持していくための施設としての性格が中心となっていく。一方、曳山を文化財という公共的な用益に提供することで、山組は曳山という資源のメンテナンスのために必要な資金を獲得するが、そのことは一方で曳山の維持管理の主導権を部分的に失い、また綺麗な曳山を競いあうことで名誉・威信と興趣を得るという祭礼のあり方も変容していくことを論じる。

そして第9章では戦前から戦後にかけて経済的危機に瀕した山組連合が祭礼を継承するべく、観光や市民への貢献、そして文化財といった公共的用益を前面に出しつつ、必要な資金の調達を行政との関係性においていかに可能にしていったかについて論じる。その手がかりとなるのは、すべての山組を代表して事務局を務める総當番が残した山組集会の会議の議事録と、總当番による行政や経済団体などのアクターとの交渉内容とを記した「総當番記録」と呼ばれる資料である。また近年のユネスコ無形文化遺産登録がもたらした行政や観光産業との関係性についても触れる。

このように都市祭礼の管理とそのしくみの変遷を通して、本書は長浜という都市における社会関係と社会構造を描き出す。そこに見いだされるのはミクロな視点では「町内」の内部、そして「町内」同士における社会関係である。そしてマクロな視点では、近世以来、繊維業を中心とした地域の中核として繁栄した都市が次第にその地位を失い、また郊外大型商業施設との競争にも後れを取るなかで、祭礼という名誉・威信と興趣の町内および町内間における生産・配分のしくみを安定的に管理するべく、どのように都市の社会関係を継承・変容させていったのかについていということになる。本書はそのような意味で、都市祭礼というコモンズを手がかりとして、「町内」の内部の家同士や異なる世代の関係、「町内」同士の関係、「町内」を構成する自営業者たちのネットワーク、町内連合と行政・経済団体などのアクターとの関係性という形で伝統消費型都市の社会構造とその戦後における変容を描く都市社会学なのである。

# 第Ⅱ部

# 都市祭礼を構成する諸資源・用益と祭礼の伝承メカニズム

# 第4章　山組における家と世代——祭礼をめぐるコンフリクトとダイナミズム

## 第1節　山組内での祭礼の管理におけるコンフリクトの意味

この章では長浜曳山祭のうち、各山組という町内の単位に焦点を当て、コモンズとしての都市祭礼の一連のサイクルについて分析する。具体的には祭礼の執行に必要な資金、人的資源による労力の負担といったものが調達・投入されることで、祭礼における希少性をもつ用益としての名誉・威信、そして興趣が出力され、配分されるという町内の全体的相互給付関係がどのように管理されているのかについて、またそのためのノウハウにあたる町内での負担と名誉の配分を定めるルール・知識やそれを支える歴史・記憶が担い手のなかでどのように伝承され、また変容するのかについて明らかにしていく。

松平誠が論じたように、都市祭礼においては家持ちか借家か、その家柄といった身分階層性にもとづく金銭的な負担や労力、祭礼に関する責任（役職）の配分が行なわれている（松平 1980, 1983, 1990）。すでに述べたように、そこでは負担や労力、責任だけでなく、役職や立場を通した名誉、祭礼を通した興趣、町内における知識や主張を通じた威信などさまざまなものが配分される。祭礼を通じて生みだされる、そうした「生活行為の内面的な部分に及」ぶ「労力、物品、心情の総合的贈答」についての「各戸間の一切の相互給付関係」を分析することで

（有賀 1939=1967: 123）、本章では「家」同士の関係性としての「町内」を描き出す。と同時にそうした配分は各家の間でだけでなく、山組の世代間においても存在する。すなわち第1章で述べた狂言という祭礼の花形を担う若衆と、曳山の管理・曳行や各家からの祭典費の徴収、祭礼全体を円滑に進めるための他の山組との交渉を担う中老との間においてである。

こうした結果、家同士でもまた若衆と中老の間でも、不満やコンフリクトが発生し、それが社会関係に変化をもたらすことがある。実際、こうした全体的相互給付関係は必ずしも調和的に成立しているとは限らない。負担と利得それぞれの大きさは必ずしもつりあうものになっているとは限らず、たとえばX家は負担が少ないにもかかわらず名誉を得ているのに対し、Y家は重い負担にもかかわらず十分な名誉が得られていない（とY家が考える）場合はありえる。また世代間でも、若衆への予算配分が以前より削減されたり、あるいは若衆によって祭礼のやり方が変えられ、中老の主張が無視されてしまうといったことがある。その結果、予算や威信の配分をめぐって若衆と中老との間において主張がぶつかり合い、コンフリクトが発生して、一部の家の祭礼からの離脱や、若衆―中老間の決定的な対立をもたらすこともありえる。その意味で山組という町内の内部は、決して一枚岩な共同性というわけではない。

都市祭礼に限らず、祭礼に関する研究ではしばしば地縁・血縁にもとづく地域の共同性やその統合の強化という機能主義的観点から分析が行なわれる場合が多い。たとえば第2章で論じたように松平の議論においても、そこには「祭礼費を決める『等級制』に明示される身分階層性と、祭礼役職の基準となる『筆順』に基づく集団の組織編成によって示される威信構造が、神社祭礼のつど氏子集団で強化・再編成され、それがそのまま町内の社会構成原理としてはたらいていた」という面のみを強調すれば（松平 1990: 4）、そうした秩序の再生産原理として静態的に祭礼を論じることになりかねない。また和崎春日による左大文字に関する長大な研究も、都市の祭りにおいてそれぞれの伝統を主張しあう集団同士の対抗が弁証法的に解決されて都市共同体（態）を生成していくという視点であり、先に述べたようなコンフリクトやそれを通じた祭礼からの排除、離脱も含むような可能性については議論の外にある。

こうした研究状況に対して芦田徹郎の議論は示唆的である。芦田は従来の祭礼研究がしばしば、祭礼が地域社会の再生や共同性・関係性を構築する点を強調するという「予定調和論的な偏り」に陥っていると批判している。すなわち「祭りが『内部』を結束させ、成員に生きる意味と力を付与する」一方で、「その背後には『外部』に対するさまざまな差別、排除、抑圧、暴力、犠牲等が張り付いていたのであり、今日でもそれが顕在することは珍しくな」いのであり、そこで時と場合に応じて状況的に何が「外部」とされていくのかといった動態的なプロセスに注意すべきだというわけだ（芦田 2001: 28）。この芦田の観点を引き継ぐ形で、近年、祭礼における担い手間の差異やコンフリクトについて注目する研究がいくつか生みだされている（中野紀和 2007; 中里 2010; 有本 2012）。

たとえば中野紀和は小倉祇園太鼓をめぐる人びとのライフヒストリーを通じて、個々の太鼓の打ち手、太鼓の有志チーム、従来から太鼓を担ってきた町内などが他の打ち手たちとの関係性において他との差異を構築し、祭礼を担う正統な存在として主張していく仕方を論じている（中野紀和 2007）。また有本尚央はその岸和田だんじり祭に関する研究において芦田の議論に触れつつ、祭礼におけるコンフリクトや非調和的な関係性がどのような過程を経て、祭りを成立へと至らしめるのかについての研究の必要性を主張する（有本 2012）。一方、中里亮平は府中の暗闇祭を事例として、青年団同士の暴力や、祭礼への乱入者の問題、また観客と参加者との喧嘩といった「もめごと」をとりあげ、その参加者たちにあらかじめ共有された「明文化されないルール」があるわけではなく、「もめごと」を通じて、その場でルールが持ちだされたり創りだされていくという動態的な祭礼のあり方を論じている（中里 2010）。

このように「祭りとその研究を、静態的な社会統合論的枠組みの中に閉じ込める」のでなく、「変動論的ならびに闘争論的なパースペクティブ」（芦田 2001: 29）から分析するという立場の研究がいくつか生まれている。しかし祭礼の場においてどれほどコンフリクトが生じているにせよ、実際にはそれによって祭礼が根底から崩壊したり、中止されたりするわけではない。たとえば祭礼の担い手同士のもめごとや喧嘩は面倒な出来事とされ、祭礼の円滑な執行のために処理されなくてはならないものでもあるが、単にそうした観点だけでとらえられるべきものでもない。もめごとや喧嘩は、それを眺める祭礼集団の他のメンバーや見物人にとって、また時にはその当事者にとってさえ、むしろ興趣を創りだす出来事として話題になり、祭礼を盛りあげることさえある。

さらにそうしたもめごと自体が、発生から時間が経過し回顧されるようになるなかで、当事者同士の間ですら武勇伝や笑い話といった興趣として語り継がれ、むしろ担い手同士の結束を高めるものになることも決して少なくない。コンフリクトが祭礼の担い手にとって持つ意味を考えるうえでは、そうした時間的な経過のなかでもたらされる結果についても考察する必要がある。上記の研究からはそうしたコンフリクトが創り出す祭礼組織内の動態やコンフリクト自体もつ「面白さ」、すなわち興趣について説明できないだろう。本章では上記をふまえつつ、山組における家同士というヨコの軸、そして若衆と中老という世代間のタテの軸において、単に調和的でなくコンフリクトを含んだ形で、それぞれの関係性がどのように生みだされているのか、またそうした関係性で祭礼行事とそこでの資源の調達と用益の生産・配分がどのように管理されているのかについて論じていく。

まず第2節では、狂言の準備のプロセスと負担の大きさ、そこで要請される筆頭を中心とした若衆たちの団結の重要性について、筆者自身が若衆を務めたA町の事例をもとに述べる。そして狂言は祭礼における若衆たちの尽力、特にそれを引き出す筆頭の人望や力量の反映とみなされ、中老や他の山組から評価されるものであることを述べる。

そのうえで第3節では家の歴史や間口の大きさによって祭典費などの負担が不均等に配分されていることを背景にしつつ、若衆たちが各家に対する名誉の配分、すなわち狂言の役者や若衆内の将来の幹部候補生の選択をどのように行なうかが、出番の時の最大の焦点であり、しばしば家同士のコンフリクトを引き起こすことを論じる。

次に祭礼を通じて創出される山組内の世代間関係について分析する。先に述べたように若衆が狂言を担うのに対し、中老は曳山の維持・管理や出番の際の曳山の曳行、管理、各家からの祭礼に関する費用の徴収・管理、また他の山組との交渉を行なう。すなわち狂言という祭礼の華を担う若衆を中老が支えるという分担である。しかし両者の関係は必ずしも協力的なものであるとは限らず、むしろ両者の間では出番の度に祭礼のあり方をめぐる知識の誇示や、あるべき祭礼の姿をめぐる自己主張を通じた威信の配分をめぐるコンフリクトが頻発する。それがどのようにして起きるのかについて論じる。と同時に、さまざまなコンフリクトがあるにもかかわらず、それにまきこまれた家や個人の多くが祭礼から離脱せず、むしろより強く祭礼へのコミットメントを強める理由について、全体的相互給付関係の観点から述べる。

第4節では家同士や世代間における名誉や威信をめぐるコンフリクトが、祭礼の障害として抑制されるばかりでなく、家の祭礼からの離脱や若衆―中老間の関係の断絶といったリスクをはらみつつも、時には積極的に演出され、それが祭礼から興趣という用益を創出するうえで極めて重要な意味を持つことを論じる。すなわち祭礼においては名誉・威信の配分について、単に誰からも不平不満が起こらないようにするだけでは不十分であり、威信を示す機会を配分し、またコンフリクトの面白さや緊張感を通じて興趣を生産し配分することが重要なのである。こうしたコンフリクトと興趣との関係性について、ゴッフマンのフレーム分析の枠組みを用いつつ説明する。

第5節ではコモンズとしての都市祭礼の町内における管理の仕方についてまとめる。まずはコンフリクトをめぐる経験・記憶が人びとに共有されることで、祭礼における名誉・威信の配分の仕方についてのルール・知識の伝承が可能となることを論じる。さらに家同士や若衆―中老間の威信の顕示と張り合いのなかで、祭礼における名誉・威信の配分をめぐるルールは固定された伝統ではなく常に更新され、社会状況に合わせてダイナミズムをともなって変容しつつ伝承されるものとなっていることを論じて、都市祭礼の管理のしくみがもつ柔軟性を明らかにする。

## 第2節　祭礼における若衆たちの負担と祭礼の準備——A町を事例として

まずは各山組の若衆が出番にあたって、どのように祭礼に向けた準備を進めていくかについて、筆者自身が若衆を過去に務めていたA町の例を中心に見ていこう。A町は若衆祭り、すなわち狂言に関する準備の一切を若衆のみが行ない、中老は一切そこに立ち入らない形で祭礼の準備を行なう山組である。中老も狂言に関わる総祭りの山組では、稽古の際の役者の世話や振付をはじめとした三役への対応、稽古場の管理などについては中老が関与するし、若衆祭りであっても町内の女性がそうした役割を担う山組も多い。しかしA町はそうした点についても一切中老や女性が関与せず、すべて若衆によって担われているという点で徹底している山組である。

A町の若衆の半数は、土地・建物を親か本人が所有し、その地縁・血縁にもとづいて若衆となった者である。必ずしも商店主や自営業の後継者とは限らず、親がA町内に土地を所有して店を経営あるいは居住していて、本人はサラリーマンをしている場合もある。なおA町では一つの家からは若衆には一人しかなることができず、商家・自営業者の場合はその後継者、それ以外については原則として長男が若衆を務める。

残り半数の若衆の多くは、A町でテナントとして店舗を借りている者によって構成され、テナントとして町内に入る以前は山組と無関係だった者である[1]。他にA町に生活基盤を持たないが、地縁・血縁にもとづく若衆からの紹介で若衆に新たに入った者も数名おり、こうしたテナントや友人関係にもとづく若衆も含めた形で、近年は20名程度の人数が維持されている（村松 2012: 185）。なお若衆の上限年齢は町内の規約では40歳になってから残り1回までとなっているが、現在ではこれを厳格に適用すると祭礼の執行が困難となるため、実際には40代後半まで若衆を続ける場合が多い。また年齢にかかわらず、新たにA町に加入した者は最低3回、若衆をすることが求められるが、これについても年齢に応じてある程度の融通を利かせている。

大半の山組において、中心的な運営メンバーは山組内に土地・建物を長年所有してきた者とその血縁者から選ばれており、A町でもそれは同じである（若衆についての組織図は図1-3を参照されたい）。若衆における役職のエリートコースは、若衆入りしてからほどなく務める籤取人（長浜八幡宮で狂言を執行する順番を決める神籤を引く役目）、舞台後見（狂言の舞台において黒子や役者の補助、鳴り物を鳴らす役目を務め、狂言が行なわれていないときには舞台上で御幣を守る役目）、そして経理をつかさどる会計、副筆頭を経て、若衆全体を統べる筆頭になるというものである。これらの役職は従来からの地縁・血縁にもとづく若衆が務めることが慣例となっている。そうした若衆たちからは、テナントや友人関係で入った若衆に対して「助けてもらってるとか、手伝ってもらってるっていう言葉がついて出る」[2]ものであり、決して同列に祭礼を担う存在としてはみなしていない。こうした点で、松平が論じた持ち家かどうかが決定的な意味を持つという、伝統的な町内の社会構成原理が現在でも引き継がれている。

## 若衆による狂言の準備

長浜曳山祭において「町内」同士が威信をかけて競いあう中心となるのは、いうまでもなく狂言の出来である。狂言は若衆の管轄であり、「よそが12も出てたら、よそよりええ外題せえへんかったら誰も見に来てくれへん」[3]というように、いかに優れた芸を奉納・披露するかについて、若衆たちは心を砕く。

実際、A町に限らず各山組で話題の中心となるのは、今年はどの山組の狂言が良かったか、どの役者が良かったかということである。特に中老以上の世代ではそうした評価は、「もうほらすごいね、狐忠信とか上手。終戦後一番。（中略）P山の裏のQちゃんの弟で、ほら、あんなもんそばにも寄れんっちゅう、すごい……」[4]というように、山組の境界を越えて後々まで語り継がれることになる。そしてそれはその年の山組全体、とりわけその年の祭礼を担った若衆たちへの評価でもある。

そうした立派な狂言をつくりあげ、奉納するために、筆頭を中心とした若衆は出番に向けて努力することになる。それは三役の選択、稽古の際の役者たちのしつけ・サポートといった直接に狂言に関することだけでなく、祭礼の際に発行されるパンフレットの広告取りを通じた協賛金集め、打ち合わせを重ねたうえでの祭礼当日のスムーズな段取りといった準備も含まれる。第7章で論じるが、中でも出番の前年秋から始まる若衆の会議において最も大きなウェイトを占めるのは協賛金集めであり、筆者の経験では1月頃までは公式の議題のほとんどはそれに関するものであった。狂言の段取りに関する議題はそれ以降が中心である。

出番の際の山組の支出は、三役への指導料・謝金・宿泊費・交通費が挙げられる。加えて子ども歌舞伎で用いられる小道具・大道具のレンタル代や製作費用、パンフレットの印刷代も必要となる。祭礼期間中は、衣装屋・鬘屋・顔師への謝金や宿泊費・交通費がこれに加わるうえ、役者・若衆・中老・シャギリ（囃子）（各山組の子どもたちが中心となる）の賄いも用意しなくてはいけない。また祭礼直前の4日間行なわれる裸参りでの賄いや道具に関する費用もかかる。準備から当日までにかかるこうした経費は1つの山組につき合計で800〜1000万円とされ[5]、それを賄うのは決してたやすいことではない。

A町の場合、費用は市からの助成（約370万円）と町内から集めた祭典費（300万円）、そして協賛金で賄われるが、このうち前二者の金額はほぼ固定されており、若衆たち自身の努力で増額できるのは協賛金のみである。協賛金を集めることができなければ、遠方の優れた振付を呼ぶことも、豪華な衣装を使うことも、また役者や若衆・中老に十分な賄いを用意することもできなくなる。このことは、もちろん子ども歌舞伎の出来ばえにも直接反映するし、若衆・中老たちの士気にも影響を与える[6]。

1・2月に入ると、役者が正式に決定して公表され、振付と役者、役者親、そして若衆の顔合わせが行なわれる。また衣装・鬘合わせも行なわれ、会議の内容もそれらに関わることが中心となっていく。そこにパンフレット編集の最終作業が加わり、さらに3月に入ると子ども歌舞伎の稽古の際の稽古場の管理や振付の世話、役者の面倒を見たり稽古の補助をする稽古当番の担当決めといったことも行なわれる。こうして次第に祭礼に向けた役割分担が決定し、それぞれの準備、祭礼当日の打ち合わせも本格化する。

そして3月下旬から4月12日まで、ほぼ毎日、朝・昼・晩と1日3回の稽古が行なわれる。この間、若衆たちは3週間弱にわたって交代で、家ないし学校と稽古場との間の役者の送迎を行ない、そして役者の稽古につきっきりで面倒を見る。稽古場では振付による稽古の補助、役者の体調やメンタル面のケア、演技に合わせてツケや太鼓などの鳴り物を鳴らす練習、大道具や小道具の製作・購入などの作業に連日従事するのである（武田 2012b）。さらに稽古の後には筆頭・副筆頭を中心に若衆たちが集まって、祭礼当日のスケジュールや段取り、若衆間の分担、ルールやしきたりなどの確認を行なう。[7] 若衆たちはそういった一つ一つの積み重ねを通じて、より出来の良い狂言を披露できるように準備を整えていく。

## 若衆の負担の重さと団結の必要性

このようなさまざまな負担のため、かつて20～30年前に若衆を務めた現在の中老たちの世代では、「祭りのたんびに御幣返すまで、僕も若衆時代は［仕事を放り出して］出ずっぱりやった」という状態であった。特に筆頭経験者などは、「［出番前の］ほぼ3ヵ月はほとんど仕事しませんでした」とさえ述べる。[8] 現在でも特に若衆の幹部クラスを引き受けるとなると、「稽古でやっぱり、3週間仕事しなかったです」[9] というほどで、それなりの覚悟をしなくてはならない。もっとも山組内で店を親子で経営している若衆の場合は、店を中老である父親に任せて祭りに集中することも可能だが、町内にテナントとして店を借りていたり勤め人をしている若衆の場合、仕事のかたわらこうした負担をこなすのは大変なことである。

こうした負担の重い祭礼に向けて、筆頭には、みずからを中心に若衆たちが一丸となって頑張れる態勢を組み、団結を維持していくことが求められる。昭和の末から平成初年頃までは、「若衆会で3年前に筆頭が決まると、月に1回は家でお酒とちょっとしたもん食べてもろうて、そのあと麻雀したりとか飲みに行くとか、そういうのでみんなの結束を作っていくちゅうのはひとつの形」[10]であり、「私らのときなんて筆頭いうたら貯金100万も200万も、みんなに飲ませたりしてたもんで。貯金もしっかりしてましたし」[11]といったように、筆頭が自宅に若衆たちを招いたり、飲みに連れて行って、祭礼に向けての気運を盛り上げていたという。現在ではそこまではないにせよ、たとえば毎週のシャギリの練習の後に若衆同士で飲みに行ったり、また核になる若衆たちを中心メンバーとする会議を定期的に開いて、出番に向けた方針を決めている年もある。[12]

いずれにせよ筆頭が人的資源を最大限動員すべく、若衆同士の団結をいかに作れるか、また若衆たちから仕事、それに自分や家族のための時間を犠牲にしてまで祭りに力を注ぐような頑張りを引きだせるかどうかが、祭礼の準備の段階から問われることになる。「もしそういう立場［筆頭］になるんであれば、やっぱ周りに納得してもらうというか『あいつがやるんやったらな』っていう思いを持ってもらわんかったら、はっきり言って『ああ、あいつやの？　じゃあ俺のほうがええわ』ってわかりやすく行動に出てしまいますよね。若衆から抜ける云々ではなかったとしても、正直協賛金は前まで一人各10万集まってたのが1万しか集まらんくなったって、わかりやすくそういうところってみんなのモチベーション……」[13]という発言にみられるように、そうした団結を生みだすことができなければ、若衆たちの協賛金集めの努力や、さらには狂言の稽古への若衆たちの参加にも影響が出るし、その結果は如実に狂言の出来や祭礼に参加する若衆たちの士気という形で、町内や他の山組の人びとにまでわかるくらいに表面化してしまう。そのような意味で狂言の出来は、その年の若衆たちの力量、とりわけ若衆をまとめる筆頭の器量について、山組内外の人々が判断する指標として機能しているのである。

# 第3節　祭礼における家・世代間の負担と名誉の配分

## 役者という家の名誉の配分とそれをめぐるコンフリクト

　さてここまで若衆たちによる出番直前の半年間の準備について述べてきたが、実はこれらより前の2年半にわたって、筆頭を中心とした若衆たちが議論を繰り返し、そして若衆だけでなく中老世代や女性たちを含む町内の人びとが最も関心を持つのは、狂言の外題（芸題）と役者の決定である。そうした注目の高さゆえに、これらはコンフリクトが発生する大きな原因となっている。役者・外題の決定権については山組によって違いがあるが、A町の場合は若衆内での相談をふまえて最終的には筆頭が役者・外題を決定しており、中老はインフォーマルに意見することはあっても、公式にそこにかかわることはない[14]。

　筆頭は歌舞伎の外題や内容、また外題に応じてどのようなタイプの役者が必要かといったことについて3年間学び、役者候補の男児の人数・年齢に合った外題を振付と相談しながら考える。これは町内に配分できる用益としての名誉・威信の総量を決定することにあたる。長浜において役者をするということは（長浜八幡宮で御幣を受け取る御幣持ちやその介添えをする榊持ちといった役目の男児についても名誉な立場として、役者に準じる意味を持つ）、その男児はもちろんのこと、役者を出した家にとっての名誉となり、その威信を示すものでもあるため、その選択には慎重を要する。町内の男児全てを出すことができればいいが、予算や人手の制約から困難なことも多く、せいぜい5、6人までである。

　ある母親が役者選びについて、「うち選んでくれんとどうすんねん。この子［息子］らのときは子どもも多かって、おばあさんが、この子抜かれたときがあって、『言うて来て』って言うて。で、私が『なんでうちの子出さんのや』って言いに行きましたよ。おばあさんも『死んでまう』って。それからずっと言ってたんですけど、

『死んでまう』とか言うて。で、また家のこと言うて……」[15]と述べているように、役者の選択は山組内におけるコンフリクトの最大の種である。「一番怖いのは祭りが、足引っ張る人が出てくる」[16]ことで、ここで十分な合意や納得を得られない事態になると、それまでに築いてきた若衆からの信頼も崩れ、また中老世代も含めた各家からの祭礼への協力も得られなくなる。

そんな事態にならないよう、人びとを納得させるための理由としてしばしば重視されるのは、第一に各家の山組内における「歴史」、すなわち居住歴の長さである。「経済状況より、歴史をがちゃがちゃ言わはる人が多いんやと思う」[17]、「全部町のお金がこの祭りにぎょうさん入ってますんで。［天正時代以来、長浜に住むという］ＡＣ9さんとこ［の家］からお金がどんぐらい来たか」[18]というように、山組内の町内に長年にわたって在住して祭典費を払うという形で貢献してきた家の男児かどうかという、家の「格」[19]が重視される。そしてこの「格」と連動しているのが、家ごとの祭典費の金額である。

A町の場合はおおよそ50軒台半ばで構成されており、毎年１００万円ずつ、３年間で３００万円を各家から集め、出番の予算に充てている。金額は居住歴と間口割、持ち家かテナントかを考慮して定められており、各家によって異なる。A町では月平均で最も少ない家で１３００円、最も多い家で５５００円となっている。[20]松平が論じた、町内における等級制による身分階層性と威信構造がこうした形で現在でも見られるのである。[21]しかも先祖代々町内に居住してきた家であれば自動的に、長期間にわたって祭典費を負担してきたことになる。このように負担の配分と結びついた家の「格」とは、単に現住する「世帯」ではない。祭礼が世代を超えて何度も繰り返されてきたことを前提として、「家」としての代々の負担の積み立てをふまえた形で、役者という名誉が配分されるという、家を単位とした相互給付関係ということになる。

ただし名誉の配分に関する原則はこれだけではない。家同士の公平性という観点から、あまり同じ親戚筋から何人も役者を出すことや、筆頭のような若衆の幹部クラスが自分の家から役者を出すことについては忌避される。

特に「責任者になってるもんが、自分の子どもとか家族を優遇するような選択をすることは許されない」[22]というように、筆頭が他の家を差し置いて自分の家から役者を出すことは、町内からの信頼を失いかねない問題になる。それは町内において配分されるべき名誉を、名誉を配分する立場の自分自身の家が囲い込んだり、特定の家に対して独占させることになるからだ。さらに役者選びの問題は配役にも及び[23]、前回の祭りで役者をした経験のある男児を持つ家では、自分の息子が経験がある分、次回は役者たちのリーダー格として主役級の扱いを受けることでより多くの名誉を獲得することを期待するし、「格」の高いとされる家も同様である。さらに役者候補のうち何番目に自分の家に依頼に来たかも、自分の家の「格」に対する名誉の配分と結びつけて考えられる。

こうした点も含め、「役者を言うてきてくれはらへんかった、出してもらえんかったと。あそこには言うてこっちには来はれんかったとか、頼みに来はる順番がどうのこうの[24]」といった、家の名誉の配分に関わるさまざまな点に細心の注意を払いながら、筆頭はコンフリクトをできるだけ抑えようとする。そのため筆頭は「指名されて、そこから2年間は情報収集」、すなわち「いろいろ親戚関係とか家庭環境とか」を「リサーチ」[25]し、それをふまえたうえで慎重に決定を下していかねばならない。「もうこれ結構大変なんやわ。寝ても覚めても。A町の中老さんがいうには、役者と外題が決まったら筆頭の祭りは終わったようなもんやぞって言われるくらい、そこで苦労せんとあかん[26]」というように、筆頭の最大の仕事は、子ども歌舞伎の本格的な準備が始まる前の段階で、町内においてコンフリクトを起こさないよう調整し、配役や外題を決定することなのである。すなわち名誉・威信という用益の各家への配分という祭礼の管理責任者が筆頭というわけだ。

なお役者と同じような名誉の配分をめぐる問題として、若衆内のエリートコースに誰を選ぶのかも大きな焦点となる。具体的には上で述べた籤取人、そして舞台後見であり、基本的に従来からの地縁・血縁にもとづく若衆が務めることが慣例だが[27]、当然ながらそうしたエリートコースをたどることなく若衆を終える地付きの若衆も多い。籤取人や舞台後見はすなわち将来の筆頭候補を意味するわけで、ここでも「その人でなしにそのお家がどの程度A町に貢献してるか、いうのがやっぱり基準になる」[28]。すなわち現時点の若衆としての働きぶりというよりも、代々、山組内に居住して祭典費を払ってきたかどうか、そして「過去の祭りのときにそこの家の人がどういうポジションで関わってきて祭りをやってきたか」、「現在でもここの息子さんが祭りに関わって、筆頭してるとか負担人してるとか」[29]というこれまでの祭礼における家が代々背負ってきた歴史的な負担と貢献が重視される。そしてそれと引き替えの名誉の配分という全体的相互給付関係が期待されている。

もっともこうした配分が、実際に誰もが納得いく形で実行されるかどうかは別問題である。たとえば「昔はようやってくれはったというだけの話で終わるとだんだん……［顧みられなくなってくる］」[30]というように、むしろ若衆たちの記憶に新しい3年前、6年前の祭礼での貢献ぶりなど、その時点の状況が加味される場合もある。したがって名誉の配分をめぐっての判断基準が誰しも一律に納得されるものとなるわけではない。そうしたなかで、役者選びについて不満に思った家が、「そこはまだ100年ないやろ。うちは200年祭りしちょるぞ！」と筆頭の家に怒鳴り込んだり[31]、役者を外された家と筆頭の家との「付き合いが20年途絶え」[32]たというようなエピソードはしばしば語られる。

加えて「町内」という枠組み自体が常にその境界線をめぐって揺らぎうるものでもある。A町のある若衆は、役者選びで外孫を役者として選ぶべきかどうか、すなわちそのことによってある家に対して名誉・威信を配分するかが適切かどうかについて、以下のように述べる。「そこ［外孫］の筋は、町内という枠組みから外れることもあれば入ることもある。そこが腹を持たなあかん［コンフリクトの危険性をわかった上で覚悟を決めなくてはいけない］せめぎあい。同時に考えんとわからんのは、芝居を考えたときに、あれ［外孫］がいいへんかったら［いなかったら］芝居にならん。じゃあ［その外孫を役者に選ばずに、他の山組から］借り役者するんか。それ［外孫の存在］を無視して借り役者するんか言うたら、それやったら町内として考えなあかんやろ」[33]という。こうした場合、「町内」とみなすかどうかも含めてその時々の筆頭の決断次第ということになるわけで、筆頭が替われればその判断も変わりうるし、当然コンフリクトの種となりうる。

こうした全体的相互給付関係をめぐる不均等（とある家が感じる状態）は、一見すると、祭礼の解体につながるものと映るかもしれない。自分の家が祭礼に労力や資金といった資源を投入したにもかかわらず、その見返りとしての名誉が返ってこないのであれば、町内から離脱しても不思議ではないように思われる。実際に祭礼から離脱してしまった家も存在するが、一方ではそうした不満にもかかわらず、大半の家がそれ以降も祭礼にコミットし続けるのである。その理由については後述しよう。

## 中老と若衆相互の威信をめぐる顕示とその機会の配分

次に山組内における、祭礼を通した世代間のタテの関係性、すなわち若衆と中老との関係について分析していこう。先に述べたように若衆と中老は祭礼の準備から執行にかけて話し合い、協力し合う関係にあるが、その際にしばしばコンフリクトが発生する。その背景としてはたとえば、狂言を担う若衆と、曳山の管理や祭典費の徴収を行なう中老という、両者の立場の違いによるものがある。

祭礼に関わる予算の使途は、そうした問題になりやすい事柄の一つである。曳山を預かるのは中老であり、立場上、狂言の予算を抑制して、曳山の修理・保全に関する費用をできるだけ残そうとする。したがってたとえば、予算の問題から中老側が役者の数を減らすことを求めるのに対し、若衆が家同士のコンフリクトを抑えるためにも各家から多くの役者を選ぼうとする対立が起こる[34]。

また中老は他の山組との間の交渉を行ない、祭礼全体の問題を協議する山組同士の会議にも出席する。そのため他の山組との間で問題を引き起こして威信を損なうようなことには敏感にならざるをえない。したがって他の出番山組と共に行ない、また暇番山組の人びとからの注目を浴びるような行事の演出の仕方をめぐって、若衆と中老の間でコンフリクトが起きやすい。

たとえば4月9日〜12日にかけて毎晩4つの出番山組の若衆たちが、白のキマタ（半股引き）・サラシ・ハチマキ姿に提灯を持って長浜八幡宮と豊国神社にお参りする裸参り（第5章で詳述）はそうしたコンフリクトの種となることの一つである。裸参りでは出番山組同士がすれ違う際にしばしば喧嘩が発生する。また暇番山組も含めた多くの見物客がいるなかで、若衆たちがどんな参拝の仕方をして盛りあげるかが見所とされている。しかし喧嘩にせよ参拝の工夫にせよ、盛りあげるのはいいが、他の山組から批判を受けるようなことはしてほしくないというのが中老の立場でもある。

また14日夕刻に行なわれる夕渡り行事もしばしば、若衆と中老との間でのもめごとの原因となる。ここでは各出番山組の役者が八幡宮から列を作って参道を通り、訪れた大勢の観客にその姿を披露する。この行事でもたとえば、女人禁制にもかかわらず役者の母親が列に加わってしまうなどなんらかの失態があった場合、他の山組からの批判を中老は受けなければならない。加えて同じ山組内でも負担人は、より年長の中老から厳しい突き上げを受けることになる[35]。

夕渡りでしばしば若衆と中老の間で問題になるのは、役者の披露をめぐる工夫についてである。狂言を担う若衆たちは役者という名誉な立場に選ばれた男児の名をしっかりと観客に披露したいという思いがある。それに対して、公式行事として他の山組からの批判を受けないようなやり方をしてほしい中老側との間で衝突が起きるのである。A町の場合は具体的には、役者の役名と氏名とを記した「招き」と呼ばれる木板を使うかどうかをめぐってコンフリクトが発生していたが、これについては後述しよう。

また祭礼についてのさまざまなこだわり、たとえば狂言・裸参り・夕渡りについての美意識や、時間的・金銭的負担への配慮、役者や籤取人の家に対する敬意の表現の仕方など、若衆と中老の間ではしばしば考え方の違いが生まれる。A町に限らず、「筆頭やる人にしろ、何かの責任を負う立場になる人間は、前よりよくやりたいとかそれは綺麗にやりたいであったりとか、格好良くやりたいであったりとか、人に負担がかからないようにやりたいであるとか、思いはいろいろやと思いますけど、前よりバージョンアップしたいなっていう、洗練させたいなっていうのは、それは一翼を担う人間であれば多分、誰しも思ってる[36]」ことであり、自分が筆頭として中心となって祭りを担う以上は、そのこだわりを通して威信を示したい。それは中老がこれまで良いと考えてやってきたことをしばしば変えてしまうものでもある。

そして「やっぱり最終やっていく［中老が何を言おうと最終的に決めて実行する］のは結局若衆なので、やろうと思って、やりたかったらやっちゃえばいいんですよね（笑）。後で怒られようがそれは結局事後で怒られることで、ほの［そのやっちゃってる］最中にはさすがに誰も止められない[37]（笑）」というように、若衆の側がしばしば自分たちの考えを押し通そうとすることがあり、中老との間でしばしば対立が発生する。いくつか事例を見てみよう。

図4-1　裸参りでは長浜八幡宮の井戸に浸かって赤鉢巻きの籤取人が身を浄める（2018年４月９日撮影）

**【事例１】 裸参りにおける出発時の演出の仕方をめぐるコンフリクト**

「ＥＷ６さんが八幡さん［長浜八幡宮］の井戸入るときに、あの扇、あの組体操の扇あるやん。『［若衆同士肩を組んで］扇やろーっ』とか言われて、井戸入るとき『扇やろー』って言われて、扇やったんよ。ＥＷ６さんに言われたからやったんや。しゃあない、お世話になったで。後からめっちゃくちゃ［中老に］怒られたなあ。［中略］ほれから俺、『絶対俺［やり方］変えたろ』って。ほんま、そういうのもあったんや。［それで次は］俺、［長浜八幡宮で井戸に入って身を浄めるときに］相撲のあれ［土俵入りを］取り入れたんや。相撲の神事やろ、朝青龍［の土俵入り］。今回は日馬富士入れたし。塩、ちゃんと撒いたし、文句は言わせんって。ちゃんとあのー、横に両方にあの太刀持ち作って、ちゃんと［映像に］映ったんよ。［中略］井戸に入る前に井戸の上立って、ウワーッ、ウワーッって入るやん。入るまでが、パフォーマンスせなあかんなと思ったときに、何かないかなと思ったら相撲の……。言われたで。『EW2さん、朝青龍やってたよ』って、言われたもん、俺。『めちゃめちゃ面白かったですよ』って。[38]」

裸参りは「若衆の祭り[39]」と呼ばれることがあり、役者を中心に回る長浜曳山祭において、唯一、若衆たちが主役となる行事である。したがってしばしば若衆たちは自分たちで盛りあがるべく、また時には裸参りを見物する他の山組の若衆たちをも巻き込んだ盛りあがりや笑いをつくりだすべく、さまざまな趣向を凝らす。

しかしそうした参拝に対して中老の側が厳しく若衆、特に筆頭などの中心メンバーを批判することはしばしば起きる。神事である以上粛々と行なうべきだという考えの中老や、そうした趣向は見物している他の山組に対して示しがつかないと考える中老もいるのである。裸参りは出番・暇番問わず多くの人びとが見物に来る大きなイベントということで、どんな参拝の仕方をするかは、他の山組から注視されているという意識が強くあるためである。

次に夕渡りをめぐるコンフリクトを見てみよう。

**【事例2】夕渡りの衣装をめぐるコンフリクト**

「夕渡りでも本来はね、［中略］狂言が終わった姿で渡りをするわけですよ。だからね、場合によって狂言が終わった姿っちゅうのは、みすぼらしいいう言い方は悪いですけど、脱いだ後で格好の悪い場合もあるわけですよ。そういうときに、［筆頭の判断で］出た時の晴れやかな衣装つけて［夕渡りをしようと］したんです。

［中老から］『違う』と。『お前、違うやないか。脱がせろ』って言われて、『ほんなもん、狂言が終わったときの姿やない』。ほんでも、今は子どもが晴れるような形にもっていきたいということが大前提に今は流れが変わってきてるけど、本来はやっぱそうなんです。狂言が終わった姿で渡りはせなあかんっちゅうのが……。そのとき『脱がせよう、脱がせない』で一悶着ありまして、親さんはやっぱり泣かれましたね。『なんでうちがこんなん［こんな目に］遭わんならん』。もうね、あんとき［役者親と中老の間に］挟まれるとね。どうしようもないですよね。」[40]

ここではハレの場としていかに役者を美しく披露するかという若衆と、狂言終了後の格好で渡ることを強要する中老との間で対立が起こっている。夕渡りで役者や役者親を盛りたてたいという若衆の思いと、中老側の他の山組からのまなざしへの意識、さらには「本来はやっぱそう」というように、中老側の知識と経験にもとづく正統性の主張がぶつかり合った結果、ここでは中老に若衆たちが押されて、自分たちの主張を下ろさざるをえなくなっている。

祭礼においては若衆が担う狂言が中心であり、中老はそれを支える脇役に回らざるをえない。しかし一方で経験年数の差にもとづいて、祭礼をめぐるしきたりや慣習、ルールについての知識という点で、中老の方がより長じているという自負もある。そうしたなかで、「［中老は］どっかで自分の自己顕示欲というか［そういうものを］出して祭を楽しまんと、埋没してしまうんですよ。［中略］祭りって結構、自己顕示欲を発揮できるとこですやんか」[41]というように、中老の側もまた祭礼に関するみずからの知識の深さ、経験の豊かさを若衆たちに誇り、自分たちの考えの正統性を町内において主張することを通じて、威信を顕示できるのである。こうしたことは裸参りや夕渡りに限らず見いだされ、しかもしばしば「わざと黙っといて、人が多くなって、公衆の面前で恥をかか[42]せるというような仕方で行なわれる。これは若衆側も同じであり、中老の管轄である曳山を曳行する際、付いていなければならない幟がないのをあえて若衆が黙っていて中老を慌てさせる、という場合もある[43]。若衆と中老の双方が相手に恥をかかせ、みずからの知識や経験を誇示し、また自分たちの主張を通すことで威信を示す機会が配分されるのである。しかもより多くの人びとの前でそれができるほど、自らの威信も高まる。

こうした名誉・威信の配分をめぐるコンフリクトやその火種にどう対処するかは、筆頭のような若衆の幹部にとって大きな課題である。そのためには「当然デコボコデコボコはするんです。そのデコボコしたのを、いい勉強材料として自分が本来学ばなあかんのですわ[44]」というように、前回の祭礼までにどのような衝突があったかを学習し、火種になりそうな問題にどう対応するかを考える必要がある。そしてコンフリクトが起こりそうなさまざまな点に「目配り気配り」し、それぞれの主張とそれによる威信の誇示の機会を配分しつつ、「［対立を］最小限で、最大公約数に収める[45]」ことが必要であり、そうした過程で中老の両者の主張や感情についても尊重しながら祭礼を行なうことが求められるのである。「若衆にも立場がありますから、全面降伏、受け入れるいうのはあかんやろうけど、町内一緒にやってる祭りやで、組み入れながら、自分たちの存在価値も残しながら、調整してやっていこかちゅうことを、実はやらなあかん[46]」というのは、中老だけでなく若衆にとっても、共通した見解である。筆頭は、自身も若衆の代表として威信を獲得しようとするゲームのプレイヤーだが、同時にここでも名誉・威信という用益を世代間で配分する管理者なのである。

## 満たされない全体的相互給付関係と未来への先送り

とはいえ実際のところ、「ひどい祭りでしたねって言うんです。ほんま面白なかった。もうあいつらにはやりたい放題させられて、しかも金出せ言われるし、挙げ句の果てには［総當番の］山組集会で謝らなあかんし、こんな祭りありますやろか[47]」というように、中老の意思がないがしろにされ（たと中老側が考え）るような事態が起こる場合もある。また「ほれ［祭礼］以来、［負担人だった］AC11さんと［筆頭だった］AW12さんがしゃべってるとこ一度も見たことない[48]」というように強い怨念や対立が残ることもある。

ここで、自分の家が祭礼に労力や資金といった資源を投入したにもかかわらず、その見返りとしての名誉が返ってこないといった形で、家同士や世代間における全体的相互給付関係をめぐる不均等（として一方が不利益を感じる状態）とコンフリクトが頻発するにもかかわらず、祭礼から町内の多くの家や個々人が離脱しないのか、という問いに答えることで、全体的相互給付関係としての町内のあり方について考察を深めておこう。ここで重要なのは、それぞれの家にとって全体的相互給付関係がむしろ常に満たされるからではなく、むしろその逆に満たされていないことこそが、祭礼へのコミットメントを深めているということだ。

町内の全体的相互給付関係は単に1回の祭礼をめぐる共時的なものではなく、祭礼が何度も繰り返されてきたことを前提として、代々続いた家という単位で成立している。したがって相互給付をめぐる公正性の基準も単にその時々の祭礼に関してだけで完結するというよりは、そうした長期的な時間軸を前提としたものとなっている。それは過去だけでなく将来をも含みこんだものである。そして前項で述べたように、長浜曳山祭における「伝統」は毎回の出番で1度完結した形で、3年ごとに変わりつつ、その後も世代を超えてずっと継承されていく。したがって祭礼に関わる家は絶えないかぎり、たとえ世代をまたぐことになったとしても、いずれその時々の祭礼において得ることができなかった名誉・威信を、今後の祭礼において挽回できる可能性を見いだすことができるのである。

実際、そうした本来受けられたはずであったと感じる名誉や威信に対するそれぞれの家の人びとの思いはひときわ強い。逆に祭礼で息子が役者に選ばれて華々しく活躍したといった記憶は「いい思い出としてしか残ってないで、意外と軽い[49]」けれど、「傷ついたり、叱られたり、憎しみ合ったりした部分」は「根底でいつまでも残って」おり、「そこに打ち克とうとしてるわけではないけど、その部分がいつまで経っても決して拭えない[50]」のだという。以下のある中老の言葉は、そうした情念をうまく表している。

「祭りっていうのが面白いのは、何かあったときに家のことも出てきますし、過去のやっぱり悪い思い出とか、過去の残念やったその家の悲しみ苦しみ怒り、いったん消えたように見えるにもかかわらず、またくすぶって出てきよるんです。［中略］私が負担人してるときある方がバーッとね、普段もの凄くおとなしい方ですよ、ふだんの生活では礼儀正しい紳士というか素晴らしい方なんですけど、これ［祭礼のパンフレットを］持って怒ってきはったんですよ。『何ですか？』っていうたら、『このときには実は［御幣使は］わしの子でなかった』って言うんですよ。『御幣［使］に決まってあったんやけど、替えられてもうたんや。なのにわしの子になっとる』言うて。皆、秘めたマグマがあるんですよ。ええことも悪いことも憎しみも悲しみも全部あって、何かあったときにそのマグマがバーッと……。」[51]

そしてそうした家の人びとはその悔しさを挽回するべく、次回以降の祭礼に臨むことになる。受けられなかった名誉への悲しみや悔しさといった「マグマ」を生みだす満たされない全体的相互給付関係についての負の記憶が、人びとの祭礼へのコミットメントをむしろ深くする。普段は「普通に会話して」いても、祭礼という場においてはそうした「自分の持ってる憎しみとか、弱い部分とか、醜い部分が逆に、なんか祭りの、誰かの間違いとか何かそのあれがあったときに、一気に出」[52]てくる。それを放出し、名誉・威信を取り返すことができるのは祭礼の場だけだ。そのようにして、名誉を十分に受けられなかったというような家としての悔しさや悲しみは、後々までずっと持ち越され、それを取り返そうとする執念として引き継がれていくのである。全体的相互給付関係は、それが満たされることを通じて継続されるのではなく、むしろそれが満たされないこと、いずれそれが満たされる可能性への期待を通じてこそ引き継がれる。

ただしそうした関係が成立するのは、祭礼が次の世代、そのまた次の世代へと、継承されることが前提である。

もし祭礼がそのときかぎりで継承されないのだとしたら、名誉・威信という見返りが次回以降、あるいは子どもや孫の世代になってから取り返せるという、将来への期待を含んだ祭礼へのコミットメントは成立しなくなる。だからこそ山組の人びとは祭礼に必要な諸資源が欠落した際はそれを何としても補いつつ、祭礼を継承していかなければならないのである。[53] その意味では現在の祭礼を担う人びとは、世代を超えた全体的相互給付関係というシステムによってその継承を促される存在ということができる。

## 第4節　積極的に楽しまれ創出されるコンフリクト

したがって、祭礼における名誉・威信の配分の不均等とそれがひきおこすコンフリクトは、必ずしもその継承において逆機能的というわけではない。もちろん先に述べたようにコンフリクトの抑制は筆頭にとって最も重要なことの一つであるが、それは必ずしもすべてのことについて若衆が町内に根回しをして、コンフリクトが起きないように努めなくてはならないことを意味するのではない。また役者選びについても、どのように選んだとしてもすべての家が納得するような結果にならないのが普通である。役者のことであれ、若衆の祭礼をめぐるこだわりについてであれ、毎回の祭礼において山組内でコンフリクトが絶えることはないし、むしろ上記で述べたようなコンフリクトは、祭礼における興趣という用益をもたらす格好の娯楽として消費され、時には積極的に創出されることさえある。いくつかの事例を見てみよう。

**【事例3】役者の扱いをめぐる家同士のコンフリクト**

「あそこの家［役者宿］で若衆さんが［役者たちを風呂に］入れて。それをAJ2さんが『うちの子だけ風呂入れてもらえんかった』と。意地悪されて。で、おばさんが［曳山の前で］大の字になって『私を轢いてから行ってくれ！』って、あのおっさん［役者宿の家主］に。『私を轢いてから行ってくれ！』って言うたんやて。今になっても絶対に［祭礼は］見んやて。山の芸［＝狂言］は絶対に音も聞かんって言うてはる。腹立つから。
それはものすごい流行らはって、［風呂に入れてもらえなかった役者の家の］商売が。日の出の勢いやって［役者宿の家主が］むかついたんやろうな。だからことあるごとに意地悪しはった人がいはってね。おばさんもすごいやろ。『轢いてから行ってくれー！』って仁王立ちで。皆『やるなあ』っちゅうて、『これの方が芝居やろ』ちゅうて。[54]」

当時、この山組では「役者宿」という慣習があり、役者の衣装・鬘の着脱や化粧はその役者宿となった家の広間を借りて行なわれていた。役者宿では狂言が終わった後、役者の汗や化粧を落としてきれいにして家に帰すため、役者の世話をする役者方と呼ばれる若衆が、役者宿の風呂を借りて一人ずつ役者を風呂に入れる。そのようにして山組を代表する役者たち一人一人を大事に扱って家に帰すという形で、各家への敬意を払うわけだが、役者宿を任された家が、ある家の役者に対してだけ、風呂を使うのを拒んだというのである。いわばその役者の家の名誉に泥を塗ったわけだ。

かくしてその役者の母親は仁王立ちになって抗議するにいたり、その家は以後「絶対に音も聞かん」というように祭礼から離脱してしまっている。しかし周囲の眼差しは、むしろそうしたコンフリクトの様子を「芝居」として祭礼の興趣を楽しむものだったという。そしてこうしたことは、若衆と中老の世代間のコンフリクトについても同様に発生する。

**【事例４】夕渡りにおける「招き」をめぐるコンフリクト**

「負担人さんは招きってのが気にいらんで、招きを夕渡り持つなって、作るなって。総當番の寄り［山組集会」で、夕渡りのときに『A町は持ちません』っちゅうとこやった。俺も持つな言われたけど、若衆に八幡宮持って行かせて、それで四番山やったで一番に出な[55]、って［招き］持たしてた。俺行ったら皆『あれ？ 招きなんやねん？』と。それで招きは負担人あかん言うて、ほら『もうなんだ、わからんわ』言うて、怒られる。いまだに。

　ほん［＝その］時に、ワーッとやりとりして、ものすごい観衆がいるところで2人でやり取りしてて、そしたら1人の女のカメラを持ってる人が、『ちょっとあんたら、どいて。役者の写真撮りたい』と。それで撮ろうとしはんねん。その横にいたおっちゃんが『何言ってるんや、［役者より］おもろい［面白い］のはここ2人やんけ』って言わはって。一瞬そのときに、負担人さんパッともとに［冷静に］戻らはって、それで『このやろう』言うてはって。

　副負担人さんが来て『AC3、ここはわしの顔に免じて、ここだけは涙飲んで渡ってくれ』言うて、それを『すんまへん。うちが出なんだら祭りは済まへん』ちゅうことで、『そんなこったら副負担人さんの顔に免じて行くわ』言うて、招き持たずに［夕渡りを］歩いた。［中略］それで次の日15日の朝、また負担人さんのところで準備や。一番に［八幡宮に］行かんならんのやけど、［負担人の家で］誰も喋ってくれはらへん。ほれもほやけど［それもそうだが］、面白かったで[56]」。

**図4-2　夕渡り。見得を切る役者の右側にいる役者親が手に持つのが「招き」である（2015年４月14日撮影）。**

ここでは「招き」を用いて役者の氏名・役名を華々しく披露したいという若衆の思いに対して、中老そして負担人とのあいだで鋭い対立が発生している。それは一つには「『招き』とは本来、歌舞伎座とかに掲げられる看板であって、こんな曳山の行事で、お前そうやって屋根とかに飾るようなあんな招きを、看板持って歩いておかしい」[57]という、負担人の祭礼に関する正統性をめぐる知識とそれにもとづく威信の顕示によるものだ。そしてもう一つには「総當番の寄り［山組集会］で、夕渡りのときに『A町は持ちません』っちゅうとこやった」というように、総當番や他の山組に対して負担人として約束している手前、山組を代表してできている負担人としての面目を潰されて対外的な威信を傷つけられるのは絶対に許せないためであった。

しかしその対立の場は、まさに見物人がたくさんいる夕渡りの出発地点であり、その目の前で発生した筆頭と負担人とのコンフリクトは、「おもろいのはここ2人やんけ」と楽しむ、そんなまなざしにさらされている。このようにコンフリクトは批判され抑制されるだけでなく、むしろそれを周囲で見る者たちの興趣でもあるのだ。加えてここでは当時の筆頭であったAC3氏もまたこの出来事について「ほれもほやけど、面白かったで」と時間の経過と共にそれを懐かしく思い、楽しめるようになっている。

時には、偶発的に発生したコンフリクトを興趣として楽しむだけではなく、中老や若衆がみずから積極的にコンフリクトの火種を創りだそうとすることさえある。

**【事例5】若衆間でコンフリクトを起こそうとする中老**

「うちの町内の裸参り、あるときから微妙におかしなった。これはいつやいうと、多分AW7の籤取［人］のときなんやわ。僕の記憶では、豊国さんの裏［豊国神社の敷地内にある出世稲荷神社への参拝］で、あそこは多少は［騒いでも］ええわいう話をしてたら、『うちの父ちゃん昔ロン毛でした』とか、わけのわからんことを言うて、それで回り［の若衆］がウケるから。そっから路線がずれていったんやわ。僕らは中老さんとか上の代から、あんなことさすなと散々言われてるわけや。ところがその言うた本人が参ってる本人に、『お前はええ籤取りや』てニコニコして言われてるらしいんやわ。思いっ切り混ぜに［ゴタゴタを起こしに］来てるやんけ（笑）」。[58]

すでに述べたように裸参りは、長浜八幡宮・豊国神社に対して祈願しお祓いを受けるという神事であるうえ、他の山組や大勢の見物客のまなざしを意識せざるをえない空間である。そこで冗談ばかりの祈願をすることに対して中老が若衆の幹部クラスに文句を言うのはある意味当然のことだが、一方では籤取人に対しては逆のことを言う。中老の側はあえて若衆内で意見を対立させ、それを祭礼の興趣として面白がろうとするのである。こうしたコンフリクトをあえて引き起こそうとすることを、山組ではしばしば「祭りを楽しんではる」とか「祭りしてはる」と表現する。このことは、コンフリクトを楽しむことが祭りにおいていかに頻繁なことであるかを示している。

ここまで述べてきた事例の多くは、自分以外の第三者同士のコンフリクトを楽しんでいるというものであるが、たとえ自分たちがコンフリクトの当事者であってもそうしたコンフリクトは、祭礼に欠かせないものである。たとえば筆頭・副筆頭を近年に経験したある若衆は、みずからがその立場で経験した役者選びの際のコンフリクトについて、以下のように述べる。

「役者選びに関しても、ほんまのちょっとしたことで、やってきたことが全部バシャッと［コンフリクトの結果］潰れる可能性のあることばっかや。全部がうまいこといきすぎて完全にマニュアル化されたら、祭りというのはイベントになって、祭りの高揚感はぐっと減る。これがなかったら一本調子で、面白くも何ともない。今回［の祭礼］はぎりぎりの線で、神様に助けられたな」[59]。先に述べたように筆頭・副筆頭の立場としては役者選びをめぐるコンフリクトが大事に至るのは、最も回避されなくてはならない事態のはずである。しかし、にもかかわらずそれが一切なければ他人ばかりか自分自身も祭礼を楽しめないというわけだ。

若衆と中老という世代間のコンフリクトについても同様である。「粛々とやって、［中老が］怒り甲斐もないような祭りにしてまうとまたあかん」[60]というように、中老が怒ることで威信を示す機会を創ることが重要であって、むしろコンフリクトが起きることを承知のうえで、若衆は中老に対して主張しなくてはならないし、それが祭礼の興趣を生産するのである。それは互いに自分たちの主張を通したり祭礼に関する知識・経験を誇示するといった自己顕示の機会であり、それによってこそ興趣も生みだされるのである。

その意味で、こうしたコンフリクトが山組の人びとの語りにおいて、【事例3】に見られるようにしばしば「芝居」にたとえられていることは興味深い。【事例2】や【事例4】における負担人と筆頭の公衆の面前におけるやりとりもまた、それを眺める人びとにとってはそれ自体が一種の「芝居」として楽しまれるものであった。これまで本書で何度も紹介したように、長浜曳山祭は舞台上で狂言という芝居を演ずるのをそのメインステージとして位置づける祭礼である。しかし実は役者選びや予算、裸参りや夕渡りのやり方をどうするかといったさまざまな決定をめぐってのコンフリクトは、一般の観客には見えないもう一つの「芝居」であり、それこそが祭礼における興趣なのである。

以下のA町のある筆頭経験者の言葉は、そうした興趣を生み出すうえでのさじ加減を、極めて的確に表したものといえるだろう。「若衆として威勢をはるとかじゃないけど、若衆がこうやりたいんやという自己主張というか、向こう［中老］も喜んではると思うよ。裸参りとか、そのへんは若衆の好きにやらしてくれという。そういうなんで意地を張るとかは良い意味なんちゃうかなと俺は思うけど。なんもツラーッと静かに終わっていくお祭りやなくて『自分はこうやりたい』という我を張りたい部分は見せたほうがええんちゃうかなと思う。なんかあるやん、お祭りの醍醐味みたいな部分が。そのへんは演出ではないけど、あったほうがええんと思う。自分の感覚かな。ここは意地張ったほうがええんかなとか、ここは［中老を］立てたほうがええなとか、そのへんは筆頭の技量なんかなあと思う。結構あるで、そういうポーズなんか」[61]。コンフリクトをいかに「演出」し、「ほのときワーワー言ってて終わって、千秋楽終わってほの後宴も全部終わって、終わってみたら『なんだかんだ言って、頑張ってええお祭りやったな』ってなる」[62]ように、町内の多くの人びとが名誉・威信を示し、互いが祭礼に関する知識・経験を通じて威信を示す機会を配分できること、加えて町内の人びとにコンフリクトを通じた興趣という用益を適度に生産・配分できることが、筆頭の技量というべきものなのである。

## 名誉・威信をめぐるフレーム／興趣をめぐるフレームの重層性

ただしこのことは、こうしたコンフリクトがあらかじめ仕組まれた単なる「やらせ」で、最初から調和的で適度に収まるものであることを意味しているわけではない。「[コンフリクトを]コントロールするとこもあるけども、結局、コントロールできんようにもなるんよ」[63]というように、時には町内においてそれ以降口も利かない関係になってしまったり、「家と家との付き合いが20年途絶え」[64]てしまうような状況も起きてしまう。とりわけ祭礼の最中は皆、酒が入り、加えて連日連夜の行事で疲労困憊している状況で、そう簡単に諍いが収められるものでもない。

だがコンフリクトを楽しむ際、それが本気でなく、あらかじめ適度に丸く収まる予定調和だとわかっていれば、そもそも山組の人びともさして盛り上がらないだろう。過去に、A町では役者・外題選びを通じて「[稽古の]初日で筆頭の顔見たらこれはちょっとほんまにやばい、精神的にやばいっていう」[65]、「追い詰められるとああなるよね、憑きもんがついたような」[66]と、町内において語り草になる状況があった。しかしこれについても当時幹部であったある若衆は以下のように回顧する。

「当時、中老の人らも筆頭見て、『あいつ、ほんまに大丈夫なんか』いう話で。ほのぐらいのギリギリで、プラス[祭礼の盛りあがり]に転じるかマイナス[祭礼において取り返しの付かない状態に陥ること]に転じるかの祭りを、うちの町内の役員はしてる」[67]。そこまで筆頭が追い詰められるほどの「ガチ」なコンフリクトも起こりうるからこそ、「[筆頭は]命懸けでいかなあかんくらいの覚悟でやらなできん」[68]とされるのだ。そうした意味で、コンフリクトが祭礼からの離脱をともなうような「ガチ」なものになるか、適度に楽しめる程度に収まるかは、あくまで結果的にしかわからない。むしろだからこそコンフリクトを眺めている人びとにとっては、それは「醍醐味」、すなわち祭礼の興趣をもたらすものとなるのである。

このような形で祭礼は、単なる山組内における名誉・威信の適切な配分だけでなく、名誉・威信をめぐるコンフリクトを眺める機会という興趣の配分をも成立させるという管理を行なうことが求められる。すなわち長浜曳山祭という祭礼は町内において、狂言という芝居をめぐって家同士での名誉・威信を張り合う水準、そしてこうしたコンフリクトという「もう一つの芝居」をめぐる興趣の水準という、二重の構造で成り立っている。

ここで山組の人びとがどのようにこうしたコンフリクトを見ているのかについて、E・ゴッフマンのフレーム分析の枠組みと、それを参照してプロレスの分析を行っているL・トンプソンの研究を用いながら（Goffman 1974; トンプソン 1991）、整理して見ておくことにしよう。ゴッフマンの議論では、人びとはフレームを通じて状況を理解し、その状況に適合した行為をする。ゴッフマンはフレームをまず、「基礎フレーム」（primary frameworks）とその変形されたもの（transformations）に分ける。さらに後者には「転形されたもの」（key）と偽造されたもの（fabrications）がある。たとえば「喧嘩」というものが基礎フレームによって認知された行為であるのに対し、それが転形したものが「格闘技」である。喧嘩を理解していなくては格闘技は理解できないが、格闘技は単なる喧嘩ではなく、ルールによって統制されている。そしてこのようにすべての人が変形されたものだとわかっているものが「転形」であり、八百長のように一部の人しか変形されていることがわからないものが「偽造されたもの」とされる。

祭礼をめぐるコンフリクトは、山組の人びとにとっては一方では名誉・威信をめぐる家同士、また世代間における「ガチ」のコンフリクト、すなわちゴッフマンの枠組みでいえば基礎フレーム（喧嘩）の水準において理解されるものであるし、それを前提として若衆の幹部たちはどの家から役者を選ぶかについて考え、またみずからの若衆としての自己顕示と中老とのそれとのぶつかり合いに接する。そして実際に配分をめぐるコンフリクトが深まった結果、「喧嘩」の水準において実際に山組から離脱してしまったり付き合いが絶える家、無視しあう関係の中老と若衆といった状態も生まれる。

しかしそれは一方では「ガチ」なコンフリクトを眺めることによる興趣と結びついた「転形」という側面を持ち、その際には「格闘技」の側に位置するような、すなわちコンフリクトを眺める側にとっては「もう一つの芝居」と言われるようなものとして理解されることになる。さらにこうしたコンフリクトは「ポーズ」や「演出」「知ってて［中老の］顔を立てん」という言葉に示されているように、ゴッフマンが論じたようなそれぞれの立場からの自己提示であり（Goffman 1959=1974）、時には上の例でいえば偽造、すなわち「八百長」に近いものという場合もある。

ただしこれが完全に「八百長」だと山組の人びとに思われていれば、興趣と結びついた「転形」としてのフレームは成立しないだろう。加えて実際には「コントロールするとこもあるけども、結局、コントロールできんようにもなる」というように、コンフリクトを仕掛けた当人でさえも、それがはたしてどちらのフレームに位置するのかはわからない。実際には「演出」だと思っていたコンフリクトが実は「ガチ」のものであった、あるいは途中から「ガチ」のものに変化したといった場合もあれば、その逆もあるかもしれない。

そうしたフレームの重層とフレーム間の曖昧さで、祭礼をめぐるコンフリクトと興趣とは一体のものとなっている。他人の家同士のコンフリクトは常に面白いが、祭礼を続ける以上、いつ自分がコンフリクトの当事者になってもおかしくない。しかしそこでコンフリクトに耐えられずに祭礼を離脱すれば、名誉・威信とともに興趣も得ることはできない。たとえ自身がそこに巻き込まれたとしても、「ほれもほやけど、面白かったで」というように、自分で（後から出会っても）面白がって転形フレームを通して眺めることができれば、それは十分に懐かしく、楽しいのである。

## 第5節　マニュアルなき祭礼の管理と伝統のダイナミズム

そしてこうした楽しさゆえに、コンフリクトをめぐる話題は、山組の人びとにとって格好の話題であり、それを通じてこそ祭礼における名誉・威信、興趣の配分をめぐるルールや知識はうまく伝承される。その意味でもコンフリクトは祭礼において決して障害ではなく、むしろ祭礼の継承において不可欠なものだ。「結局、山組同士が会うて、山の話しかせえへんのは、結局もめごとを楽しんでる話しかしてないんやと。ほれは祭りのときだけやなくて、常日頃から山組同士が普段顔を合わすと、その話しかしない。九割その話やな。日常や。しかも同じ話を何回も言う。言う間にほのネタが熟成されて、よけい面白い話に変わっていく。洗練されてくんやわ。意外と尾ひれはつかんと、しゃべり方から何から洗練されてネタに変わっていくんや。鉄板ネタに[69]」というように、山組の若衆たちや中老たちの間でそれらは飲み会の酒の肴として繰り返し楽しまれ、さらに世代を越えた「鉄板ネタ」として山組内で伝承されていく。

先の【事例4】の例で言えば、「うちがその非常に、あそこの筋交い［橋］[70]で、もう［負担人と筆頭が］怒鳴り合いをしたときから、今日のあのお練り提灯[71]にいたるまでのあのプロセスはやっぱり、大事やったなと思いますね。だからこれからうちの若衆になんでうちだけお練り提灯を持ってるんやちゅうのを、若衆［が］やっぱ伝えていくべきやと思うんですよ。ああいうことを伝えとくと、夕渡りの本来のやっぱ意味が、きちっと出てくると思いますわ[72]」というように、このような祭りの「面白さ」によってこそ、祭礼において何が原因でコンフリクトが発生するのかについての教訓が同時に伝えられていく。

他の町のある中老は祭礼の伝承の仕方について「無形文化遺産は夜［飲み会で］作られる[73]」と表現していたが、

このように山組内の飲み会で過去の家同士あるいは若衆—中老間のコンフリクトをめぐるストーリーを飲みながら楽しむことを通じて、若衆たちは行事の意味や発生しうるコンフリクト、そしてコンフリクト自体の祭礼における面白さや重要性を知り、どのように若衆や中老という役割を演じていけばよいのか、筆頭としてのふるまいについて学んでいく。祭礼における知識やしきたり、あるべきふるまいを生き生きとした形で習得し、そして応用を利かせられるのはこうしたコンフリクトの面白さと、それを飲み会のような形で伝承する場があるゆえであり、そのようにして祭りをめぐる知識やその裏付けとなる経験・記憶は、世代を越えて継承される。したがってコンフリクトを通してこそ、上の世代から下の世代への経験・記憶とそれにもとづく名誉・威信や興趣の配分といった祭礼の管理の仕方についての感覚の伝承は行なわれ、町内の祭礼を媒介とした関係性も創り上げられていくのである。

こうした形で行なわれる都市祭礼は、単に固定的に過去に行なわれた前例を「伝統」として踏襲するものではない。むしろ上の世代からの「逸脱しすぎないようにっていう圧力と、まぁ逸脱してるかもしれんけれども、やりたいことはやっぱりやりたい。だって格好良いと思うもんっていうこのパワー[74]」とのせめぎ合いが、そしてコントロールできるかどうかギリギリのコンフリクトが、祭りへの熱狂を引き起こすのである。逆にコンフリクトのリスクを恐れて単に前例を踏襲するだけでは、「事務的にしてるだけや。筆頭の値打ちない[75]」とか、中老からさえ「やらされてるだけ[76]」というように酷評されてしまう。そんなことでは祭礼の「醍醐味」たる興趣の生産・配分などできはしない。

そして同時にそのことはまた、中老たちもまた「伝統」を絶対的なものとしてとらえているわけでないこと、そして若衆たちの主張とそこから生まれるコンフリクト、そのことを通じた祭礼のあり方の更新を許容し、歓迎しているということを意味する。【事例4】の当時の筆頭は、負担人も終えて山組の長老となった自身の経験をふまえて以下のように語る。「要するに町内の祭りということを若衆がどこまで理解できるようになるかということを［中老として］教えられるか。お前ら［若衆は］勝手にヤンチャするところはヤンチャしたらええ。ほやけど、ここはなんでヤンチャするんかというところをぶつかりながらわかっていかなあかんと。その答えを見つけ出すのが祭り」[77]。このように、中老たち自身もまた若衆として主張をしてきたなかでの変化や、それがもたらす祭礼の活気を認めているのである。ジンメルが「闘争」というなまなましい相互作用を通じて、それが調停されることを通じてより確かな「結合」が発生すると述べるように（Simmel 1923=2016: 262-263）、そうしたプロセスこそが祭礼を通じて町内の関係性を活性化させる。

そして若衆の側も中老世代の「伝統」も暫定的なもので、変わりうることを自覚している。D町のある若衆の言葉を見てみよう。

「時代時代で絶対に変わってるんやって。だから変えることをビビったらあかんねん。やけど、やっぱ守るべきもんは絶対、ほれがたかだか3年6年の、6年前、9年前の伝統であろうが、先人がやってきたことは重んじながら、変えるべきもんを変えていかなあかん。だから9年前、12年前で変えた人らがワーワー言われるけど、ほれに負けんぐらいの知識と勢いと確信をもって、変えていかんとあかんっていう。［中略］もう討論で負けんぐらいの気持ちを持ってやったら、絶対ほの人らも変えてきてはることやで、『よっしゃ、わかった．ほんなら応援するって』って絶対言うてくれはるんや。[78]」

「3年6年の、6年前、9年前の伝統」という言葉のように、担い手の側も古来からの真正性として「伝統」を考えているわけではない。それはその時々の若衆たちがその時々の状況や自分たちの主張から創り上げてきたものであり、どんな経緯でそれが作られたのかをコンフリクトをめぐる経験や記憶を継承することを通じて理解したうえで、中老に自分たちがなぜ変えようとするのかを主張することが重要なのだ。

そうした世代間のせめぎあいのなかで、祭りのあり方は出番のたびに更新されていく。ある若衆はその点について、「それは［筆頭の］カラーなんですよね。その年その年の祭りのカラーやから。400年続いている祭りでも一個一個が成立してる祭りやと僕は思うんで。ほんでほの筆頭のお祭りがおわったらその祭りは一旦終わるわけですよ。長浜の曳山祭はずっと続けていくんだけども、何年度の祭りは終わりと。で、次年度のお祭り、ほんでまた次の次年度があるという考え方で続いてる祭りや思うんで。まったくもって一緒でやってると、たぶん衰退してる祭り[79]」と述べる。

こうした柔軟性が可能なのは、この祭礼では山組内においても、また山組間においてもほとんど明文化された規約が存在しない、あるいはより正確にいえば規約を意図的につくらないことともかかわっている。祭礼行事とその順序、全山組共通のルールは、祭礼全体の「憲法[80]」に喩えられる「祭典申合規約」に記されているが、この文書は祭礼全体の進行や順序、行事の日時・場所、曳山の配置、山組間の連絡・移動方法といった、山組同士が競いあう基盤となるルールについて具体的について規定する一方、各山組が行事における競い合いで他の山組や見物客に何をどのような仕方で披露するかについてはまったく規定していない。たとえば本章で触れた狂言の外題や役者の選択、裸参り・夕渡りの仕方、そうした行事における持ち物や衣装については触れられず、単に第46条に「本規約に記載なき事項にして、古来より良好なる慣例は之を尊重すること」とあるのみである。また各山組内においても成員についての規定のみしか設けておらず、それ以上の明文化はなされていない。

先に挙げたC町の中老は「あの総當番［祭礼申合］規約のもとのやつね、あんだけ大雑把にしか書いてないでしょ。［中略］でも、あれがほんとは大事なんですね。それが曖昧であることがむしろ大事[81]」と言う。むしろ規約に定められた競い合いの共通ルール以外についてまで真正性を持つ「伝統」が定められてしまえば、ここで論じたような名誉・威信の張り合いやそれらをめぐって生み出される興趣、興趣の経験・記憶による祭礼の管理の仕方についての伝承といった、祭礼の持つ活力やダイナミズム、楽しみは削ぎ落とされてしまうだろう。したがって筆頭が祭礼についてどうすべきかを聞いても、「いくら訊いたところで、皆、結論は出さへん．自分の時代に、自分の背景の下で、自分が判断した形は言わはるけど、今こうせえとは誰も言わん」というように、決して明確な回答は出てこない。そうしたなかで過去のコンフリクトの経緯を踏まえつつ「結局は自分で判断するしかない[82]」。むしろそれが求められているのである。

したがって、ここでの若衆・中老それぞれにとっての「伝統」とは「本来あるべき姿」（足立 2010: 124）といった統一的な真正性を持つものではない。彼ら自身もそれが「絶対その人らも変えてきてはること」というように、その時々の若衆たちの主張によって創り上げられたものであることを認識し、その理由や根拠は尊重しつつも、そのうえで新たな「伝統」を創り上げようとする。そのためには祭礼の継承は「マニュアル化したらあかん」のであり、「普段のたわいのない［祭礼についての］会話を、ウダウダウダウダしてるだけ[83]」にすべきなのである。そのことを通じて若衆たちは過去の「伝統」をめぐる主張やその理由、またそこで発生したコンフリクトについて理解し、そのうえでみずからの「伝統」を主張し、中老とのせめぎ合いを経て祭礼の管理の仕方が継承される。

そもそも少子化による役者不足や若年層の流出による若衆の減少、テナントの増加、家持ち層の郊外への移住、若衆の美意識や感覚の変化や観光客の増加での見せ方の工夫の必要等、祭礼を取り巻く状況が変化するなかで、以前と同じ祭礼をそのまま継承することは難しい。したがって状況の変化に対応する動き、また一方で以前のやり方を踏襲してほしいという思いが拮抗し、若衆と中老とのせめぎ合いとコンフリクトが生まれるのは必然である。そうした摩擦は祭礼を衰退させるのではなく、むしろそのプロセス自体が担い手間における祭礼のダイナミズムを生み出し、より現代のあり方に適した祭礼を創り出していくことができる。第3節の末尾で述べたように、全体的相互給付関係としての祭礼は、個々の時点においては常に家同士や世代間の配分の不均等がある（と感じられている）なかで、いつかそれが挽回され、満たされることへの期待があるゆえに継承される。その意味で祭礼をどこかで止めることはできず、常に社会状況に合わせた形での祭礼のあり方を模索していくことが必要となってくる。

この章では山組という単独の町内における資源調達とそれに対する名誉・威信、興趣の出力、配分という一連のプロセスというコモンズの管理について論じた。そしてそこで必然的に発生する配分をめぐるコンフリクトとその経験・記憶が、資源の配分を定めるルール・知識を伝承するしくみについて、また過去の世代を含み込んだ資源の供出と未来への見返りの期待という時間軸を含み込んだ全体的相互給付関係のあり方、さらに名誉・威信の配分をめぐるコンフリクトを通じた祭礼の興趣、そして記憶の伝承と変容する伝統のダイナミズムについて明らかにしてきた。こうしたことは3年ごとの出番における町内での祭礼においてだけではなく、複数の町内が競いあうという祭礼全体の枠組みにおいてもいえることである。次章ではそれについて論じていこう。

# 第5章　山組間における対抗関係の管理と興趣の生産・配分——裸参りを手がかりとして

## 第1節　複数の町内間における対抗関係の管理

前章では山組の内部に焦点を当て、祭礼を通じた町内の家同士の間や世代間の関係性について論じた。そこでは家の歴史や祭礼への貢献度、そしてそれにともなう責任と名誉の配分といった形での家同士の関係性、若衆—中老間におけるあるべき祭礼のあり方をめぐってのこだわりと威信の顕示について示すと共に、それらに関するコンフリクトが興趣を生みだして町内に配分されることを論じた。さらに興趣をともなうがゆえにコンフリクトが教訓を含めて経験・記憶され、日常的に語られて共有されることを通じてコモンズとしての祭礼の管理のあり方が伝承されるしくみや、そうした過程を通して祭礼の伝統がダイナミックに更新されることを論じた。

しかし都市祭礼とはそうした個々の町内だけで完結するものではなく、「町内の経済力や文化の高さをほかの町内や見物人に見せる機会として機能し、さらに町内間の祭り・山車を媒介にした競争が当事者たちにとってゲームという娯楽として作用する」（金 2013: 17）というように、見物人を前にした形での複数の町内間の名誉を賭け金として興趣を生み出すことを前提とした祭りである。すなわち単独の町内内部における名誉・威信、興趣の生産・配分だけでなく、競い合いを通じて複数の町内同士でのそれらの生産と配分が行なわれる。

したがって次に分析されるべきは、そうした競争を可能にし、また盛りあげるルールや知識、またそれを伝承するための経験や記憶の共有といった祭礼の管理のしくみが複数の町内＝山組同士の間でどのように創出され、伝承されているのか、競争の際にそれぞれの山組は何を主張し、それがどのような面白さや魅力といった興趣を創りだして、自分たち自身や見物人にそれが経験されるのか、そこに見物人がどのように関与するのかといった、山組間また山組と見物人との関係性であろう。

近年、祭礼における担い手間の差異やそこでの対抗関係、もめごとといった問題に注目する研究はいくつか生まれている。たとえば谷部真吾は、遠州森町の「森の祭り」に参加する各町内がことあるごとにみずからの他に対する優位性を主張し、ときには囃子や屋台装飾に関して新たな様式を導入してその主張を展開しあうなかで、新しい様式が全町内に普及して新たに付加されていくことを明らかにしている（谷部 2000）。安藤直子は「盛岡さんさ踊り」と「チャグチャグ馬コ」を事例に、行政による祭りの文化財保護と観光化の要請によって祭りに関与する諸集団間に生じた、祭りの意味づけをめぐる対立と葛藤が祭礼を活性化させる原動力となっていることについて論じている（安藤 2002）。

また小西賢吾は、「角館祭りのやま行事」について祭礼行事の運営単位となる複数の「丁内」が出す曳山の巡行過程において構築される対抗関係について分析し、参加者同士にとっての興奮とその制御を通じて「面白さ」が見いだされていくしくみや、また祭りの空間の秩序について分析している（小西 2007）。一方、有本尚央は、「岸和田だんじり祭」における個人間・組織間の競争の止揚と連帯に関する分析を行ない、この祭においてはさまざまな位相での組織・団体・個人間の競争が入れ子状の構造をなしていることを明らかにしている（有本 2012）。ただしこうした研究のうち、祭礼の担い手同士がそうした競争が持つ「ゲーム」としての興趣をどのように生みだして盛り上げていくかについての分析は、小西による優れた研究を除いては管見の範囲では見あたらない。

加えて小西の研究も含め、祭礼における対抗関係の面白さは単に競いあう担い手間だけで生みだされるわけではなく、それを眺める見物人たちのまなざしを背景とした名誉・威信や競い合いの興趣を背景としていること、そしてそのまなざしの存在にそれぞれの担い手のふるまいが規定され、競い合いがヒートアップするという面については看過されている。

まとめると上記の各研究は、山車や芸能を通した町内間の競争という都市祭礼の性格を浮き彫りにした優れた分析であるが、これらの議論の多くに共通して欠けているのは、対抗や競い合いが祭礼の場において具体的にどのように成立し、それぞれの町内の人びとによって経験されるのかについての具体的なプロセスと、そしてその優劣を判断する見物人の存在が対抗関係にもたらす作用についての分析である。彼（女）らもまた、競い合いという祭礼の存立形式を支え、それを出番山組が管理するうえで必要不可欠な存在であるはずだが、従来の研究の多くはいずれも直接に対抗・競争する町内同士の二者関係を論じるにとどまってきた。

そこで数少ない例外として挙げられるのは中野紀和による「小倉祇園太鼓」の分析である。中野は個々の太鼓の打ち手や伝統的な町内、近年現れてきた有志チームなどが、他の打ち手やその集団による「内からの視線」、そして打ち手同士ではなく外部のイベントのような場で浴びる「外からの視線」といった「観客の視線」を取り込みつつ、「見る―見られる―見せる」という関係で、太鼓の「わざ」の習得を通したみずからの打ち手としての正当性、そして伝統性・歴史性の主張を通した正統性、そして他の打ち手との差異を構築し合い、打ち手同士が相互に闘争する状況について論じている（中野紀和 2007: 271-280）。

ただしこの分析では、そうした対抗関係をあくまで打ち手たちが技量や正当（統）性を競う闘争として位置づけており、そこでの「観客」は打ち手の技量や正当（統）性の評価者にすぎない。しかし祭礼を眺める観客、そして担い手も単に技量や正当（統）性を評価するだけでなく、競い合いや闘争自体に興奮し、そうした興趣を楽しむ存在でもあるはずだ。にもかかわらず、中野の議論ではそうした都市祭礼が持つ楽しさを享受する存在としての担い手や観客という面は見いだされない。もちろん正当性／正統性という賭金ゆえに競い合いは可能になるが、担い手にとっても観客にとっても、正当性／正統性そのものだけでなく、競い合いが創りだす祭礼の「面白さ」がその継承を行なう動機としても重要な意味を持つはずである。

すなわち都市祭礼における対抗関係とそれにもとづく用益の生産といった管理について分析するうえでは、中野の議論には見いだされない、①対抗関係が持つスペクタクルとしての側面、すなわち祭礼における競い合いがその担い手の興奮をいかに誘い、興趣を創りだすのか、またそれを眺める見物人にとっての「面白さ」、興趣とは何かといった、対抗関係それ自体が祭礼を盛りあげる機能とそこでの担い手や見物人の意識について考察する必要がある。都市祭礼に金賢貞の述べるような「ゲームという娯楽」という側面がある以上、担い手間の対抗関係やそこでの見物人の作用を論じるうえでは、こうした観点は不可欠だろう。さらに②「娯楽」として対抗関係を眺める際に見物人たちはその興趣を享受するためにどうふるまうのか、また単に眺めるだけでなく対抗する担い手たちへと働きかけを行なう可能性についても目を向ける必要があるのではないだろうか。

本章ではこうした①・②の観点から、長浜曳山祭でも町内間の対抗関係が喧嘩という形で特に明確に表れる裸参り行事を事例として、そうした対抗関係とそれと結びついた名誉・威信、そして興趣がいかに創りだされるのかという祭礼の管理、その際の喧嘩をする町内の行為と意識、およびそれを眺める他の町内や見物人が与える影響についてゴッフマンによる「フレーム」概念を用いつつ分析を行なう（Goffman 1974）。具体的には以下の手順で分析を進めていく。

第2節では裸参りが祭礼全体でどのような位置づけにあり、それを行なう若衆たち、また警固する立場の中老たちにとってどのような行事として感じられているのか、さらに裸参りの手順について説明する。

第3節では裸参りにおいていかに喧嘩が発生し、どのように山組間の対抗関係が創出されるのかについて論じる。喧嘩の当事者となる若衆たちが「因縁」と呼ばれる喧嘩の原因を、いかに自分たちの正当性（言い換えれば、自分たちに対してトラブルを起こした相手の山組の不当性）と共に構築するのか、またそうした喧嘩を通じて対抗関係をいかにうまく盛り上げて興趣の生産を可能にしていくかについて分析する。

第4節では暇番山組などの見物人たちが裸参りにおける喧嘩をどのように見、また若衆たちが裸参りを行なう際のふるまいに見物人としての経験がどう影響を与えているのか、そして見物人たちがまなざしを向けることにとどまらず、興趣の生産に寄与しそれを分かち合うべくより積極的に関与して対抗関係に影響を与える仕方を分析する。

最後に第5節でこうした喧嘩による対抗関係の発露という形で適切に祭礼を管理していくための若衆間、さらに見物人も含めた暗黙の了解と協力の存在をふまえつつ、本章の結論として山組間における名誉・威信と興趣の生産・配分という祭礼の管理についてまとめるとともに、山組同士がそれぞれ競い合うことで祭礼を行なっていくために、協力し合いながらさまざまな資源を融通し合うしくみが一方で存在することを指摘して、第6章への議論につなげていきたい。

なお用いているデータは2011年～2018年における、それぞれ異なる9つの山組（A町・C町・D町・E町・F町・G町・H町・I町・J町）の裸参りに関する調査にもとづいている。9つのうちG町・J町を除く山組ではみずから裸参りに参加しつつ参与観察を行ない（G町・J町は随行による参与観察のみ）、また3つの山組（C町・E町・H町）では4日間のうち日によって参加と随行を分けて調査を行なっている。裸参りの参加回数は15回、参加せずに観察を行なったのは6回であった。

また実際に裸参りを体験した山組のうち、4つの山組（A町・C町・D町・E町）の若衆たち14名（AW1・AW2・AW3・AW4・AW5・CW1・CW2・DW1・DW2・DW3・DW4・DW5・DW6・DW7・DW8・DW9・EW1）には、過去に自身が経験した、あるいは見物していた裸参りにおいて発生した現象やそれに関する意識について半構造化インタビューを行なっている。また直接に裸参りに関係がないインタビューであっても、裸参りに関してしばしば言及されており、そこでの聞き取りのデータも用いている。

## 第2節　裸参りの持つ意味とその手順

第1章や前章でも述べたように裸参りは、祭礼の直前、4月9日～12日の夜に行なわれる。この行事は公式には、13日に行なわれる「籤取式」という行事で4つの山組の狂言奉納順を決める神籤を引く「籤取人」と呼ばれる若衆（将来は筆頭として山組を背負うと期待される、独身の若衆が選ばれる）を盛り立てて良い籤が引けるように祈願し、合わせて祭礼の本日となる15日の晴天と役者の健康、祭りの成功を祈るものとされる。

その一方で裸参りは、山組の人びとからはむしろ祭りを迎える若衆たちのストレス発散の場、祭りで唯一若衆が主役となる場として説明されることが多い。第4章で述べたように、若衆たちは半年以上にわたって準備に奔走し、特に稽古が始まってからは仕事もできるだけ休み、親代わりとなって役者の稽古の面倒を見、睡眠を削って連日の会議や雑用をこなし、身体を酷使しストレスを溜めた状態で祭礼を迎える。「若衆にとって、裸参りの4日間の夜しか、若衆の発散、ほんまの祭り楽しむっていうのが、あそこしかない。その前も、祭りになってもうても、若衆って悪い言い方で言うたら奴隷なんや」[1]というように、そうしたなかでの唯一の「発散」、「楽しみ」が裸参りなのである。第4章でも触れたが、山組によっては裸参りが終わると「若衆の祭り、もう終わったね」[2]とさえ言われる。

そしてこの裸参りこそが、祭礼を行なう各山組の若衆間の対抗関係が最もあらわになる行事でもある。祭礼の中心は狂言であるが、若衆たち自身は狂言についてそうした対抗関係を祭礼中に意識することはあまりない。というのは、祭礼の最中は自分の山組の役者の世話や曳山の曳行、囃子の演奏、賄いの用意やそれらの段取りに追われ、他の山組の狂言をじっくり見る機会はほとんどないためである。

そうしたなかで若衆たちが対抗関係を意識して他の山組と接する最大の機会が裸参りである。この4日間、夕方に行なわれる役者の公開稽古が終わると、出番山組の若衆たちは会所などに集まり、晒、白のキマタ（半股引き）あるいは褌、白の地下足袋、山組によっては上半身に白シャツ、そしてそれぞれの山組の名前やマークを記した鉢巻きという装束に着替えて裸参りを行なう。裸参りに関する意思決定は、副筆頭や「裸参り取締」と呼ばれる裸参りを指揮する若衆の補佐を受けつつ、筆頭が行なう。

　裸参りの参加者は基本的には出番山組の若衆だが、若衆と友人関係にある暇番の山組の者、また山組とは無関係だが若衆の友人などのなんらかの縁があって応援で参加する者もいる。参加人数は各山組の若衆の数次第で異なり、また応援の人数次第で日によっても異なるが、近年は30～80人程度である。

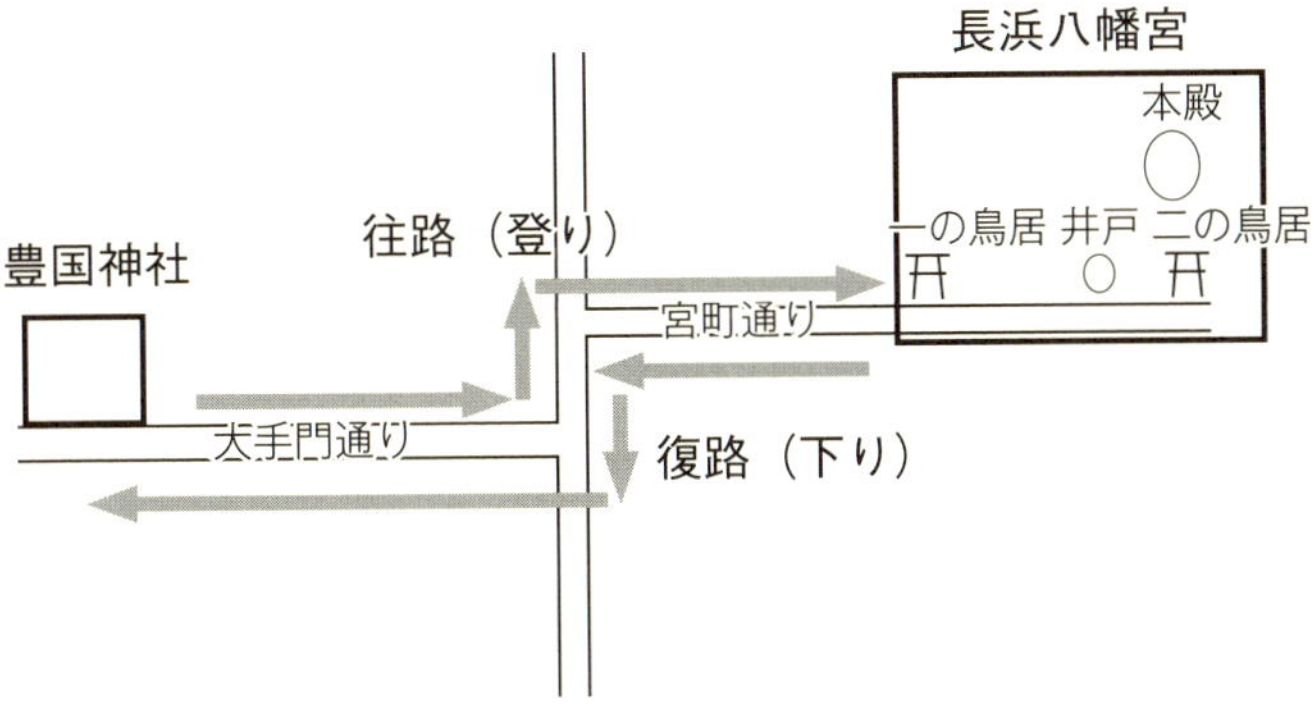


図5-1　裸参りの行程

　行事の手順と行程は以下の通りである。まず出発前には籤取人を中心に会所で酒盛りをし、身体を温める。4月とはいえ長浜の夜は寒く、雪が降ることさえあるため、酒を十分に飲んで身体を温めないとしのげない。そして筆頭が副筆頭・裸参り取締と相談のうえで時間を決めて、籤取人と筆頭が挨拶したのち19時半～20時半頃に町の会所を出発する。

　外に出ると若衆が2人、人数が多い山組では3人で肩を組んで隊列を作り、その周囲を「青鉢」と呼ばれる青い鉢巻きをした警固担当の幹部若衆（副筆頭や裸参り取締など）が固める。そして山組名が入った提灯を掲げて「ヨイサ！ヨイサ！」というかけ声で歩を揃えて出発し、大手門通り・宮町通りという参道を登って、長浜八幡宮へ向かう（図5-1）。

各山組の町内から大手門通りに入り、その後に宮町通りに進んで長浜八幡宮に参拝する往路が「登り」、長浜八幡宮から逆のルートを通って豊国神社へ向かう復路が「下り」と呼ばれる。山組同士がすれ違う際は登り優先がルールである。

八幡宮では「一の鳥居」、「二の鳥居」と呼ばれる2つの鳥居を通って、井戸で籤取人や筆頭などが身を清め、他の若衆たちが井戸の周囲を練ってそれを囃す。その間、青鉢たちは井戸から水を掬って若衆たちにかけ続ける。その後、本殿で参拝し、先ほどと同じ道順を逆にたどって豊国神社に向かう。豊国神社でも同様に井戸で籤取人などが身を清めて本殿、次いで同じ敷地内にある出世稲荷神社に全員で参拝して自町へ戻る。

**図5-2　山組同士がすれ違う瞬間。青鉢（写真中央）が間に入ってコントロールする（2018年4月12日）。**

道中では、出番・暇番両方の山組の子どもたちを中心としたシャギリ方が、9日・12日に大手門通りで演奏して裸参りを盛り上げ、暇番山組が出番山組の籤取人と筆頭に酒を振る舞って激励する。籤取人と筆頭が大きな盃になみなみと注がれた酒を飲み干して、挨拶を終えるまで、他の若衆たちは籤取人・筆頭の後ろを回りながら練り歩く。自町へ帰ると、三役の宿泊先、各役者の家、負担人・筆頭・籤取人の家で彼らへの激励が行なわれ、多くの山組では役者親が酒や食事を参加者に振る舞う。

この裸参りでは、他の山組とすれ違う際にしばしば両者の喧嘩が発生し（これを「当たる」と呼ぶ）、それが若衆たちの興奮を駆り立て、祭りにおける大きな興趣を創りだしている。無際限な喧嘩を抑制すべく、「先立ち」と呼ばれる若衆が、裸参り本隊の前方を走って状況を確認しつつ、前方の山組との間の連絡役を務め、さらに警固の青鉢は山組同士がすれ違う際に間に割って入り、円滑に進行できるようにする。さらに負担人らの中老も数名同行し、警固を行なう。こうした抑制のしくみはあるものの、毎年のように山組同士の喧嘩は起こっている。若衆たちの楽しみの中心は喧嘩であり、「何もないと面白ない」[3]というように、若衆たちにとっては積極的に起こしたいものなのである(図5-2)。

なお中老たちは、第4章で述べたようにあまり他の山組との間で問題を引き起こすようなことは起こして欲しくないという立場ではある。しかし上記のような若衆の状況については当然理解しており、「喧嘩もやらしたらんとね。若いやつらをね、不平不満が溜まってもうてガス抜きができてない。祭りが大変になってしまいましてね」[4]というように、一定程度の喧嘩の発生とそれによる若衆たちの興趣の享受は容認し、それを織り込んだうえで警固に参加している[5]。

裸参りは祭礼の中心である狂言より前の行事であり、観光客向けの広報はそれほど積極的に行なわれていない。しかし暇番山組や周辺の住宅地の住民を中心に、毎年多くの見物人が現れ、喧嘩もそうしたなかで行なわれている。

## 第3節　裸参りにおけるルールと喧嘩のプロセス

では、裸参りの過程でいかに喧嘩が発生するのだろうか。まずは裸参りをめぐる基本的なルールについて確認しておこう。山組同士がすれ違ったり、長浜八幡宮や豊国神社で接触したりした際に大事にならないようにするため、明文化はなされていないものの、以下のような対抗関係をコントロールするルールが大まかに共有されている。

第一に裸参りは「お参り」であって、少なくとも建前としては喧嘩を目的とした「喧嘩祭り」ではないため、「こちらから手を出さない」ことである。このことは裸参りの出発前に、各山組で必ず副筆頭や裸参り取締からアナウンスがなされる。

第二に隊列は左側通行とし、長浜八幡宮へと参拝に向かう往路の山組の通行を優先する（復路の山組は左によって相手を優先して通す）ことになっている。これも第一のルール同様、どの山組でも出発前に必ずアナウンスがある。先に述べたように、往路・復路共に同じルートを通るために4つの山組同士はかなりの頻度ですれ違うが、その際の混乱を避けるためである。

第三に、八幡宮の二の鳥居を抜けた境内や豊国神社での喧嘩は控えられる。また先に到着した山組の若衆が長浜八幡宮の井戸で身を清めている際には、後で着いた山組は、井戸より前の任意の場所で待機し、先着の山組が本殿に向かってから井戸に向かう。同様に、本殿で他の山組の参拝が行なわれている間は、後の山組は八幡宮なら井戸の周囲を練りながら待つ。敷地の狭い豊国神社では先着の山組が出世稲荷神社に向かうまでは、後の山組は鳥居の前で待機する。

第四に裸参りは身を清めた籤取人に無事に翌日の籤取式に出て良い籤を引いてもらうための行事であり、喧嘩が起きても籤取人に手をかけたり、恥をかかせるようなことは各山組とも決して起こさない。

このようにさまざまな明示されたルールや暗黙のルールがあるが、裸参りで発生する諸状況をこれによってすべてコントロールできるわけではない。裸参りが行なわれる日の諸条件、たとえば各山組の出発のタイミング、練り歩くスピード、井戸で若衆たちが身を清める時間の長さなどによって山組同士の位置関係は変わり、すれ違う場所も変わってくる。そして天候や気温が裸参りを行なう際の若衆たちの気勢や、練り歩くスピードに影響を及ぼしたりもする。いわば裸参りは「生もの」、すなわち「毎回同じことをやるんやけども、一日たりとも全く昨日と同じやったねっていうのがない[6]」。そうした中で上記のルールをふまえつつ、裸参りを指揮する筆頭や副筆頭、裸参り取締が臨機応変に判断することが求められるのである。

## 「因縁」の構築を通じた対抗関係のフレームと喧嘩の正当化

以上をふまえたうえで、喧嘩がどのようにして発生するかについて具体的に見ていく。先に述べたように、多くの山組の若衆は裸参りで「当たる」ことを期待しているが、いきなり喧嘩を他の山組に吹っかけるわけにはいかず、「因縁」と呼ばれる喧嘩を起こすためのなんらかの正当な理由が必要とされる。

たとえば筆者も参加したA町の裸参りを例に挙げてみよう。この年のA町ではR町との間で4日目（4月12日）に喧嘩が発生したが、そこに至るまでには2日目・3日目を通じてのプロセスがあった。2日目はR町が豊国神社に先着し、井戸で籤取人らが身を清めている際にA町が到着した。井戸を出て本殿に向かったR町だが、なかなか参拝を終えないため、A町は鳥居の前でずっと身体を冷やして待機することになった。R町は出世稲荷神社でも長い参拝を行ない、A町はさらに待たされる。第三のルールを逆手にとった挑発で、裸参りを終えての慰労会では、A町の若衆たちは腹を立てていた。

裸参りでは「会う［すれ違う］ためにどうしようかなって考え」たうえで「計算」し[7]、出発のタイミングを探りあうという山組同士の駆け引きが行なわれる。翌日、A町はR町の状況を聞いて早めに会所を出発し、R町より少し前に八幡宮に着いた。R町の到着を見計らって、井戸から本殿に向かったA町は、延々と籤取人が本殿で鈴を鳴らし、通常の祈願だけでなく、「○×さんに男の子を！」「籤取人に良い嫁を！」などと祈願して時間を引き延ばす。さらに豊国神社・出世稲荷神社でもR町を待たせるべく、通常「役者の健康！」と一括して祈願するところで役者たちの名前をわざと一人一人挙げて祈願し、さらに「商売繁盛！」「祭りが終わっても、会社に居場所がありますように！」と祭りと無関係な祈願も含めて参拝を続けた。R町にも当然聞こえており、明らかに意図的なものと理解されたと思われる。A町の若衆たちが出世稲荷神社を離れる際には、筆者と肩を組んでいた若衆がR町を挑発し、青鉢がそれを止めるなど緊迫した雰囲気が漂った。

この日の裸参り後の慰労会では、若衆たちからは「昨日待たされたから、今日は散々待たしたった」[8]といった声があがり、過去の喧嘩の話で盛り上がった。そして若衆たちの「明日あたり何か起こりそうな」[9]という予感の通り、翌日にすれ違ったA町とR町の間で喧嘩が発生した。

このように裸参りの喧嘩の発生については「やっぱり初日から2日目、3日目のストーリーがある」[10]。時には「雨降ってきて、前回C町がゆっくり夕渡り行きやがったさかいに、あいつらは上手いこと［大手門通りの］参道で合うて［アーケードに］入れたけど、あいつらのせいでわしら雨に濡れたやんけって言うとるさかいに、今年は裸参り当たったれ、って言うてる」[11]というように、3年前の前回の祭りからのストーリーが構築される。山組間の対抗関係と因縁にもとづく他の山組からの脅威や不当性という解釈のフレームがこのようにして設定されることが必要であり、「そういうのがないと激しく喧嘩にならん」[12]のが普通である。

そしてこうしたフレームが単なるここ最近の出来事ではなく、むしろ過去から脈々と存在してきた対抗関係であるという歴史的な真正性をそこにもたらすのが、中老以上の世代による過去の裸参りに関する経験とその記憶にもとづく語りである。裸参りに参加する若衆たちの多くは、「『S町だけは気をつけろよ。何してきよるかわからんぞ』っていうぐらいの部分があって、僕らの親世代の人らもやっぱり怪我したりとか、そういう昔の。［中略］だからお互いがそういう教育を中老からずっと聞いて」[13]というように、上の世代から過去の激しい喧嘩やそれを引き起こした相手の非といった「因縁」を言い含められて裸参りに参加している。実際のところ中老世代が若衆に対して自分の若衆時代の記憶を語るときにはかなりの時間差があるわけだが、その際にはあたかも「僕らかて、20年前の話を今みたいに喋るやろ」[14]というわけで、そうした歴史が語りと共にまるで現在まで続くことのように若衆たちに受け取られる。

すなわち山組間の対抗関係と相手の山組からの脅威というフレームは、それ以前の経験とその記憶を通して継承、強化されている。対抗関係という全体の大枠自体はどの山組も同じだが、そのうえでのそれぞれの山組が自分たちを正当化した形でフレームは作りだされる。R・マートンは、対立する二国間で戦争が避けられないだろうという当事者の思い込みが実際に戦争を引き起こすという事例を予言の自己成就の一例として挙げているが（Merton 1957=1961: 384）、ここでは山組同士の間でそれと同じようなプロセスが見いだされるのである。

そうして各山組のフレームで、「当たる」のは一方的な暴力ではなく、相手に原因があるがゆえに正当性を持つとされていく。上記のような理由は、外部の人間からすればなぜこの程度のことで喧嘩するのかとすら思えるかもしれないが、むしろ若衆たちにとっては当たること自体が目的であり、そのことによってそれぞれが興趣を得ることが重要である以上、理由を見いだすことができれば「なんぼでも因縁をつけてきはる」[15]というものなのである。

## ルールの曖昧さが可能とする喧嘩

その意味で、裸参りをめぐる山組同士のルールはあまり厳格でない方が好都合である。C町で裸参りを何度も指揮したある若衆は以下のように述べる。「教習所じゃないけど、この場合こっから車が来てどうですかっていうのもできるんやけど、［中略］祭りにマニュアル作ったってしゃあないんで、それはもう状況で［判断する］。ほんで、そこの見方が皆が違うのが面白い部分もあって、それやと逆に面白い」[16]。すなわちルールの解釈の曖昧さが喧嘩を発生させる余地を生みだしているのである。もし「教習所」のような「マニュアル」があったとすれば「正しさ」は一つに定められてしまい、それぞれが自分たちのフレームにもとづいて正当性を主張しつつ双方のフレームを両立させた形で「当たる」ことは不可能になってしまう。だから裸参りのルールは「グレー具合が大事」なのであり、こうした共犯関係が裸参りを興趣として成立させている[17]。

ある意味で、各山組にとっては実際にみずからがルールを遵守しているかどうかはどうでも良いとさえいえる。

たとえば第一のルールについて、ある若衆は以下のように主張する。「嘘でもね、ほれこそさっき、先に手出したらあかんって今、筆頭が仰ってくれはったけど、先に手出してもね、先に手出してないって言い張ったらほんで終わりですよ。これが建前。そこを認めてまったら終わりっていう。[18]」

第二のルールについても同様である。「こっちがな、登り優先やのにな、ど真ん中通ってな、バーッて来て、バチバチ［喧嘩］やって、ほんなもんお前『登り優先やろ』って［相手が文句を言っても］、『うちは左に一所懸命寄せてた』と、『寄って来たのはお前のとこやで』って言うのが執行部の役目で、実際はうちがたとえばほんなもん半分以上せり出て、もう思いっきりガツガツ［当たりに］行ってんのにもかかわらず、『うちはもう、どう考えても寄せてた』と、何やったら『すれ違うの止まって待ってた』って言うぐらいのこれ［肚］を持ってないと。ほんなもん嘘でええんやって。[19]」

すなわち「自分から手出しは禁止」「左側通行、登り優先」といった明示された第一・第二のルールは「建前」にすぎず、実際に行なわれるとは限らない。むしろこれらのルールは「手を出したのはそちらだ」「右に寄ってきたのはお前のとこだ」と主張して、喧嘩を正当化するために用いられている。「自分から手を出してはいけない」というのは、逆に言えば「相手から手を出され（たことにす）れば、こちらも手を出して良い」ということでもある。その意味でこの2つのルールはかなり柔軟に解釈されている。

ただしこのことは「建前」の軽視を意味するわけではない。むしろ「建前」を台無しにするようなふるまい、たとえばマウスピースをはめ、拳にバンデージを巻いて裸参りに参加するといった者に対しては、「やりすぎ」[20]、それは目的が違うわ。やっぱお参りのついでに喧嘩するだけや」[21]と忌避される。「明らかにお前喧嘩しに来てるやろ、っていうのは賢くないやり方」[22]であって、「建前だけはしっかりしとか」[23]なくては、対抗関係というフレームで自分たちが喧嘩を起こすための正当性が失われてしまうためである。

また「神前」とされる神社の敷地内での喧嘩を禁じる第三のルール、また籤取人に関する第四のルールについては、前節の事例のようにルールを逆手にとって因縁を創りだすことがあっても、ほぼ必ず守られる。特に籤取人に危害を加えたり、恥をかかせることは決して許されない。いくら喧嘩をすること自体が面白く、若衆たち自身もそのためにルールを逆用したり拡大解釈したりするにせよ、それらのルールそのものは尊重される。そうでなければ喧嘩を演出のレベルにとどめておくことができずにエスカレートしてしまう危険性があり、そうなるとフレームが壊れ、興趣が失われてしまうからだ。[24]

**喧嘩の演出とコントロール**

そうしたことをふまえつつ、筆頭や裸参り取締には、喧嘩をする若衆たちの範囲やその程度についてコントロールを利かせて適度に「当たる」興趣を実現させる舵取りが要求される。「[喧嘩で、若衆たちが持っている]提灯が壊れるくらいはかわいらしいもの」[25]として許容されるし、山組同士で喧嘩が起こる際には青鉢は必ずしも喧嘩を本気で止めるわけではなく、「すぐ諦めたるん。『やめとけ、やめとけ』って言いながら引いてはるん。ほんまに止めたらあかん」[26]というくらいにとどめる。「青鉢って実際、喧嘩が起こらんかったら、何にもただ寒いだけ」[27]であって、「結局喧嘩がなかったら、青鉢自体が面白くない」[28]のである。

ただし喧嘩が起こりそうなときは籤取人を早めに通過させ、よほどのことがないかぎり、「提灯潰れるのも華やっていうぐらいの方でとどめとく。ほやからあまり病院に行かなあかんようになるようなことは、極力[ないように]」という程度で収められる。[29]「血がポーンと上ってもうて、そこの[喧嘩の]スイッチが入ってしまうっていう」タイプの者については、「マークして、『青鉢、あいつはちょっと気をつけとけよ』って言う」というように未然に裸参り取締が注意をし、場合によっては「前回あんたのせいで因縁つけられたからって、辞退しても」らうこともある。[30]ゴッフマンの用語を用いるならば、特に普段は祭礼に関わりなく単発で友人関係を通して参加した者には、裸参りが「対抗関係とそれにもとづく因縁」という舞台設定のうえで成り立ついわば喧嘩の

「変形」(transformations) であるにもかかわらず (Goffman 1974; トンプソン 1991)、それが本当の喧嘩であると認知してしまう者もいないわけではないからだ。[31] フレームが「変形」かどうかを曖昧にした状態、すなわち本当の喧嘩に見えるほどであるからこそ、喧嘩のスリルを楽しむことができるとはいえ、万一喧嘩がエスカレートして警察が介入したり自粛を余儀なくされてしまっては、それは単なる暴力事件に回収されてしまい、対抗関係と他の山組からの脅威というフレームにもとづいて興趣を得るというしくみは崩壊してしまう。

またあまりに山組同士の人数に不均衡がある場合は「あれ行ったらあかんやろ。あれこう [喧嘩] なると、ちょっといじめになってまう」[32] というように、人数の多い山組が当たりに行くことはない。少ない山組も早い時間に出発してすれ違いを回避したり、すれ違う際にも道路の端に大きく寄って接触を避ける。そうした状態で一方的に喧嘩を仕掛けても興趣は発生しないし、むしろ仕掛けた側の山組の評判を落とすだけで威信にもつながらないためである。

ここまで述べてきたように裸参りは単なる無秩序な喧嘩ではなく、演出されコントロールされた形で行なわれるものである。したがってこうした喧嘩は、あくまで祭礼の場において演出されたものであり、他の山組や個人との日常的な対立とは結びついていない。むしろ「全然憎しみも何もないんやわ、相手に対して。そやさかいにこう背中向けとるやつとか、こう引いとる奴には蹴ったり殴ったりできるんやけど、いざバッと目があった瞬間に、別にー、ほんなムカついてるわけでもないのに、そうすると殴るわけにいかん」[33]、「顔見知りになってもうたら、ちょっと行きにくい」[34] のである。

顔見知り同士の場合においては、山組同士の対抗関係というフレームを成立させるために、若衆たちは裸参りの直前は意識的に、他の山組の若衆と会わないようふるまう。筆者がH町の町会所で狂言の稽古を調査している際に、同じ年の出番であるC町の若衆CW2氏に用事があって待ち合わせたことがあった。CW2氏は調査中の筆者の都合を考慮して町会所のそばまで来てくれたのだが、「いつもは [H町の若衆たちと] 仲良いけど、裸参りもう明後日やしな」と言って、わざわざ筆者を隣町まで誘導し、H町の若衆たちと顔を合わせないようにしてから用事を済ませた[35]。すなわち山組同士が対抗し競いあうというフレームに、日常の友人関係にもとづくフレームが混ざり込むのを防ごうとしたのである。このように、具体的・人格的な関係性という日常的なフレームから切断された形で山組同士の対抗関係というフレームを成立させ、維持できているからこそ、喧嘩は可能なのである。

## 第4節　見物人の存在と対抗関係への作用

こうした喧嘩は、前章で述べたように多くの見物人が注視するなかで行なわれている。特に暇番山組や、山組ではないが近隣に住んで毎年祭りを見ている人びとには「もうずっとよう知ってはる、評論家みたいな人がようけ［たくさん］いはる［いる］[36]」という。そうした見物人たちの多くもまた、「年回りによっていろいろ［山組同士の］力関係とか、今までの因縁とかそういうのもあるんで、今年何かあるんかなっていうのを楽しみに見に行くというか。祭り関係者も山の関係者もそういうのを、結構後ろついていったりとか[37]」というように、喧嘩を期待して見に来ているのである。すなわち対抗関係と因縁というフレームは山組同士だけでなく、そうした見物人たちにも共有されている。見物人たちは「井戸のところで情報交換してって、ほんで［山組が井戸から］出て行きよったら、後ろついてく。『こっちついてった方がええんちゃうけー』とか言うて[38]」というように情報交換し、当たる確率が高そうな山組や場所を予測して移動する。

さらに喧嘩の翌日以降も、「裸参りでバーンと当たると、次の日にやっぱね、ほの話題がどっかでやっぱポッポッて出てくる。保険のおねえちゃんとかが喋ってる[39]」、「見に来はるおばちゃんらが、よう喋らはる[40]」といった形でうわさを聞き、「4日間でストーリーじゃないですけど、初日がどうやとか。暇番のときに、やっぱりそういうのは、いろいろ話を」して[41]、山組間の「因縁」を楽しむ。そして「当たった町同士が最終日とかに、向こうから出てこれ完全に……わかるやんか。ずっと見てると、どう考えてもここでスライド［すれ違い］するでってなったときには、まあ見る方からしたら面白いよね。『今年の一番のメインイベントがやって参りましたー！』って感じになるわけやんか[42]（笑）」というように、因縁をふまえて大きな喧嘩が起こることを期待する。このように見物人たちも興趣の配分を受ける存在なのである。

### 見物人のまなざしと働きかけがもたらす作用

こうした見物人のまなざしは出番山組の若衆たちとその対抗関係に対して強い影響を与えていく。見物人からの「『今年のあそこはちょっと品がないわ』とか、『柄の、カラーの荒い子が入ってやんすな』とかいうのも［耳に］入ってくる」なか[43]、若衆たちは「よそからの見え方とか、他町からの見え方っていうのも、ある程度『ええ祭りしてはるな』っていうような裸参りをさしてもらいたい」[44]というように、それを強く意識して裸参りを行なうのである。「だらしなーく」見えないように提灯を持つ「手を高く」挙げたり[45]、「こっちの声が負けへんように」「威勢良く」かけ声をするというのはその一例である[46]。山組相互に張りあうなかで、見物人が存在することで他と比較して「ええ祭りしてはる」というような評価、すなわち名誉・威信を創出して示すことができるのである。

見物人の喧嘩に対する期待についても、若衆たちは強く意識している。そもそも出番山組の若衆たち自身も「やっぱ自分らが見に行ってるからこそ、見られてるなっていうのも思いますやん」[47]というように、暇番の際には喧嘩を期待して見物しているのであり、その経験や期待は、自分たちが裸参りを行なう際にもフィードバックされていくのである。そうして自分たちの喧嘩についても「ショーや、ショー」[48]、「ギャラリーに対する、サービスやがな、ファンサービス。だってみんな見てはるやん、D町来よったら絶対に何かしてくれはるって。やらんと面白くないよ」[49]というように、見物人が対抗関係とそこでの因縁というフレームを共有していることをあらかじめ理解したうえで喧嘩は行なわれており、その存在が喧嘩を正当化するものにもなっている。

そして喧嘩が多い山組では、「ほんまD町は激しい喧嘩が……。D町はだから期待してはるよね、皆、いまだに。伝統やね、これも。ギャラリーも、D町以外の人もD町が出ると、やっぱ見てる人が多いもん」[50]というように見物人の多さを誇る。「『大きい喧嘩したな』って言われると、勲章やね」[51]というような派手な喧嘩を見せて興趣を与えることが、若衆たちのプライドを満たす、名誉・威信の証となっている。

また見物人たちは、こうした形で喧嘩への期待を込めたまなざしを向けるばかりでなく、喧嘩を誘発するような形で、より積極的に対抗関係というフレームを強化する形で関与していく。たとえば「前々々回のT町は『裸参りで100人集める』、TW1さんの筆頭のとき。『100人集める』と。『D町との［当たらないという］協定なんかくそくらえや』っていう話がやっぱ、伝わってきた」[52]というように、「火に油を注」[53]ぐような話を、見物人たちが出番山組に伝播させていくのである。そして実際には筆頭が「『あんなんなってもうたさかいに、当たったるんやー』って言いながら笑てはる」にすぎなくても、「人を通していくとね、表情っていうのがなくな」り、「『マジで来よるみたいやで』みたいな誤解が生まれる」[54]ということになる。さらに「同じ話を何回も言う。言う間にほのネタが熟成されて、余計面白い話に変わっていく」[55]といったプロセスを経て話が伝わる結果、出番同士の間でも「因縁」が深まっていくことになる。

先に述べたように、裸参りにおける喧嘩は単なる暴力ではなく意識的なコントロールの下で行なわれており、喧嘩を起こすにはたとえこじつけであったとしても、山組同士の「因縁」と呼ばれるストーリーやルール違反の主張が必要となる。その大義名分を与えるものが先に述べたような裸参り当日における出来事やその解釈、また山組内に伝わる過去からのストーリーにもとづくフレームであるが、裸参りの見物人はそれを成立させるうえで重要な役割を果たしているわけだ。

またより直接的に、裸参りをする若衆たちのふるまいに影響を与えようとする見物人もいる。すなわち「『まだ、あそこもあそこも出とらんわ』っていうのが、たとえばEW6ちゃんとか（笑）。そういう情報通の人が各町にいはる」[56]というように、わざわざ他の山組の状況を出番山組に知らせに来て、喧嘩を煽るのである。先に触れた出発のタイミングをめぐる山組同士の駆け引きは、そんな「情報通」の存在があるがゆえに可能となっている。

このように、見物人たちはまなざしを向けることを通じて対抗関係に影響を与えるだけではなく、対抗関係にある山組それぞれに対して直接的にはたらきかけてその高まりを誘発し、また喧嘩によるその発露を可能とする条件を整えるうえでも、重要な役割を果たしているのである。山組同士でも喧嘩を起こそうとして「因縁」を見いだすが、その「因縁」の山組同士の共有やそのエスカレートは、喧嘩を期待する見物人がそれを橋渡しし、さらにはそれにもとづいて喧嘩の場を設定できるようなアシストによって可能となっていく。それによってそれぞれの山組は興趣を得、「大きい喧嘩した」という「勲章」、すなわち名誉・威信を見物人に対して示すことができるのである。

マートンは「予言の自己成就」の例として、銀行の破産をめぐる噂話が広がり、それによって預金者が実際に預金を引き出してそれが成就してしまう例を挙げているが（Merton 1957=1961: 384）、ここにはそれと同じようなプロセスが見いだされる。戦争が避けられないと思う二者間の思い込みが実際に戦争を起こすという例のような山組間での予言の自己成就というプロセスに加え、喧嘩への期待を込めた見物人の噂話を通して山組同士の相互の「因縁」が深まり、そして実際に喧嘩が起きる。しかもここではむしろ山組の若衆たちも自分たちの見物人としての経験をふまえて、むしろそのことを織り込みつつ対抗関係の盛りあがりを楽しんでいるのである。

このように裸参りにおける山組間の対抗関係が適度に演出され、面白さが生みだされるうえでは、暇番山組を中心とするそうした見物人の後押しがなくてはならず、さらに山組の側も暇番山組としての経験を通じて見物する側にとっての面白さを追体験しているからこそ出番の際に裸参りによる興趣の生産・配分をうまく管理することができる。したがってそうした見物人たちもまた祭礼の対抗関係と「因縁」をめぐるフレームを共有し、さらにはその形成・強化に関与するアクターの一部なのである。[57] そしてその関与を通じて、出番山組は名誉・威信と興趣を獲得し、見物人たちも興趣を手に入れることができる。

## 第5節　対抗関係の管理における暗黙の了解と協力

この章では裸参り行事における対抗関係としての喧嘩が発生するプロセスやその際の出番山組のふるまい、見物人たちのまなざしや若衆たちが見物人として他の山組の裸参りをまなざす経験が対抗関係に与える影響、そして見物人たちが対抗関係による興趣を楽しむべく、出番山組へと働きかける作用について分析してきた。ここで冒頭に述べた山組間の対抗関係をめぐる冒頭の問い、すなわち①対抗関係が祭礼を盛り上げて興趣をいかに創りだすのか、機能とそこでの担い手や見物人の意識はどのようなものか、②「娯楽」として対抗関係を眺めるうえで、見物人がその興趣を享受するためにどうふるまうのか、また対抗する担い手たちにどう働きかけるのかという点に即して、本章での知見をまとめておこう。

まず①について。町内間の対抗関係とそれによる喧嘩が当事者たちにとって興趣として作用するうえで、そうした関係性を顕在化させるために「4日間」や「3年前」からの「因縁」といった対抗関係を成立させるフレームが創出され、そしてそれが対抗する山組同士やそれを見物する人びとの間に共有されていることが重要な意味を持つ。そのことによって予言の自己成就的に実際に喧嘩が起こる可能性が高まっていく。またその際、表面的には喧嘩の抑制を目的にしているはずのルールは、むしろ山組が相互にみずからの正当性を保持したまま喧嘩を行なうために用いられ、見物人も共有するそのフレームにもとづいて、適度に演出され、コントロールされるなかで、その興趣が達成されていく。それを可能にするべく、個人としての人格的な関係性にもとづく日常的なフレームがそこに入り込むことは注意深く回避される。

そしてこうした興趣を創りだすうえで、見物人の存在は不可欠である。見物人たちもまた対抗関係というフレームにもとづく喧嘩を興趣として楽しみにしており、若衆たちはそのことを経験的に理解したうえで、多くのまなざしを浴びつつ派手な喧嘩を披露することに誇りを感じる。さらに②について見物人たちは「因縁」のうわさ話を拡散し、また誇張して面白がることで対抗関係を拡大させ、時にはうまく喧嘩が可能になるように若衆たちに働きかけたりもする。その結果、喧嘩への見物人の期待が実際に実現されていくという、噂話と働きかけを通じたフレームの共有による「予言の自己成就」としての結果がもたらされるのである。こうして「まなざし」という点以外においても、見物人たちの存在は対抗関係に重要な影響を与えている。かくして本書は対抗関係とそこへの見物人の関与に関する従来の研究、たとえば中野紀和などが十分に論じてこなかった、見物人のまなざしの下での祭礼における対抗関係において担い手・見物人双方の興趣という用益が創りだされていくしくみや、見物人たちのより積極的な担い手への働きかけによる対抗関係への関与とそれがもたらす担い手・見物人の興趣の拡大という点について明らかにしたわけである。

こうしたことが可能なのは、それぞれの山組がこうした喧嘩について、たとえば「[八幡宮や豊国神社でわざと長々祈願して、後ろの山組を]待たせるのも面白いし、[前で祈願する山組を]後ろから煽るのも面白い[58]」といったようにそれを面白がることができ、そのうえで、ただし「お互いに出たら当たってまうかもしれへんけど、まあそんときはそんときやわなっていう。[中略]被害を……当たってもうてもしゃあないと思うけども、次の日、そら皆あの松葉杖ついてとか、そんな奴がゴロゴロいいひんように収拾だけをつけるようにせんとあかんなとは、お互い思てる」といった「暗黙の了解」があるからである[59]。山組同士の対抗関係としてのフレームを維持し興趣をもたらすべく、それを台無しにしてしまうような大怪我や警察の介入といったことは極力起こらないように、細心の注意が払われる。そのためにそれぞれの山組では「祭りを盛り上げてくれる」[60]という形で適度に喧嘩も可能にし、同時に「当たったりする可能性があるわけで、ある程度山組の顔みたいな」[61]、すなわち喧嘩の際に間に入って収めることができる者が裸参り取締になるわけだ。

本章で論じてきたことは第4章において論じた、同じ山組内部におけるコンフリクトが、それを眺める山組内の人びとのまなざしやふるまいの下で祭礼の高揚を創りだすプロセスや、コンフリクトのコントロールをめぐる議論とも通底している。同じ山組でも役者選び、また裸参りの仕方や夕渡り、予算の使い方などをめぐって常にコンフリクトは発生し、表向きはそれを抑えなければならないものであるけれど、実際にはむしろそれは祭礼における格好の娯楽であり、それを眺める人たちだけでなく当事者にとっての名誉・威信、興趣といった用益をも創りだす。さらにそれが世代を越えて面白い「鉄板ネタ」として語られることで、祭礼の管理の仕方についての知識も伝わっていく。そうしたコンフリクトを適度に煽って演出し、またうまく収束させるかこそが筆頭の技量であった。

裸参りにおいても「因縁」という形での理由づけとそれにもとづく喧嘩は、出番の若衆たちにとっても、またそれを眺める見物人にとっても楽しみであり、そこでの出来事は面白おかしく語られる。それはもちろん取締や青鉢によってそれが適度に演出され、またうまく制御されたものであるという認識が山組の人びとやそれ以外も含んだ見物人にあるからだ。仮にこれが制御された一種のプロレスであることがわからない人、また怪我をした人やその家族が警察に通報し、加害者が逮捕・立件されるようなことがあれば、こうした喧嘩を通じた対抗関係の創出という祭礼の盛りあがりは一瞬にして消え去るだろう。裸参りは参加者も見物人も決してそんなことはしないという暗黙の大前提によって成り立っているし、実際に今のところそうした事態には至っていない。すなわちそれぞれ異なる山組の構成員同士、また見物人が直接的に言葉にはしなくても、そうしたことをわかったうえで対抗関係というフレームを維持するべく協力しているのである。そうした対抗関係が続けられなければ、祭りの盛りあがりや興趣は大きく削がれてしまうのだから。

ここではそれぞれの山組においては裸参りをめぐる対抗関係のフレームを構成するために必要なルールと知識、さらに自分たちのフレームを継承するうえで重要な経験・記憶と共に、それぞれの山組が互いに正当性を主張できる形での対抗関係という大枠を共有している。そしてそれを眺める見物人も含めて、そのことを通じてそれぞれが興趣を得ることができるのである。

さらにここで論じたような「因縁」にもとづく対抗関係は次の祭礼、そのまた次の祭礼へと引き継がれていく。「前回こういうことをやられた」という理由を相互に作り、またそうした機会を与えあうことを通して、次回以降も各出番山組はみずからが当たる正統性を獲得し（逆に言えば相手の山組にそうした正統性を与え）、自分たちの山組の名誉・威信をまた披露することが可能になるのである。そうした意味でこの裸参りにおいては、町内間における機会の贈与を通じた全体的相互給付関係が見いだされると言えるだろう。町内における名誉・威信の配分をめぐるコンフリクトと興趣の発生の場合と同様、過去の裸参りをめぐるコンフリクトの記憶・経験がふまえられ、そしてまた次回の祭礼への期待がつくりあげられていく。かくして山組間の対抗関係をふまえた用益の生産と配分のしくみとしての祭礼は管理されていくのである。

さて、4章で論じたような山組内における祭礼における名誉・威信と興趣の配分が将来も継続され、さらに本章で論じたように山組同士が祭礼における競い合いと興趣をお互いの間に創り出して享受しあうためには、それぞれの山組が競い合いにおいて必要な資源を維持し続けることができなくてはならない。12ある山組のうちどこかで祭礼を行なうために必要な資源、人手や曳山、資金や技能が枯渇してしまえば、町内同士で競いあう機会も失われてしまうのだから。相手がいない状態で競い合いをすることは不可能であって、その意味では山組にとっては他の山組の存在が不可欠である。

したがって本章で論じたような威信や興趣を出力するためには、各山組が曳山やシャギリといった、競い合いに参加するために必要なモノと技能、それに関わる人的資源を揃え、そうした場に出て来られることが前提となる。そうした競い合いを維持するべく、山組間においてどのような協力が行なわれているのだろうか。それが山組間の全体的相互給付関係をめぐる次の課題となる。そうした観点から次章では、曳山の曳行や狂言の上演に際して必要な、シャギリという技能とそれに関する人的資源をめぐってそうした点について論じていくことにしよう。

# 第6章 シャギリをめぐる山組間の協力と山組組織の再編

## 第1節 シャギリの調達を通した山組組織の再編

前章では裸参りを事例として、町内間の対抗関係という枠組みとそれを盛りあげる見物人の関与に注目し、それぞれの町内が名誉・威信、そして暇番山組をも含む見物人も含めた形で興趣を生産・配分するプロセスについて論じた。

しかしそうした対抗関係を通じて、それぞれの町内が名誉や興趣といった用益を創りだす祭礼を可能にするためには、たとえば技能と山車、資金、人手といった入力する必要がある資源、それに対抗関係をめぐるルールや知識とそれを裏付ける経験と記憶といったものを適切に継承・調達できていることが条件となる。それらをなんらかの理由で手に入れられなくなったとき、山組間の対抗関係という枠組みを維持するべく、各山組は何らかの形でそれらを調達しなくてはならない。特に多くの山組で同様に資源の調達が困難になったときには、複数の山組同士が協力してその獲得を図るという動機づけが働く。たとえ自身の山組だけが資源を調達できたとしても、単独では対抗関係を通じた名誉・威信や興趣を創り出すことはできないからである。

本章ではそうした資源のひとつとして、特にシャギリと呼ばれる囃子とその担い手という人的資源に注目する。

その入手が困難になったとき、山組はどのように協力してその技能と担い手を調達することで祭礼を可能ならしめたか、さらにそれが町内および町内間の全体的相互給付関係にどのような変容をもたらしたかについて論じる。さらに山組が祭礼を行なうための資源を調達していく過程で、都市における外部のアクターとどのような関係性が創出されたのかについて明らかにする。

第1章でも触れたが、篠笛・太鼓・鉦によるシャギリは、曳山の曳行や狂言の開始前後においては繰り返し奏されて祭礼の場を創りだす舞台装置である。それぞれの場面と結びついた曲が聞こえてくることで祭礼の場にいる人びとも、いよいよ狂言が始まるという高揚感をかき立てられたり、本日の終わりの寂しさと安堵に満ちた風情に包まれたりする。さらに裸参りや夕渡りで若衆たちや役者たちの晴れ舞台を盛りあげるうえでも、シャギリが重要な役割を果たしている。

祭礼全体の規約である「祭典申合規約」では、曳山の曳行時と狂言の開始前には、曳山の2階にある亭という空間で必ずシャギリを奏することが定められている。このように曳山とシャギリはセットであり、祭礼時以外のなんらかのイベントのために曳行する場合、また展示や修理のために収められている長浜市曳山博物館から各山組の山蔵に曳山を戻す場合にも、必ずシャギリが奏される。このように多くの観客にはあまり注目されることのない舞台裏に位置しつつも、祭礼全体が執り行なわれるうえで欠かせないのがシャギリである。

このような役割を持つシャギリだが、もともとは山組の地域において行なわれていたものではなく、山組のなかでも農村部を含んでいた3つの町を除けば、1960年代後半までは近隣の農村地域から各山組でシャギリの技能を持つ人びとを雇う「雇いシャギリ」によってまかなわれていた（上田喜江 2012: 191）。長浜に限らず、都市祭礼はその当該の祭礼の担い手だけではなく、その都市の近隣に位置する農村部の人びとを人足や下働きのような周縁的な部分で組みこんで行なわれてきた。

松平誠は、山車・屋台や芸能など、祝祭と結びつく現在の都市祭礼の道具立てが整うのは文化文政期であり、さらにそれらが一層美々しく飾り立てられようになったのは、明治中期から大正にかけてのことであったと論じている（松平 1983: 48）。その結果、祭礼はしばしば山車を所有する町を越えた担い手の動員を必要とするほどの規模となり、近隣の農村地域からの人足の請負制による動員を必要とするようになっていた（吉田 2010: 31）。そして松平が「旦那衆というものは、カネとクチは出すがチカラは出さなかった、といわれる。つまり、祭礼における人足仕事は、自分たちでは殆どしなかった」と述べているように（松平 1983: 57）、都市祭礼においては山車の曳き手、また山車の曳行に際して囃子を奏するシャギリ方のような人足的な仕事は、都市の経済的な繁栄を担い祭礼集団の中心であった商家の旦那衆たちではなく、都市のなかでも下層に位置する小商人や職人衆、あるいは近隣の農村地域から雇われた農民たちによって担われてきた。松平は川越や秩父、府中といった関東の都市祭礼を念頭に置いて上記のように論じているが、前述のとおりこれは長浜でも同様である[1]。

そうした動員が可能だったのは、日清・日露戦争を背景とした好景気の時代に現れた旦那衆と呼ばれる豪商たちが祭礼を財政的に支えていたためであるが、そのような経済的条件にもとづく農村部との関係性は戦後の地方都市においては次第に失われ、現在においてはまず見受けられない。では戦後の都市祭礼はかつての農村部からの担い手の役割をいかに代替し、またそれに合わせて祭礼のあり方を再編成していったのだろうか。

これについて吉田竜司は岸和田だんじり祭を事例に、新たな担い手として他地域への転出者、また学校や会社等の関係をつてに勧誘された助っ人たちが祭礼に参加し、また祭礼を行なう各町の曳き手が相互に助けあう形で祭礼が成立していることを分析している。その背景にはだんじり祭が神事と切り離された町場の政治経済的論理を軸に発達したために、宗教性に制約されない魅力を参加者に対して持ち、またただんじりを曳くという祭りのあり方から、参加に求められる基本的な技術文化と組織文化が各町の間で共有されており、それゆえに他町での祭礼への参加が可能となっていることを論じている（吉田 2010: 35-39）。

しかしながら農村部から祭礼の周縁的な役割を担う技能資源、それを身につけた人的資源の動員が不可能になったなかで、それに代わる新たな資源がどのように見いだされていったのか、またそのことを通じて祭礼自体がいかに再編されていったのかについて、その具体的なプロセスに即して論じた研究は今のところ少ない。

長浜曳山祭に関しては、シャギリをめぐってこうした点について筆者らが滋賀県立大学人間文化学部地域文化学科として長浜曳山文化協会より受託して行なった共同での調査成果がまとめられている（長浜曳山文化協会・滋賀県立大学人間文化学部地域文化学科 2012; 上田喜江 2012, 2017; 東 2012a, 2017）。本章ではそれらの成果に依拠しつつ、曳山の曳行時と狂言の上演前に奏されるシャギリ（囃子）という技能資源と人的資源の調達のしくみの変遷を見ていく。また筆者自身が2012年〜2015年にかけて山組の若衆としてシャギリを習得し、月に1回程度子どもたちにシャギリを教える立場として、祭礼の際に子どもたちを引率した際に行なったインタビュー・観察記録のデータも用いながら、シャギリが山組内において果たしている役割についてその現状を論じる。これによってシャギリという技能資源とその担い手という人的資源の確保をめぐる山組内部の再編と山組間の全体的相互給付関係について明らかにしていきたい。

本章では、まず第2節で長浜曳山文化協会・滋賀県立大学人間文化学部地域文化学科による調査結果、またそれにもとづく東資子・上田喜江・小林力の研究をもとに（長浜曳山文化協会・滋賀県立大学人間文化学部 2012; 東 2012a, 2017; 上田喜江 2012, 2017; 小林力 2012）。戦前・戦後における長浜近隣の農村におけるシャギリの担い手とその消滅と、山組間の協力組織として設立された長浜曳山祭囃子保存会の設立（1971年）に至る経緯、そして口伝で伝えられていたシャギリが楽譜化されて山組の境界を越えて伝承可能になり、山組の子どもたちを中心に継承するという形で管理のしくみが創り上げられていくプロセスについて説明する。なおデータの一部として、保存会設立に中心的な役割を果たしたJ町の中老JC1氏、そしてその活動を引き継いだ現会長のAC5氏、および副会長のBC1氏への、上記の調査以降に行なった筆者の聞き取りから得られた内容も用いている。[2]

そのうえで第3節においては保存会の設立以降、シャギリを通して祭礼が従来の山組における威信・階層秩序を越えて広範な地域社会の人びとに開放され、また祭礼の担い手を幼少時から育成する場としてシャギリが位置づけられたことについて、先に挙げた調査結果やAC５氏・BC１氏、およびまた現在保存会の理事を務めるCC１氏、AW１氏への聞き取り、また筆者自身がある山組で若衆としてシャギリ方を務めた際の参与観察記録、２０１１年に保存会が各山組より集めたアンケートを手がかりに分析する。[3]

以上をふまえて第４節においてはそれまで各山組が独自に調達してきた、シャギリという技能資源とそれを担う人的資源を山組が相互に融通しあうという関係を新たに成立させることで、競い合いの興趣を互いに創りだして享受するためのプラットフォームを維持してきたことを示す。とともに、それまで「旦那衆の祭り」として極めて限定された身分・階層を中心として行なわれてきた祭礼の人的資源の調達のしくみが再編され、子どもの位置づけの変化や山組の構成員の階層・性別・居住地域の拡大につながったことを見ていく。また山組の外部に対して公共的な用益を提供することを通じて、町内および町内連合という全体的相互給付関係の外部のアクターから技能の担い手となるべき人材を入手するしくみが構築されていったことについて論じる。

## 第2節　雇いシャギリの確保の困難と囃子保存会結成への動き

先に述べたようにシャギリについては、１９６０年代後半までは農村部を領域に含んでいた３つの山組を除けば、近隣の農村地域から各山組でシャギリを担う「雇いシャギリ」と呼ばれる人びとを雇う形で祭礼が成立していた。雇いシャギリがいつごろから行なわれていたのかについては不明だが、１８０４年にはすでに「遠方」の人をシャギリ方として雇っていたという記録があり（滋賀県長浜市教育委員会・長浜曳山祭総合調査団 1996: 301）、商品作物や奉公人などの労働力の供給地であった農村部との関係性を背景として、そうした関係性が創り上げられていたことがうかがわれる。

上田喜江が述べるように、雇いシャギリが成立していた背景には、農村部において獅子舞や祭礼の際に笛を吹く者がいたというような伝承基盤があったことが挙げられる。ただそうした芸能がない集落でも、笛を吹く者が婿養子として他地域から移ってきて教えたり、またわざわざ長浜曳山祭に行きたいということで他の集落でシャギリを習ったりというケースも見られ、現在の長浜市・米原市と重なる広い領域にシャギリ文化は広がっていた。農村の人びとにとっても雇いシャギリに行くと酒・賄いや謝金が得られ、また曳山祭で曳山に上って演奏するのは名誉なことと考えられていたため、必要に応じて練習していた（上田喜江 2012: 197, 2017: 140）。曲は集落によって少しずつ異なり、雇った山組の人びとが演出を気に入らなかったときは次の出番では別の集落に頼むこともあった（長浜曳山文化協会・滋賀県立大学人間文化学部地域文化学科 2012: 90）。

しかしながら雇いシャギリは１９５０年代後半以降、次第に調達が難しくなっていく。それは戦前には10月に行なわれていた祭礼が観光客誘致を目的に4月に移動し[4]、田植えと時期が重なったこと、またシャギリを担っていた農村部の人びとの高齢化と、兼業化やサラリーマン世帯の増加によって、後継者が育成されなかったことによる。１９６０年代後半にはすでに雇いシャギリは、出番の山組同士で奪いあいになっており、頼んでも一度は受けてくれなかったという[5]。中には雇いシャギリを頼んだものの、サラリーマン化した農村部の人びとは夜遅くなると翌朝の仕事に備えて祭礼の途中で帰ってしまったり、逆に勤め帰りということで夜の行事にしか来ない場合もあった[6]。さらに「役者がお弁当を先に食べている」「お酒が来ない」[7]といった理由でトラブルとなって曳山から降りてしまうこともあって接待が大変で、金銭面の負担も大きかった。その結果、一時期は曳山にスピーカーを取り付けてテープで録音を流すことも試みられた。しかし当時のオープンリールの性能から失敗が相次ぎ不評だった。こうしたなかでシャギリは生演奏でなければという気運が高まり、それがやがて長浜曳山祭囃子保存会の結成につながることになる（長浜曳山文化協会・滋賀県立大学人間文化学部地域文化学科 2012: 85, 90）。

## 山組内における保存・継承の動き[8]

戦前から自分たちで伝承を行ない、さらに戦後も山組内での継承が続けられたD町・F町以外の多くの山組にとって、シャギリは自分たちがやるものではなく、謝礼をつけて依頼するものであった。そんななか、山組のなかでみずから囃子を伝承していこうとする動きは、1955年頃、J町の若衆になったばかりのJC1氏の手で始まった。JC1氏はその後、保存会の結成に大きな役割を果たして2代目の会長となる人物である。もともと西洋音楽の素養があった彼はシャギリに興味を持ち、戦中期にシャギリの伝承が途絶えたH町の若衆たちとともに、J町に雇いシャギリで来ていた長浜市四ツ塚のリーダーに入門した。当時シャギリには譜面はなく、四ツ塚のシャギリのリーダーに口伝えの旋律をカタカナで書いてもらい、毎日その旋律を唱えて練習したという。メロディを頭に入れたら笛が吹けるという方針だったが、ほとんどの若衆が飽きて辞めてしまい、JC1氏ともう1人だけが最後まで残った（長浜曳山文化協会・滋賀県立大学人間文化学部地域文化学科 2012: 84）。

その後、1962年に東京の滋賀県人会の招待で行なわれたシャギリ演奏の好評をきっかけに、JC1氏はその保存の必要を感じて2曲の譜面化を行なった。JC1氏は1970年になるとJ町・B町の2つの山組の若衆に、月に2回程度シャギリを教え始める。そこからB町では現在は保存会副会長となっているBC1氏を含む若衆らがJC1氏にシャギリを習い、練習を始めた。JC1氏とともに四ツ塚でシャギリを習ったH町でも、囃子部と称して山組内で若衆がシャギリを行なうようになった。他に1962～63年頃に、E町で尺八の先生をしていた者がF町とD町を混合させたシャギリを作曲して練習参加者を公募し、E町ではそのシャギリを演奏するようになった（長浜曳山文化協会・滋賀県立大学人間文化学部地域文化学科 2012: 88, 98–99）。

このように山組でシャギリを保存・創作・継承しようとする動きが生まれるなか、J町の中老でもあった市議がD町、JC1氏、H町と相談して市の助成を得、1971年にD町・E町・J町・H町による保存会が設立された。また保存会を通して雇いシャギリができず困っていた他の山組への応援も行なわれた。もっとも翌年、H

町から「シャギリを稽古するために山組として予算を出しているのは自分たちのためで、他の山組のためではない」という不満が出て脱退する話がもちあがり、保存会は破綻の危機を迎えた。JC1氏は保存会が消滅すれば、市からH町も含めた助成を出すのは困難になると伝え、脱退を思いとどまらせている[9]（長浜曳山文化協会・滋賀県立大学人間文化学部地域文化学科 2012: 85）。

### 楽譜による共通化と子どものシャギリへの参加、活動の拡大

上記の危機を経て、JC1氏は各山組で子どもたちを中心にシャギリ方を育成・伝承するという構想を強く抱くようになった。すでに1964年頃、JC1氏は長浜市立西中学校の音楽教諭からの依頼で、リコーダーでシャギリを吹けるよう中学生に夏休みに1ヵ月指導した経験があった。彼らの上達は目覚ましく、翌年の長浜市民会館の開館の際に中学生による発表会が行なわれたほか、授業や運動会でも演奏された（長浜曳山文化協会・滋賀県立大学人間文化学部地域文化学科 2012: 84）。さらに長浜小学校・長浜北小学校などの小学校でも運動会や行事での演奏を働きかけ、その活動が知られるようになっていく[10]。

こうした機会を通じて、JC1氏は子どもによる継承に可能性を見いだしていた。その準備としてJC1氏はすべての曲の楽譜の完成を急ぎ、また将来の指導者候補として各山組の若衆にシャギリを教えに行った。そして1974年にはJC1氏が保存会の会長となり、みずからが五線譜化した楽譜をもとに、シャギリを伝承していない山組への指導を始め、子どもの公募を行なった。各山組でJC1氏が指導していた若衆が中心となって山組内で呼びかけてチラシを配布し、参加を呼びかけた[11]。公募にはそれぞれの山組から自発的に多くの子どもと世話役として名乗り出た大人が参加し、8つの山組が加入した。これらの各山組からの反発がなく、数多くの参加者が集まった理由としては、農村部からの雇いシャギリを呼ぶことがますます困難になっていたこと、またすでに6年間にわたって学校を通じてJC1氏がシャギリの普及に努め、その実績が知られていたことが挙げられる[12]。

この年、ＪＣ１氏は子どものシャギリ方をある山組の曳山に上げて演奏させて成功し、その実績から多くの山組が子どもをシャギリ方として使うようになったという（長浜曳山文化協会・滋賀県立大学人間文化学部地域文化学科 2012: 86）。

１９７８年には、独自の曲目でのシャギリを行なっていたために保存会に最後まで加入しなかったF町が、担い手の高齢化で今後の継承が難しくなったため[13]、ＪＣ１氏による楽譜の作成を条件に加入し、楽譜を用いて子どもによるシャギリの継承を始めるようになった。このことで、ＪＣ１氏が中心になって構想した保存会は全ての山組を包括するものとなった（長浜曳山文化協会・滋賀県立大学人間文化学部地域文化学科 2012: 86）。

保存会ではみずからの囃子を持つ山組、またD町・H町のように楽譜を用いない伝承方法を採る山組についてはその独自性を尊重し、それ以外の雇いシャギリに頼っていた山組については、保存会からＪＣ１氏やＪＣ１氏が教えた若衆たちを指導者として派遣して、子どもに練習を指導した。その後はシャギリができるようになった若衆たちが指導者となって各山組で練習が行なわれるようになっていくが、現在でも、こうした人員が手薄な山組への指導者の派遣は行なわれている。また子どもが少ない山組では、狂言の役者に子どもが必要になるためシャギリ方が手薄になることもあり、囃子保存会が調整して、出番山に暇番山のシャギリ方が応援に行くシステムが確立された。近年の少子化や中心市街地の人口減少のなかで出番山組の男子は多くが役者になってしまうため、曳山に登れる男子のシャギリ方は不足しがちで、これも必要不可欠なしくみとなっている（長浜曳山文化協会・滋賀県立大学人間文化学部地域文化学科 2012: 86）。

これによってシャギリ方不足で曳山を動かせない、あるいはテープ録音の再生のときのように、狂言の際にシャギリがうまくいかずに狂言が円滑に始められないといったことはなくなり、４つの山組が曳山を出して狂言を奉納し競いあうという祭礼全体のあり方は安定した形で継続できている。また応援に出る山組のシャギリ方も、それによって自分たちの出番にむけた予行演習を行なうことができるようにもなった。

こうした保存会の活動が定着して以降、祭礼全体においてシャギリの活躍の場も広がっていった。第5章で分析した裸参りにおいては、最終日の12日に大手門通りのアーケードで全山組のシャギリ方が参道で囃すようになった。また4月14日の夕渡り行事の冒頭ではシャギリ方のパレードが1976年から行なわれ、さらにパレード後には沿道でシャギリを奏でて場を盛りあげる役割も果たしている（長浜曳山文化協会・滋賀県立大学人間文化学部地域文化学科 2012: 86）。山組内の子どもたちがシャギリ方として参加するようになったことで、より多くの見せ場をシャギリ方に与えるようになり、合わせてそうした場をも演出する形に祭礼のあり方も変化していったのである。

## シャギリの共通化・開放化はなぜ可能だったか

ＪＣ１氏を中心とした山組の垣根を越えた保存会の成立と山組間の相互協力、そして楽器の統一、そして一部の山組を除く曲目の統一は、なぜ可能になったのだろうか。

まず山組の垣根を越えた募集がなぜ成功したかについては、Ｄ町・Ｅ町・Ｈ町・Ｆ町以外の８つの山組はほぼ雇いシャギリに頼っており、山組内部にシャギリを司る組織がそれまで存在しなかったために、保存会による育成方法や楽曲に抵抗がなかったことが挙げられる。そしてＪＣ１氏が６年にわたって山組の子どもたちが通う小中学校という、山組とは異なるルートでシャギリ普及の実績をあげていたことで、その力量への信頼があった。

もちろんＨ町や異なる曲を伝承していたＤ町、Ｆ町のように、シャギリをすでに山組として継承するしくみを作っていた山組についてはこのかぎりではないが、Ｈ町については行政からの助成のしくみが確立していたこと、Ｆ町については高齢化による継承の危機において、保存会の枠組みを受け入れるに至っている。

またすでに触れたようにもとより曳山祭においてシャギリとは農村部からの雇いシャギリによって演奏されるものであって、山組によって行なわれるものではなかったため、山組間の競合の対象ではなかったことが挙げられる。だからこそ、山組間のシャギリの協力も問題とされにくかった。

曲目や楽器の統一に抵抗がなかったことについては、周辺の農村部から来るシャギリは、集落や個人によって微妙に曲に違いがあったが、特定の山組が必ずどの集落から雇うと決まっていたわけではなく、変更されることもあった。また保存会結成以前も独自の曲目でシャギリを行なうF町がG町に応援に行ったことがあったが、特にG町でもそのことは問題とされていなかった。すなわちシャギリは「鳴っとりゃいい」のであり、「曲が違っても構わない」ものだったのである[14]。むしろ重要なのは、安定的にシャギリとその担い手が確保できることであった。

したがって、違う曲目の山組の独自性を尊重しさえすれば、保存会が楽譜・楽器を統一しても特に問題にはならなかった。それまでのカタカナでの旋律の表記では音の高低や長さ・大小がわからず、結局指導者から口伝で旋律を教わらなくては曲が理解できない。むしろ五線譜によって理解が早まり、子どもによる曲の習得がスムーズに行われるようになったことは歓迎された（小林力 2012: 208）。また同じ曲であるからこそ、指導者が不足している山組に対して保存会が指導者を派遣することも容易であった。

## 第3節　山組内でのシャギリ方の育成と山組の継承システムへの影響

保存会の設立から40年以上経過し、各山組で子どもたち時代にシャギリを習得した若衆がその後、教える側となって、それぞれの山組で子どもたちにシャギリを教えるという体制が確立している。こうした保存会の成立と保存会による子どものシャギリ方としての人的資源としての育成は、祭礼の担い手と継承のしくみにも変化をもたらした。

まずは個々の山組内での変化であるが、第一に、それまで男子の祭礼参加への入口は役者に選ばれることであったが、保存会がシャギリ方を子ども中心にしたことで、彼らは役者以前にまずシャギリを通じて祭礼に参加するのが一般的となった。そして指導する若衆たちはそこでの練習参加への態度や性格を見ながら、役者としての適性を判断し、また役者を務めてもらうことを前提にしつけを行なうようになっている[15]（東資子 2017: 99）。

第二に、役者を務めた後はほとんど祭礼と関わることがなかった（また役者に選ばれなかった場合は、まったく祭礼を担う機会を持ち得なかった）13歳以上の男子が、幼少期から祭礼に関わり続けて若衆になるという参加の継続可能性がもたらされたことである。中高生になって部活動などの都合で練習に来なくなっても、祭礼の際にはシャギリを手伝う立場として祭礼に関わり続けることができるのである。やがて学卒後にそのまま長浜に在住していたり、また他出しても将来的に長浜に戻ってきた場合には若衆となり、シャギリ方の指導役にもなる。なんらかの理由で祭礼から離れても、その技術は一度習得されてしまえば、しばらく演奏していなくてもそう簡単に失われてしまうわけではない。そして笛さえ吹くことができれば祭礼に参加し貢献することで、山組のなかに居場所を見いだし続けることができるのである。

このしくみは子どもが将来若衆入りして祭礼の中心的な担い手となる知識を得るうえでも、重要な意味を持つようになった。シャギリ方のうち小学生の男子5名程度は曳山の亭という狭い空間で演奏するが、ここでは基本的に外の様子を窺うことはできず、曳山の下からの指示で演奏を行なう。しかしながら中高生になると亭に入るには身体が大きいこともあって、亭ではなく曳山の後ろについて演奏を行なうことが多くなる。また暇番山として出番山の手伝いをする際は、子どもから若衆までほとんどの場合、そのポジションで演奏する。

興味深いことに、この曳山の後方でシャギリを演奏するというポジションは、祭礼全体を理解するうえで最も良いとされており、そうした理由で筆者はA町やC町の出番の際に、何度もシャギリ方を担わせてもらう機会を得た。実際、シャギリ方として曳山の後方に詰めていると、曳山が進行・停止や狂言の開始や終了に関するタイミングを見計らって演奏を始めたり、終わらせたりしなければならず、常に祭礼の流れを感じていなければ務まらない。また先を進む山組と後を進む山組の間での挨拶や調整がどう行なわれるのかといった祭礼の流れを見ることができ[16]、さらに演奏していないときの空き時間には年長者から、祭礼に関する知識・儀礼・慣習、また過去の失敗談や教訓などについてさまざまなことを聞くことができる[17]。

すなわちシャギリは祭礼において中心的なものではないが、その担い手となることで祭礼を支えていくうえで重要な知識や視点を手に入れることができる場として考えられている。山組がシャギリを担うようになったことで、雇いシャギリの時代においては見いだされることはなかったであろう、将来の山組の中核を担うメンバーの育成という意味づけがシャギリに、事後的に与えられていったのである。

第三に、それまで山組内の威信・階層・性別によって祭礼への参加可能性は限定されていたのに対し、それまでなら参加できなかった山組の領域内の子どもたち、さらに山組外の子どもたちにも祭礼を開放した点である。かつて曳山祭は役者に選ばれる男子以外の子どもにとっては無関係であった。しかも第4章で述べたように、役者を出す家は山組のなかで居住歴が長い家、経済的に裕福な家から選ばれやすい傾向にある。またそうした裕福な家であっても他の役者候補の状況次第で、あるいはたまたま家から筆頭などの幹部若衆を出している場合であれば、選ばれなかったり、家として遠慮せざるを得なかったりというようなこともある。そのようにして役者に選ばれなかった男児にとっては、むしろ祭礼は疎外感を感じるものでさえあったという[18]。しかし保存会による各山組のシャギリ方の子どもたちの募集は、地域社会に広範に祭礼への参加の門戸を開くことになった。

加えて1979年からは、女子もシャギリに参加できるようになっている。この年、子どもを祭礼当日にシャギリに参加させるための公休を保存会が中学校に依頼したところ、男子のみなら認められないとされ、それがきっかけとなって女子もシャギリへの参加が可能となった。曳山祭においてはそれまで一切の面について女人禁制が貫かれており、保存会は紛糾したが、シャギリなしでの曳山曳行はあり得ない以上、受け入れるべきという結論となり、一部の山組以外は祭礼当日に女子も参加している[19]（長浜曳山文化協会・滋賀県立大学人間文化学部編 2012: 87）。

もともとシャギリは町内の秩序とは無関係に長浜の外から雇われて来ていたものであり、その参加資格は山組内の秩序とは無関係であった。また子どもを募集した組織は山組ではなく保存会であり、さらに当初から学校を介してシャギリが普及されていたため、それまで祭礼に参加する回路を持たなかった威信・階層秩序の子どもたちも加入することが可能であった。この結果、かつてであれば祭礼に参加していなかった家の子どもたちも参入するようになり、やがてその回路は先述したとおり、ほとんどの山組で女子にも開かれていった。

さらに囃子保存会が全国各地での民俗芸能大会や地域行事に出演して、それを聞いてシャギリに関心を持つ子どもたちがいることも山組外部からの子どもの参加に結びついている（長浜曳山文化協会・滋賀県立大学人間文化学部地域文化学科 2012: 86）。さらに学校教育の一環として長浜西中学校が行なっているシャギリクラブでの指導、さらに２０００年以降は長浜曳山祭全体の文化財としての保存を行なう長浜曳山文化協会と学校が協力して学校でシャギリに親しむ機会を作るなどの結果、山組外でシャギリに関心を持ち、シャギリの練習に参加する子どもも出てきており、現在ではほとんどの山組でそれを受け入れている[20]。時には山組の外からシャギリの練習に加わったシャギリ方の男子も役者候補となる[21]。このようにシャギリを通じた参加の回路の広がりが、狂言という祭礼の中核にまで影響を及ぼしつつある。

またもともとは山組の出身ではないが新たに加わった若衆が毎週のシャギリの練習に参加し、みずから練習したり子どもたちの相手をするなかで山組内で自身が担える役割を獲得したり[22]、さらにシャギリ後に練習場所である町会所に若衆たちが集まって酒席を共にすることで、祭礼について学んでいく機会も多い[23]。各山組でシャギリを行なうようになったことは、そうした新たに入った若衆も含めて、若衆同士が第４章で論じたような祭礼をめぐる語り合いをするような場を定期的につくりだすことにもつながっている。

## 第4節　シャギリを通じた祭礼の開放と人的資源の調達の変容

本稿では近隣農村が祭礼において担っていた周縁的な役割を、山組の人びと自身がやむなく自分たちで担わざるを得なくなった状況で、祭礼を再編していくプロセスについて分析を行なった。長浜曳山祭においては、その中心に位置するのは狂言であり、山曳きやシャギリのような役割は周縁的な位置づけにある。しかしそうであっても自分の山組でそれらを調達できなければ曳山を曳行することすらかなわないし、他の山組で同様のことが起こった場合でも、山組間の対抗関係という形で名誉・威信、また興趣を生みだすという祭礼のあり方自体が成り立たなくなる。

本章の分析は上記のような位置づけにあったシャギリにおいて、①各山組の枠を越えた保存会が成立して、そこから各山組内でもシャギリ方を育成するようになり、相互にシャギリの技能と人材を融通し合う協力のシステムがつくりだされていったこと、②山組とは別に学校という回路も活用しつつシャギリが普及して、それまでなら役者候補となるような威信や階層以外の家の女子、また山組の領域外の子どもたちをも祭礼の場に組みこんだこと、そして③山組内における祭礼に関わる人的資源の調達、および祭礼に関わる人材の養成システムにも影響が及んでいったことを論じた[24]。

こうした状況のうち①のような町内間の協力関係については、シャギリという枠を外せば特に山車・曳山の曳行に関してはアルバイトやボランティアによってまかなう事例は祇園祭などで見られる。長浜の場合でも、山曳きに関しては他の山組からの協力を得る出番山組も毎年1つあるが[25]、他の3つの山組においては自衛隊や労働組合からの応援、また市民ボランティアで担われている。こうした当日かぎりの力仕事については、個々の祭礼集団を越えた枠組みを通して募集を行なうことは長浜に限らず珍しくない。ただしそうしたあくまで祭礼当日の臨時の役割にとどまる部分については、単に担い手の調達先を各町内が共同で変更したにすぎず、町内間の関係性にはそれほど影響は及ばない。

長浜曳山祭囃子保存会はそうした祭礼当日にとどまらず、年間を通じ「囃子伝承・後継者育成」、「祭礼期間中の囃子執行」、「祭礼以外（伝承普及・奨励・発表）の囃子」、「調査・研究」についての恒常的な活動を行なう組織となっている。「囃子伝承・後継者育成」としては、各山組の子どもたちが笛を購入する際の補助金や、太鼓などの多額の費用がかかる楽器の修理支援金の支出といった相互扶助を行なっている。これらは祭礼での演奏による長浜曳山文化協会や総當番からの謝金に加えて、イベント等への出演料でまかなわれる。

加えて、保存会に参加する各山組の理事・幹事同士は、過去のシャギリに関する調査や各山組のシャギリの伝承の仕方や教え方の工夫について議論しあうほか[26]、また懇親会のようなインフォーマルな形でシャギリに限らない各山組の事情や祭礼をめぐるしきたりに関して意見交換し、参考にする機会も多い[27]。囃子保存会は年間を通じた活動のなかで、そうした山組のシャギリに関わる者同士が協力する場として重要な役割を担っている。前章では山組間の暗黙の了解にもとづく共犯関係とそれによる名誉・威信、興趣の配分について見たのに対し、ここではより具体的に目に見える形で山組間の技能や人的資源をめぐる全体的相互給付関係がいかに制度化されたかを論じたわけである。

また②についてはシャギリの技能の調達をめぐる変更が、単にシャギリそのものだけでなく、町内の内部構造に影響を与えた点が重要である。すなわちこれによって役者を輩出するような威信・階層秩序の上位にいる家の男子だけでなく、女子も含めたそれ以外の家の子弟（山組外の家の者も含めて）の祭礼参加が可能となった。加えてシャギリが祭礼を下の世代に継承するうえでの子どもの入口、そして中学校から若衆入りするまでに祭礼への理解を深めていく場として機能していく。こうしたことが可能になったのは、シャギリが外部からの雇いによるもので祭礼の中心になかったために、山組の境界を越えた協力関係が成り立ちやすく、また山組内でも威信・階層秩序にもとづいた参加への抵抗が少なかったことが理由だが、加えて山曳きのような力仕事とは異なるシャギリという技能が持つ特性も重要である。シャギリは力のない子どもでも可能だが、一朝一夕で習得できるものではなく、一定期間の稽古を経て初めて参加が可能で、臨時雇いやボランティアに頼ることはできず、その担い手を恒常的に育成する必要がある。一時的なアルバイトやボランティアによる力仕事とは違ったそうした特徴が、保存会と各山組による子どもの育成組織を生みだしたと言えるだろう[28]。

さらに一度習熟したシャギリの技能は簡単には失われず、一時的に祭礼を離れても技能があれば再び祭礼に参加することができる。さらにシャギリを通じて祭礼全体の流れやそこで注意すべきことについても自然に習得する機会ともなる。だからこそ祭礼の入口として、また役者の年齢を終えた後の子どもたちにとって祭礼の理解を深める場としての機能をシャギリは果たしうるのだと考えられる。これが山曳きのような役割であればこうした結果にはならなかっただろう。実際に長浜曳山祭において山曳きはあくまで出番当日の臨時的な役割にとどまり、山組自体のあり方には特に影響を与えていない。

さらに③については、シャギリが数多くの機会にその公共的用益を山組の外部において配分し、そのことを通じて人的資源を獲得・育成することが可能となっていることに注目すべきである。囃子保存会はシャギリの楽曲・教授法・技能について、楽譜を通じて教授の仕方の一般性を高めたことで、まったくそれらになじみがない人びとに対してもそれを容易に普及することができるようになった。そして普段はシャギリに接さない山組外の子どもたちも数多く含まれる長浜西中学校や長浜小学校での伝統文化学習講座への講師派遣を年間30回行なっており、山組外も含めた普及活動も行うことで、祭礼の担い手の裾野を広げる活動を行っている[29]。シャギリに親しんだ結果、たとえ山組外であっても子どもの頃から参加してくれる人材がいれば、場合によっては役者になることがあり得るし、あるいは将来的に若衆となってくれる可能性もある。いわば郷土文化としての教育的価値を学校に配分することを通じて、人材資源を獲得する手がかりとしているのである。

またシャギリは「祭礼以外（伝承普及・奨励・発表）の囃子」として、長浜市曳山博物館に曳山を収める「曳山交代式」で百数十名、また長浜八幡宮の秋の例大祭の神輿渡御・神輿還御ではのべ400名以上が各山組から参加する。さらに企業や介護施設、商店街、外国人学校、他地域の祭礼からの招聘、民俗芸能に関するイベント、長浜八幡宮万灯祭、豊国神社の十日戎などで年間10数回、加えて時には大阪や東京にも出向いて出演している。行政や市民に対してこうした形で文化財としての価値を活用することで、行政からの補助金の正当性を裏づけるとともに、観光資源としての集客の可能性にもつながり、また市民に対しても資金の寄付や祭礼に必要な山曳きへのボランティア参加につながるような関心をもってもらうための機会となる。

長浜曳山祭はこうした形で山組の領域内における多くの人びとを女性も含めて包含し、さらに近年では山組外出身者を数多く受け入れるような山組も生まれている。このように山組の地域的・階層的な枠を越えた形で祭礼が成立するようになっていった。それは本章で論じた人材や技能の面だけではなく、たとえば祭礼に必要な資金についても同様である。特に1970年代後半以降、山組の大半が位置する長浜中心市街地はそれまでの伝統消費型都市としての中核的位置を次第に失い、そのことは祭礼を支えるうえでの資金の確保という点でも大きな問題となっていく。次章以降はそうしたなかで、山組の人びとがその外部との社会的なネットワークを駆使することを通じて、祭礼とそれにもとづく全体的相互給付関係のあり方を継続し続けているのかについて論じる。

# 第7章　若衆たちの資金調達と社会的ネットワークの活用

## 第1節　祭礼における町内・町内間を越えた社会的ネットワークの活用

都市祭礼を管理するサイクルのなかでも、その執行に必要な資金の調達は極めて重要な意味を持つ。この章では個々の祭礼の担い手たちが行なう資金調達に注目し、そのための活動が祭礼以外の日常、例えば仕事や地域社会における暮らしのなかの社会的ネットワークとどのように結びついているかを分析する。そのことによって祭礼を媒介とした地方都市の社会関係について、山組内にとどまらずその外部のアクターとの関係性も含めて明らかにしていく。

ここまで山組内の家同士および世代間の負担と名誉・威信の配分、そしてその競い合いがもたらす興趣の生産・配分（第4章）、そして山組間の競い合いという形でそれぞれの山組が名誉・威信の発露と、出番山組同士だけでなく見物人も含めた形での興趣の生産・配分（第5章）、山組が祭礼に出て競い合うために必要なシャギリの技能という資源の枯渇にともなう長浜曳山祭囃子保存会を通した山組間の相互協力と資源の融通、山組内での技能的資源の担い手の拡大と山組の再編いう順に、町内および町内間の社会関係について論じてきた（第6章）。

しかし第6章の末尾で述べたように、現代の都市祭礼はこうした町内や町内間の関係性で完結した形で成立するものではなくなっている。シャギリについても、学校教育への材料の提供を通じて山組外部から新たな担い手を獲得したり、また市内・県内各地や東京などでのシャギリの披露を通じて自治体の補助金の正当性を裏付けたり、市民からの協力といった形での人的資源の確保につなげていくというように、祭礼のもつ公共的用益とひきかえに外部から技能や資金、人的資源を獲得するために用いられている。

そしてシャギリを通じた人的資源の確保だけでなく、これ以降の章において論じるように資金の工面、また山車の管理といった局面でも、どのように資源を外部から獲得しつつ祭礼を今後も継承していくかは重要な課題となっている。シャギリの場合に学校での講習会の実施や友人関係を通して、山組外からの担い手を取り込もうとしているのと同様、資金にせよ、担い手にせよ、また山車の管理にせよ、その際には祭礼組織の構成員がもっているさまざまな、必ずしも祭礼とは直接に関係がない社会関係も用いられ、それらを駆使して山組外から資源が調達される。そうした調達プロセスのなかで、山組内外におけるさまざまな関係性が再生産されたり継承され、ときには新たに創出されていく。かくして資源調達をめぐる個々人や山組の活動を詳細に分析することで、都市の社会関係が浮かび上がってくるのである。

従来、都市祭礼の組織そのものについては第2章で見たように、社会学のみならず都市人類学や民俗学の観点から数多くの研究が重ねられてきた。都市人類学であれば、祭礼のプロセスやネットワークを分析する社会人類学的な視点にもとづく参加集団の分析や（中村孚美 1972, 1986）、祇園祭・天神祭のような大規模な都市祭礼における複合的なシステムの分析（米山 1974, 1979, 1986）、祭礼を通じたアーバン・エスニシティの構築やその集団の境界線の閉鎖性／開放性についての議論が行なわれてきた（和崎 1996; 森田 1990）。また伝統的都市の神社祝祭において、祭礼の基盤となる地縁・血縁原理にもとづく町内の共同性の階層的・地理的な拡大と再編成についての社会学的な分析も行なわれてきた（松平 1983, 1990, 2000）。ただし、祭礼のプロセスや個々の都市祭礼を構成する組織の内部構成、アイデンティティ、閉鎖性と開放性について明らかにしたそれらの研究では、分析の対象をあくまで祭礼の本番や神事、また山車・芸能などに関する直接の準備作業に限定した時間と場にとどめ、また祭礼組織の内部に限定した形でその担い手のネットワークを分析してしまっている。

だがここで考えなくてはならないのは、都市祭礼をその一部に含みこむ「都市」において、祭礼を構成する一人一人の担い手という対象を考えたとき、彼らは当然ながら祭礼組織という狭い領域のネットワークを越えた、より広範な都市の社会的ネットワークのなかで仕事や生活を成り立たせているということである。そして祭礼に従事することは、自身が持つさまざまなリソースを、日常生活で自身が所属する他の組織や集団よりも、祭礼に優先して注ぎ込むということを意味している。すなわち長浜のように3年に1度、「3週間仕事しなかったですからね」[1]、「今回えらい［大変な］役もってるさかいに、若いやつらを飲みに連れてったりとか、遊びにつれてったらなあかん」[2]というように、仕事と家庭、時間とお金を犠牲にして祭りをしなくてはならないのであれば、それは当然仕事を共に行う同僚や上司、取引先、そしてプライベートな時間を共に過ごす家族にも影響は及ぶ。そのことを前提として最初から仕事や家庭生活をハンドリングし、時間や金銭を投入できるようにあらかじめ算段しておかなくてはならないのである[3]。

すなわち祭り自体は当日その場だけのことかもしれないが、そうした意味では山組の人びとは常に祭りのことが頭にあり、祭りに用いるためのリソースをどのように日常のネットワークから調達するかを考えており、都市祭礼はそうした担い手以外のさまざまな人びととの結びつきも含めて成立しているということである。それは結局のところ、個々の担い手たち一人一人の持つ、祭礼組織の枠を越えた日常的なリソースを活用しているからであり、そうした頑張りを若衆たちからどれだけ引き出せるかが、そのときの筆頭の評価ということは、第4章で述べたとおりである。

従来の祭礼研究においては祭礼組織内部の社会関係を分析してきたが、一方で祭礼の背後にあってそれを支えるリソースを貯えた、個々人の社会的ネットワークが祭礼にとって持つ意味については看過されてきた。しかしながら祭礼における資源の収集・生産・配分のプロセスから伝統消費型都市の社会関係を分析するという本書の観点からは、そうしたネットワークも含めて論じる必要がある。

なお祭礼の場を離れた日常と祭礼との結びつきについて分析している数少ない祭礼研究として挙げられるのは、中野紀和による小倉祇園太鼓の研究である（中野紀和 2007）。中野は3人の祭礼の担い手のライフヒストリーから、その一人一人の人生の遍歴とそれにもとづく人生観を析出し、それぞれが祇園太鼓をどのように人生のなかに意味づけているかを明らかにしている。この観点は重要だが、個々の担い手における主観的な感情の世界だけに「日常」を限定する必要はないし、そこからは個々の担い手が、今、現実にどのような仕事や生活上のネットワークを持ち、それと祭礼の世界がどのように結びついているのかについて分析することはできないだろう。この章で論じるのは、むしろそうした点についてである。

## 第2節　祭礼をめぐる資金の調達と若衆のネットワーク

祭礼組織外の個人的なネットワークの活用にはさまざまなものがある。たとえば第6章で述べたかつての雇いシャギリや山曳きも、山組のもつ資金あってのこととはいえ、もともとはその時々の若衆・中老の個人的なコネクションから呼ばれていたと思われる。また近年では筆頭が同級生、趣味等の活動にもとづく縁を通じて友人を勧誘し、新たに若衆に加わってもらうという場合もある。そうして新たに加わった若衆が中核的な位置を占めることはまずないが、人手が不足している山組にとってはそれでも大きい戦力となる（村松 2012, 2017）。

この章では、そうしたさまざまなネットワークの活用の仕方のうち、筆頭のような責任ある立場かどうかにかかわらず若衆全員が共通に従事する必要がある、祭礼に関する資金の調達に注目する。そして個々の担い手が祭礼組織外において日常的、特に職業的に保有する社会的ネットワークがそこでいかなる意味を持っているのかについて、A町を中心的な事例として分析を行なっていく。

これまでも述べてきたように、長浜曳山祭に限らず都市祭礼は「旦那衆の祭り」、すなわち町内の富裕な自営業者たちが、みずからの財産から多額の費用を出して、その町の経済力や文化の見事さを他の町に対して誇示する性格を持っていた。ただし長浜という町では、かつて経済的に中心的な位置を占めていた縮緬産業が戦後縮退し、資金力を持つ商家も大きく減少した。さらに第8章でふれるが、1970年代以降は他の地方都市と同様、次第に大型スーパーや郊外型の大規模小売店の進出によって、山組のある中心市街地の経済力はとみに低下するに至った。

こうした状況で多額の資金のすべてを祭礼組織だけで賄うのは困難であり、それを外部からいかにして調達するかは祭礼において大きな課題となっていった。こうしたときに一般的なのは、たとえば山車や曳山といった有形物について民俗文化財として国や自治体からの助成を受けて修理費用を賄ったり、無形の民俗文化財として保存会を通じて保存・活用を目的とした補助金を受け取るという方法である。また観光客誘致への協力によって自治体から観光協会を通じて助成を受ける事例もしばしば見られる。長浜曳山祭においても長浜市より各山組に対して無形民俗文化財として、また観光客誘致という観点からも一律に助成が行なわれる。

そうした公的助成については第9章で詳しく論じるが、いずれにせよ各山組の祭典費と助成だけでは、現在の長浜曳山祭を支えるにはとうてい足りない。そこで1960年代以降に各山組で広がったのが、それぞれの山組ごとにパンフレットを発行し、そこに広告を掲載してもらう形で祭礼に関する協賛金を集める方法である[4]。

協賛金集めには、山組の構成員（A町の場合は基本的に若衆）たちがたずさわっており、彼らは自身が仕事上・生活上で日常的に関わる山組内外の人びととのネットワークを活用して協賛金を獲得していく。この協賛金なくして祭礼を行なうことは不可能である以上、協賛金集めは祭礼に対する若衆としての貢献として極めて重要なものとされている。その意味で長浜曳山祭はこの祭礼の直接の担い手たちの日常のさまざまな人びととの社会関係資本を駆使することで可能となっており、そこで集められた資金と広告はその反映としてみることができるだろう。この章では上記の観点から、構成員たちによる協賛金集めの活動、協賛した商店・企業等が掲載する広告、そしてそれらが具体的な形で集成された山組のパンフレットを分析の対象とする。[5] なお分析のためのデータ収集は、2010年代に行なわれた2回のA町の祭礼の準備期間における、協賛金集めに関する話し合いを含む会議の参与観察とその後の若衆へのインタビュー調査によって行なった。

A町は第1章でふれた株式会社黒壁によって増加した観光客をターゲットとするテナントが数多くある一方、郊外への人口流出が進んでいった山組である。A町の構成員の多くは、従来からの地縁・血縁であるかテナントであるかにかかわらず、商店主や自営業者であり、サラリーマンについても親がA町内に土地を所有して、店を経営していたり居住していたりする。20数人いる山組の若衆の半数強は土地・建物を親か本人が所有している従来からのタイプの若衆であり、残りの多くはA町にテナントを借りている商店主、他に友人関係で入った者も数名いる。現在は若衆・中老とも多くが町外に在住しており、1992年から2012年までの20年間で町内の在住人口は約半数となった。こうした状況は、長浜中心市街地と重なるほぼすべての山組に共通して当てはまるものであり、商店主や商店主の子弟中心という構成員の特徴という点からも典型的といってよい山組である。

## 第3節　協賛金獲得へのとりくみと用いられるネットワーク

まずは分析の前提として、そもそも祭礼についてどの程度の資金が必要なのか、またその資金のうち協賛金がどの程度のウェイトを占めているのかについて見ておこう。3年に1度の出番の際の山組の支出としては、振付・太夫・三味線への指導料・謝金・宿泊費・交通費が挙げられる。振付は3月20日ごろから祭礼期間までの約

3週間にわたって長浜に宿泊し、朝・昼・晩の3回にわたって役者の男児たちに稽古をつける。また太夫と三味線も4月5日ごろから稽古に参加する。加えて狂言で用いられる衣装・鬘・小道具・大道具のレンタル代や製作費用、パンフレットの印刷代も必要となる。

祭礼期間中は、衣装屋・鬘屋・顔師への謝金や宿泊費・交通費がこれに加わるうえ、役者・若衆・中老・シャギリ（第6章で述べたように各山組の子どもたちが中心となる）の賄いも必要である。また第5章で分析した祭礼直前の4日間行なわれる裸参りでの賄いや道具に関する費用もかかる。準備から当日までにかかるこうした経費を合計すると、山組1つにつき800～1000万円前後かかるのが普通であり[6]、それを賄うのは決してたやすいことではない。

筆者が調査を始めた2011年以降の祭礼の場合、これらの支出のうち約1／3程度にあたる370万円は、祭りの保存会にあたる財団法人長浜曳山文化協会を通して長浜市からの助成が各出番山組に行なわれている。またA町で町内の各家より徴収し、毎年100万円ずつ積み立てている祭典費が合計300万円ある[7]。しかしこれだけでは明らかに祭礼の費用には満たず、残りは、各山組が製作するパンフレットに掲載する広告費という形で若衆たちが交渉して集める、商店・自営業者・企業などからの協賛金で賄われている。A町での協賛金の規定は、最小で広告サイズがA4判の1／16、モノクロ印刷の5千円で、面積に応じて1万円・2万円・3万円・6万円と上がっていく。最高額はA4フルサイズのカラー広告で10万円となる。

市からの助成、そして町内からの祭典費はほぼ金額が固定しているのに対し、協賛金は山組の若衆たちの努力次第で大きく変動する可能性があり、その金額の増減次第で、その年の祭礼のあり方が大きく影響を受けることになる。協賛金を集めることができなければ、遠方の優れた振付を呼ぶことも、豪華な衣装を使うことも、また役者や若衆・中老に十分な賄いを用意することもできなくなる。そのことは狂言の出来ばえや若衆・中老たちの士気、興趣に直接反映するのはもちろんのこと、たとえば各山組が集まってともに食事を取る際など[8]、他の山組に対する名誉・威信の顕示の場においても、如実に表出されてしまう。したがって、どれだけの金額を協賛金として集められるかが毎回の祭礼での重要な課題とされ、若衆たちの祭礼の準備として極めて重要な意味を持っている。

そのため、若衆の会議ではいかにして協賛金を集めるかについての議論が活発に交わされる。A町の場合、出番の約半年前の前年11月より祭礼に関する若衆の会議が月に2回程度開かれ、2月以降は毎週会議が行なわれるが、1月頃まではほぼすべての議題がパンフレットに関する内容で占められていた。2月以降は狂言に関する議題が中心となるが、全体的にみれば若衆たちが話し合う議題のほとんどは、華やかな祭礼当日の狂言ではなくパンフレット、しかもその広告欄についてなのである[9]。

若衆たちは自分の所属する山組のパンフレットだけでなく、前年までの他の山組のパンフレットの広告欄の隅々までチェックして、そこに載っている協賛主について自分たちの山組に対しても協賛をお願いする候補としていた。こうした行為は筆者が調査した他の山組においても見られ、他町がいつから広告を集め始めたか、どこから集めているか、またどれだけの金額を集めたかは、各山組の若衆たちにとって大きな関心事となっている。すべての出番山組に平等に協賛するつもりで用意している自営業者や企業もあるが、一般的には広告に割ける予算が限られている以上、早い者勝ちと考えて広告取りに動き出した方がよいため、他の山組が動き出した時期や獲得した金額については非常に気になるのである。

会議では、前回の出番の際に広告を出してくれた協賛先に加え、以前は出してくれていたところ、また他の山組のパンフレットに広告を掲載しているところや、新たに声をかけられそうなところを各若衆が挙げて、まずは協賛先候補のピックアップが行なわれる。その後、若衆のうち誰がその候補にアプローチするかが話し合われ、担当を決定していく。

その場合、前回も広告を出してくれた協賛先については前回の担当者がそのまま引き継ぐが、前回の祭礼を終えて若衆を卒業して中老になった者が担当していた、あるいは今回の祭礼が終わると中老になる者が担当している協賛先もあり、それらの担当を誰が引き継ぐかについては議論が行なわれる。また過去に広告を出していた、あるいは新たに依頼する協賛先についても同様である。どのようなコネクションを持つ誰であれば、スムーズに協賛先を引き継げるか、また新規協賛先に出向くうえで誰がふさわしいかが検討される。協賛金を獲得するコネクション自体には若衆個人の属人的な友人関係等も含まれるが、家業を持つ若衆たちの場合は各家に帰属するものであり、町内の若衆全体としてそれらを引き継げるかどうかは、資金調達力を維持しさらにそれを積み上げるうえで重要である。

それではこうした協賛先にはどのようなものがあるのだろうか。A町が2015年度の祭礼において協賛金を集めた相手先は約500件にのぼるが、それを分類してみるとおおよそ以下のようになる。

第一にA町の山組の領域内（自町）、また今回もしくは過去にA町で役者をしたという強い縁がある家が経営する自営業・企業といった、いわば「身内」と呼べる相手がある。特に過去に役者を出した家では、名誉・威信の顕示とお礼の意味から、自家の役者の写真を掲載した1ページの全面広告やカラーページなど、多額の協賛を出すことが多い。これらについては、加入したばかりの若衆がお願いに行くと「わけのわからんやつを寄越しよった」ということになるため[10]、筆者が会議に参加した年のA町では筆頭や副筆頭といった若衆を代表する立場の者が、新入りの若衆の紹介を兼ねて同行し、協賛金を依頼していた[11]。

第二にA町の若衆あるいは若衆の実家の取引先・仕入先や出入りの業者である。協賛先候補と日常的な取引があり、しかも若衆（の実家）側が顧客となっている関係の場合、相手が協賛金を断るのは難しく、場合によっては金額についての交渉も可能である。そもそも自営業を営む若衆たちは取引先に協賛金をお願いすることを前提として、事前に相手にとってプラスになるような取引を行なっておいた方がいいといった判断をしながら、取引先との関係を日頃から築いている。取引先の側も、協賛金は広告費という形で税額から控除できるうえ、多少の貸しを相手に作ることができるという点でのメリットはある。

第三に長浜青年会議所（ＪＣ）のような若手自営業者の経済団体に所属している若衆については、そこでの人脈も活用される。まちづくりに向けて事業計画を立てて成果をあげ、それを通じて地域の経済的な指導者を育成することを目的としているこの団体に属するメンバー同士は強い団結力を持っており、その人脈を通じて協賛金の依頼が行なわれる。[12]

第四に他の山組に属する自営業者への依頼がある。先に述べたように長浜曳山祭では12の山組が3年ごとに4つずつ出番となる。同じ年に出番を迎える山組、いわばライバル同士で互いに協賛金の依頼に行くこともないわけではないが、出番が違う年の山組に属する商店、自営業者に依頼することがもっぱらである。

第五に若衆たちが通う居酒屋やスナック・バーなどの飲食店を中心とした行きつけの店が挙げられる。筆者は若衆としての参与観察やインタビューの後、幾度となく居酒屋やスナック等に同行したが、その際に若衆たちは各自にとっての協賛先候補となる店をなるべく増やすことを意識して店を選択していた。そこで得意の客として顔を店長に売って良好な関係を築き、協賛金集めにつなげることを考えて、日頃から行動しているのである。[13][14]

こうした協賛金集めは、若衆たちにとって時間的にも精神的にも大変な作業である。たとえ自町の協賛先であっても、まずは依頼の挨拶に出向いてお願いをし、協賛金を受け取りに改めて出向き、またパンフレット発行後は持参のうえ、お礼の挨拶に改めて来訪するのが礼儀であり、それなりの手間と時間がかかるうえ、失礼のないように神経を使わなくてはならない。ましてやそれ以外の一般の協賛先であれば、依頼に良い反応がなく、「何に使うんか」「遊んでるんやろ」といった嫌みを言われることもある。[15]「正直やりたくなーい」といった声も聞かれるが、[16]それでも頭を下げてお願いをし、仕事の合間を縫って何度も足を運ぶ時間的なコスト、相手からの拒否や嫌みといったことに耐えて協賛金集めをどれだけできるかで、その年の祭礼が大きく左右されると若衆たちは考えている。[17]

## 第4節　協賛金集めの不合理性が持つ意味

しかしこうした協賛金集めの活動を、単なる資金調達としてだけみなしていては、その本質を十分に理解することはできない。協賛金集めに関する若衆たちの負担は、以下で述べるように結局はめぐりめぐって金銭的にも個々の若衆にかかってしまうのであり、先に述べたような時間的・精神的な負担も含めて考えると、むしろ自分自身で必要な金額を拠出する方が合理的ではないかとすら考えられるからである。

A町のある若衆は取引先への協賛金の依頼について、「ほんま貸し借りじゃないですけど、一生に一回のお願いっていう。ほんで［取引先からの仕事上の］見積もりからまた［取引先が協賛金の分を損しないように、見積書の段階で余分に請求金額を］入れられてんのもあるんで。そんなのもわかったうえでやってますからね。」と述べる[18]。結局のところ、若衆個人かその家が取引先に借りを作って別の形で仕事上の便宜を図ることになる。あるいはあらかじめ取引先との日常の関係性において、出番の際に協賛金を出してもらえるよう、あらかじめ貸しを作っておかなくてはならない。いずれにせよ、最終的には自身がなんらかの形でそのコストを負うことになる。

また出番の年が異なる山組の自営業者等から協賛金を獲得できた場合、その山組が出番を迎えたときには、今度はその自営業者の家から自分のところに、おそらく同額の協賛金の依頼が来ることを覚悟しなくてはならない。結局その費用は回り回ってその若衆の家、あるいは若衆個人にかかってくる。

飲食店からの協賛金に関しても、依頼に行く前から数名の若衆たちが何度も飲みに行って店主と顔なじみになり、さらに依頼に行く際にも飲みに行き、加えて協賛金を頂いたお礼にもまた改めて飲みに行くというように、若衆1人あたり数万円を支出して、ようやく5000円の協賛金を得るのが普通である。若衆たちも「結局自分らで出しといたほうが早いよね、アホやな、ハハハって言いながら働くけど、3年後同じことしてる（笑）」と[19]

述べるように、こうした行為は資金調達という観点では著しく不合理に見える。若衆間の親睦や祭礼に関する意見交換がそうした場でできるにせよ、それだけではこの行為の意味は説明できない。

すなわち「自分らで出しといた方が早い」という言葉の通り、単に資金を集めるのであれば、こうした行為は若衆個人の経済的・時間的コストとして、極めて不合理・非効率なように思える。実際、以前にこの山組では「ええ格好で全然パンフレットの広告を取りに行か」ず、[20]「若衆が1人何万払えっていうのが筆頭かなんかからお達しがあって。なんか町内とか懇意にしてるお店さんだけしか広告の協賛お願いせん」ということがあった。が、すぐに「それじゃやっていけん」ということになって、再び協賛金を集めることになったという。[21]では、若衆たちはなぜそんな不合理な集め方をするのだろうか。

ここでその一つの手がかりになるのは、こうした協賛金集めが「平生の行状で……そういう資金力が集められるかいうのはね、世渡りも」というように、[22]日常的な商売上の人付き合いと大いに関係しているという山組の人びとの感覚である。資金そのものとともに、資金を引き出せるような関係づくりがどれだけできているかが重要なのだ。協賛金の有無は若衆個人、また家としてのそうした「世渡り」、家業を通じた取引先・仕入先との継続的な関係性にもとづき、どれだけ「無理して」[23]「一生に一回のお願い」[24]ができる関係を築けているか、言い換えれば互恵性と信頼にもとづいてN・リンが述べるところの「行為者本人が他者との関係の強さゆえに他者の持つ資源にアクセスしやすくなる」ような社会関係資本[25]を築いているかの（Lin 2001=2008: 85）、反映ということになる。

その意味ではとりわけ筆頭・副筆頭といった若衆の幹部クラスにとって、日頃からどれだけそうした関係性を築いてきたかは重要である。ある幹部の若衆は「筆頭にしたら覚悟のお祭りやったと思いますよ。ほんまに。今回のパンフレットなんかでも、広告見ても気合いの入り方が筆頭の、これだけ見たら筆頭の気合いはすごいなと。筆頭関係の人がどんだけ集めてきたかなという。うちだって取引してるところは全部声かけたし、無理聞いてもらうところは無理聞いてもらいましたけど、やっぱ、これ見ると筆頭のお祭りやなあ[26]」と述べたが、若衆の責任者としての筆頭にとってはなおさら、その点が問われることになる。

こうして前節で見た協賛金集めの活動を社会関係資本とそれによる名誉・威信の誇示という観点から捉え返すと、その見え方は変わってくる。自分の山組内において筆頭・副筆頭といった幹部の若衆が新入りの若衆を連れて回るのは、新入りの若衆が町内でその存在を承認されるような関係性を構築するきっかけとするためであると同時に、若衆の責任者として同じ町内の人びとへの礼を尽くすためである。筆頭・副筆頭と町内の人びとのこうした関係性は、協賛金とそれに対する感謝という「貸し借り」、第2章・第4章で論じた全体的相互給付関係を通じて継続される。完成したパンフレットを持参する際には、改めて筆頭みずからが若衆を代表して挨拶に行くことが礼儀とされている[27]。逆にもし幹部の若衆が町内でうまく人間関係を構築できない状態になってしまうと、町内の協賛先からの協賛金額が減少するという形でその結果が明確に表れてしまうと若衆たちは考えている。

また若衆から卒業する（した）者が担当してきた協賛先については、ある程度似た業種・職種の若衆の方が引き継げる可能性が高く、新たな担当者として選ばれやすい。このことは結果として、単に協賛金の出し手を引き継ぐという顕在的機能にとどまらず同じ職種・業種のより若い世代と協賛先とのつながりを構築し、そのことによって町内全体という単位でも関係性を引き継いでいく機能を持つと見ることができるだろう。

そしてこうした町内としての社会関係資本を、若衆たちが継承し、また築いていくことができているかどうかについて、同じ町内の人びとはすぐにわかってしまう。その手がかりは、「ええ格好して。そんなんパンフレット見たらすぐわかるわ[28]」、「協賛の部分がないからすごい薄いんですよ[29]」というように、広告が寄せられたパンフレットである。すでに述べたように町内のみならず各山組同士でも互いにそれぞれのパンフレットの広告欄を熟読する以上、他の山組の人びとからもそれは同様なのであった。

このように、パンフレットを通じて祭礼のための資金の多寡と共に、町内（特にその若衆＝町の後継者）の力量、すなわち社会関係資本の量は目に見える形で顕在化させられてしまう。その意味で、協賛金の獲得は自町内に対しての若衆個人、あるいは町内で店を開いている若衆であればその家の威信を示すものとなり、さらには町内における筆頭の求心力をめぐる威信、また町外に対してはみずからの町内の威信というように、重層的な形で意味を持つのである。

ここから前節で述べた、出番の異なる他の山組に属する家に協賛金を渡し、その家の出番の際にお返しとして協賛を獲得することの意味もより明瞭になる。祭礼の資金という面に注目すれば、これは山組に属する家同士による資金の融通であるが、そうして広告を出し合うことを通じてそれぞれの山組の広告欄を充実させ、その社会関係資本の誇示を手助けし合うことにもなる。居酒屋などからの協賛金の獲得も、単に資金の獲得や飲み会を通じた若衆同士の意思統一を超えて、同様の意味を見いだすことができるだろう[30]。

ただしこうした協賛金集めが成り立つのは、個々の若衆があくまで山組の活動に納得し、協力していることが、当然ながら条件である。そのためにはたとえば役者選びや、将来の筆頭候補への登竜門となる役職の決定のような、祭礼において揉める可能性がある問題について若衆間で納得し、一丸となって祭礼に臨む体制が作れていることが必要となる。またその時々の筆頭のそれまでの若衆としての貢献や人望も重要な要素である。

実際、そうした納得のいく状態だからこそ、手間をかけ身銭を切って、時に嫌な思いをしてもその年の祭礼への協賛金を集めることができるのだとある若衆は述べる。第4章でもとりあげた以下の語りはそれを示している。

「もし［自分が］そういう［筆頭の］立場になるんであれば、やっぱ周りに納得してもらうというか『あいつがやるんやったらな』っていう思いを持ってもらわんかったら、はっきり言って『ああ、あいつやの？　じゃあ俺のほうがええわ』ってわかりやすく行動に出てしまいますよね。若衆から抜ける云々ではなかったとしても、正直協賛金は前まで1人各10万集まってたのが1万しか集まらんくなって、わかりやすくそういうところって、皆のモチベーション……」[31]

このことは若衆たち全体の力量だけでなく、その年の筆頭がどれだけ若衆を統率する人望があったかを示す指標として、パンフレットが読まれてしまう可能性を示している。しかもそのパンフレットは祭礼後にも各家に残され、参照される。

またこうした評価は若衆全体、そしてそれを代表する筆頭についてだけでなく、潜在的には個々の若衆たちについても向けられている。A町では若衆ごとの協賛先の担当や各自の獲得金額は筆頭・副筆頭・会計責任者以外に公表していないが、実は会議への出席率や、各若衆が会議で発言した協賛候補先の数、さらに持ってきた広告原稿の数等から、誰がどこから協賛金を、またどれだけの量を確保していそうかは若衆同士でもある程度互いに想像できてしまう[32]。中老らも長年の同じ町内での付き合いのなかで、各若衆がどこからどれだけの金額を集めてきたか、すなわちその若衆が築いている社会関係資本について、パンフレットから推察することができる[33]。

祭礼への資金的な貢献の評価と若衆たちの社会関係資本への評価とが結びつき、町内の人びとからはこうした資金集めとそれを可能にするような社会関係資本、いわば「世渡り」の術を若衆たちが習得しているかどうかが計られ、またそのことが期待されているのである。若衆が協賛金に駆使する社会関係資本は若衆個人に帰属すると同時に、山組という町内全体の資本でもある。パンフレットはその町内の自営業の後継者たちがそれを十分に蓄積・継承できているか、そして若衆たちが団結してその社会関係資本を駆使するように、筆頭が統率力を発揮しているかどうかを、中老たちや他の山組に対して示すメディアである。都市祭礼における威信の競い合いとは、単に祭礼当日の山車や芸能といった、祭礼の表舞台にあるものだけを対象としているわけではなく、そうしたものも含んで行なわれている。

## 第5節　社会関係資本の表象としての資金と相互給付関係、社会的ネットワーク

この章では祭礼の背後にあってそれを支えるリソースを貯えた担い手の日常生活における社会的ネットワークを用いた祭礼の管理について、協賛金というしくみを手がかりに分析を行なった。祭礼を行なううえで山組内外の取引先や自営業者といった存在との関係性、すなわち直接に祭礼組織を構成するのではないが、都市ないし地域社会においてその構成員が仕事や日常の生活において築く社会関係資本というものは重要な意味を持つ。それは資金調達という点においてそうであり、さらにはそれぞれの若衆、あるいは家、また筆頭、山組全体の威信の誇示ともなる。祭礼の「本番」、また山車や芸能の準備といった面にだけ注目していては、ここで述べたような祭礼組織の枠を越えた地域社会における社会関係資本が祭礼において持つ機能について、理解することはできない。

本章の分析における、祭礼における資金の役割は単に文字通りの金銭的な資源というだけでなく、その資金をやりとりする人びとの間の関係性を構築・継承する媒介である。そして協賛金を通したネットワークとそこで何が相互にやりとりされているのかという資源の配分や調達について、第3節の分析で挙げた協賛先の分類と第4節の分析から具体的に見えてきたわけである。以下、その点について協賛先の分類別に改めてまとめておこう。

第一に挙げた山組内における協賛金、また役者・元役者の家が協賛金を出すことは、それは祭礼を行なう若衆たちへの金銭的な給付、現在あるいは自身の息子が役者である、あるいは過去に役者として出してもらったことへのお礼であると共に、広告を通してみずからの家の貢献の大きさや役者としての出場についてパンフレットを通して、山組内外に顕示することでもある。一方、筆頭がそうした家に対してパンフレットと記念品（手拭いが一般的である）を持って、直接に家の主人に対して面会して挨拶し、丁重にお礼を伝えることが求められる。「皆

それぞれ思いを持って広告を出してくれているのに、それに対してきちんと筆頭が応えないのは、一番やってはいけない」とされる。[34]こうした町内における協賛金をめぐる関係性は、第4章で論じた町内における全体的相互給付関係であり、資金という面での各家の協力に対して、筆頭らが威信を各家に配分するものである。

次に順番が前後するが、第四に挙げた、違う年回りの山組からの協賛金について論じておこう。これは直接的には山組同士というよりも、異なる山組に属するそれぞれの家同士の関係性であって、暗黙の了解でそれぞれの出番の年回りごとに相互に（おそらく同額の）協賛金を出しあうことになる。一方が祭礼から離脱するなどしないかぎりは相互に関係を止める理由特にはなく、若衆個人にとっては協賛金を獲得することによって山組への貢献と社会的ネットワークの顕示、各山組単位で見れば必要な年に相互に金銭を融通し合い、また町内全体としての社会的ネットワークの顕示を行うことができる。これは家単位での相互給付と見ることもちろんできるが、山組単位で見れば第5章・第6章で論じた山組同士の全体的相互給付関係と重なるもので、山組同士の資金での相互協力であるとともに威信を相互に配分するものでもある。

第二・第三・第五の分類、すなわち山組以外の取引先、そして（山組メンバーを除く）青年会議所のつながりによる経営者同士の関係、行きつけの店については、こうした町内および町内間の全体的相互給付関係とは区別して論じる必要がある。山組外の取引先や経営者は当然ながら、山組内における資金の融通やネットワークの顕示に付きあう必要自体は特にない。そうした山組内、そして山組相互のパンフレットを通じた、貢献度や社会関係資本に関する威信の顕示をめぐるゲームのプレイヤーではないのだから当然である。取引先や行きつけの店にとって協賛金の供出は、それによって貸しを作ることでの、あるいは借りを返すことでの山組に属するその家ないし店との間での今後の安定した取引関係の保証のようなものだ。若衆の側からすればそうした日常的な商売上の関係性を通じた協賛金の獲得による山組への貢献になると共に、そうした関係性を創りだせていることを顕示し、自分の家の単位、そして自分が所属する山組の単位でそれにもとづく威信を示すという意味を持つ。

また青年会議所については、若手経営者同士が日常的に交友し、地域社会への奉仕を通じてみずからを社会的リーダーへと育むという組織の基本的な性格もあり、協賛金を出す側からすれば、そうした交友関係による結びつきと人的ネットワークの保持という意味をもつ。また長浜曳山祭自体が長浜の中心市街地における貴重な文化財であると共に観光資源として地域の経済活動において重要な意味を持つがゆえに資金の提供が行なわれているわけで、その意味では公共的用益と引きかえに資金という資源を獲得しているともいえる。そうした公共的用益を通じた資源の確保という点については、次章で青年会議所による、中心市街地活性化を目指した曳山博物館構想をめぐる動きのなかで、詳しく見ることになる。

ここまで協賛金という資金調達の活動を通じてそこから見いだされる山組の若衆たちが持つ社会関係について論じてきた。山組とその中心的な構成員が戦前期まで持っていたような経済力が失われて以降、祭礼はその枠内において経済的に自己完結することはできず、それを維持するためには個々の若衆たちが持つ日常的な社会関係資本を活用する方向に向かう。それは一方で、山組の内外や取引先・JC関係の同年代経営者との間で、協賛金を得られるような日頃からの付き合い、信頼関係のあるような関係性を若衆の側も否応なく創りだすことにつながり、そうした形で直接の担い手以外までも含みこんだ、地域社会における自営業者たちの社会的ネットワークをつくりあげる媒介となっているのである。

本章で論じた協賛金は毎回の出番のための費用を、若衆たちが自分の家が持つ、あるいは自分自身の社会的ネットワークから調達するものであった[35]。しかし祭礼における外部の社会的ネットワークの活用を通じた資源の確保という点では、出番の際だけでなくより長期的に祭礼を継続するための資源の確保を目的とするものもあり、また若衆個々人や個々の家にとどまらず山組という町内として、あるいは山組全体としてその外部の組織、たとえば経済団体や行政に対して働きかける場合もある。

少子高齢化や中心市街地の衰退が進む地方都市において大規模な祭礼を維持していくうえでは、資金面でも人的資源の面でも、祭礼を執行するには山組の枠を越えた人的ネットワークや動員力、政治力等が不可欠である。そうした形での社会的ネットワークの活用について、第8章・第9章において論じていこう。

# 第8章　曳山をめぐる共同性と公共性
## ――共有資源としての曳山の管理とその変容

### 第1節　曳山の管理と公共的な用益の提供

第6章までは祭礼とその準備のプロセスにおいて創出される山組内部の家同士や世代間の関係性、山組間の対抗と協力関係といった山組内や山組同士の全体的相互給付関係に収まる範囲の社会関係についての議論であった。これに対し前章では1960年代以降に広まった祭礼のための協賛金という資金調達のしくみを手がかりとして、それを超えた都市における若衆や家の社会関係資本の広がりについて論じた。かつての裕福な旦那衆と呼ばれる経営者たちが祭礼を支えていた時代とは異なり、現代においてはそうした山組という町内の内部、あるいは山組間という町内同士の関係性だけで祭礼を成り立たせることはできなくなっている。祭礼に必要な資金をまかなうためには山組内で集められる祭典費だけではなく、個々の若衆がみずからの家の取引先や青年会議所を通じて近しくなった経営者グループといった広範な都市の社会的ネットワークを駆使して協賛金を集める必要があるわけだ。

すなわち現代の都市祭礼とそれを通じた町内の生活共同は、町内の単位における家同士・世代間の関係性や町内同士の関係性だけでなく、祭礼の担い手以外のさまざまな人びととの結びつき、山組組織を越えたより開かれた社会的ネットワークのなかでこそ、再生産が可能となっているのである。それは単に資金に関することだけではないし、また出番にあたる年の一回一回の祭礼のためだけでなく、より長期的に祭礼を安定的に継承するためにも必要とされる。

祭礼に決して欠かすことができない物的な資源が、曳山と呼ばれる山車である。山組同士が曳山のうえで狂言を奉納してその出来を競いあう長浜曳山祭、そしてそれにもとづいた全体的相互給付関係は曳山という町内の共有資源があって初めて成り立つ。したがって継承のためには曳山を適切な状態で管理していくための負担や、そのために必要な資金、そして修理技能を持つ人材の調達が不可欠である。曳山は祭礼や展示などの用途に用いれば用いるほど劣化する性質を持つため、それに対応できる体制が常に必要である。しかし後述するように、山組のある中心市街地の衰退と曳山を維持する経済的な負担の大きさ、修理を行なう職人の減少や度重なる使用による曳山の老朽化といった状況のなかで、山組だけで曳山を維持することは次第に困難となっていく。

そうしたなかで山組の人びとは、曳山祭とそれにもとづく町内および町内連合の関係性を維持すべく、祭礼を取り巻く社会的・経済的な状況に合わせて曳山という資源の管理の仕方を選び取り、あるいは逆に選び取らされることになった。本章では長浜が都市として経済的に危機に瀕した１９８０年代を中心に、曳山という資源の管理のしくみの変容と、山組の外部への公共的用益の配分、それを通した資源調達が創りあげていった社会関係について分析していきたい[1]。

その際に山組との関係で重要な意味を持ってくるのは、修理の技能を持つ人材である職人たち、曳山という資源を文化財として指定しその管理に関する技能面でアドバイスを送る専門家、さらに曳山を単なる山組の祭礼の道具としてではなく地域全体の観光資源として活用して経済的な活性化を図ろうとする行政や経済団体である。

曳山という資源は山組という聚落的家連合の共同性を基盤として所有され、そして管理されてきた。そうした中でさまざまな社会的文脈に曳山が位置づけられ、その用途が山組外にも開かれていくことになる。公共性という概念にはいくつか類型があるが（齋藤 2000）、こうした他者に対して開かれているという状態（openness）を公共性と呼ぶとすれば、町内の枠組みだけで資源が維持できなくなっていったときに、いかに公共性へとその資源を開放しつつ（また時にはそこに一定の制限を加えつつ）その管理の仕方を変容させていったのか、またそこに関わるアクターはどのようなものかということがこの章では論じられることになる。

## 曳山という資源の特徴

さて、曳山とはどのような性質を持つ共有資源なのか、その所有のあり方や管理をめぐる特徴、使用による損耗といったことについて、ここで説明しておこう。各山組の曳山は町内での共同所有・共同管理となっており、管理にかかる費用は各山組が家単位で集める祭典費から拠出され、代々、山組の町内において引き継がれてきた。祭礼で用いられたり、展示されるとき以外は町内の共有地にある山蔵に収められており、負担人が山蔵の鍵を預かっている。曳山本体だけでなく、懸想品と呼ばれる幕・幟などの装飾、曳山前方の舞台と楽屋を仕切る舞台障子などもあわせて保管される。

曳山は、建造年代不明のものを除けばいずれも18世紀半ば～19世紀前半に、浜仏壇と呼ばれる長浜に伝わる大型の仏壇と共通する手法を用いて製作されている[2]。4つの木製の車輪で動き、車輪を含む下山と呼ばれる土台部、狂言の舞台と収納式の花道、それに太夫・三味線が演奏し役者が待機する楽屋からなる1階部分がある。これに加えて多くの曳山では亭と呼ばれる2階部分を供えており、そこでシャギリが奏される。美しい装飾や絵画を描いた後方の見送り幕、左右の胴幕で楽屋部分は隠されており、花道の出入り口には橋懸り幕、楽屋から花道を通らず直接に舞台との間を結ぶ「臆病口」と呼ばれる出入口には面幕と呼ばれる幕がそれぞれ掛けられている（図8-1）。

曳山の構造部は木製であり、長浜で仏具・仏壇・神輿などの製作を業としていた藤岡家一門の大工たちが製造

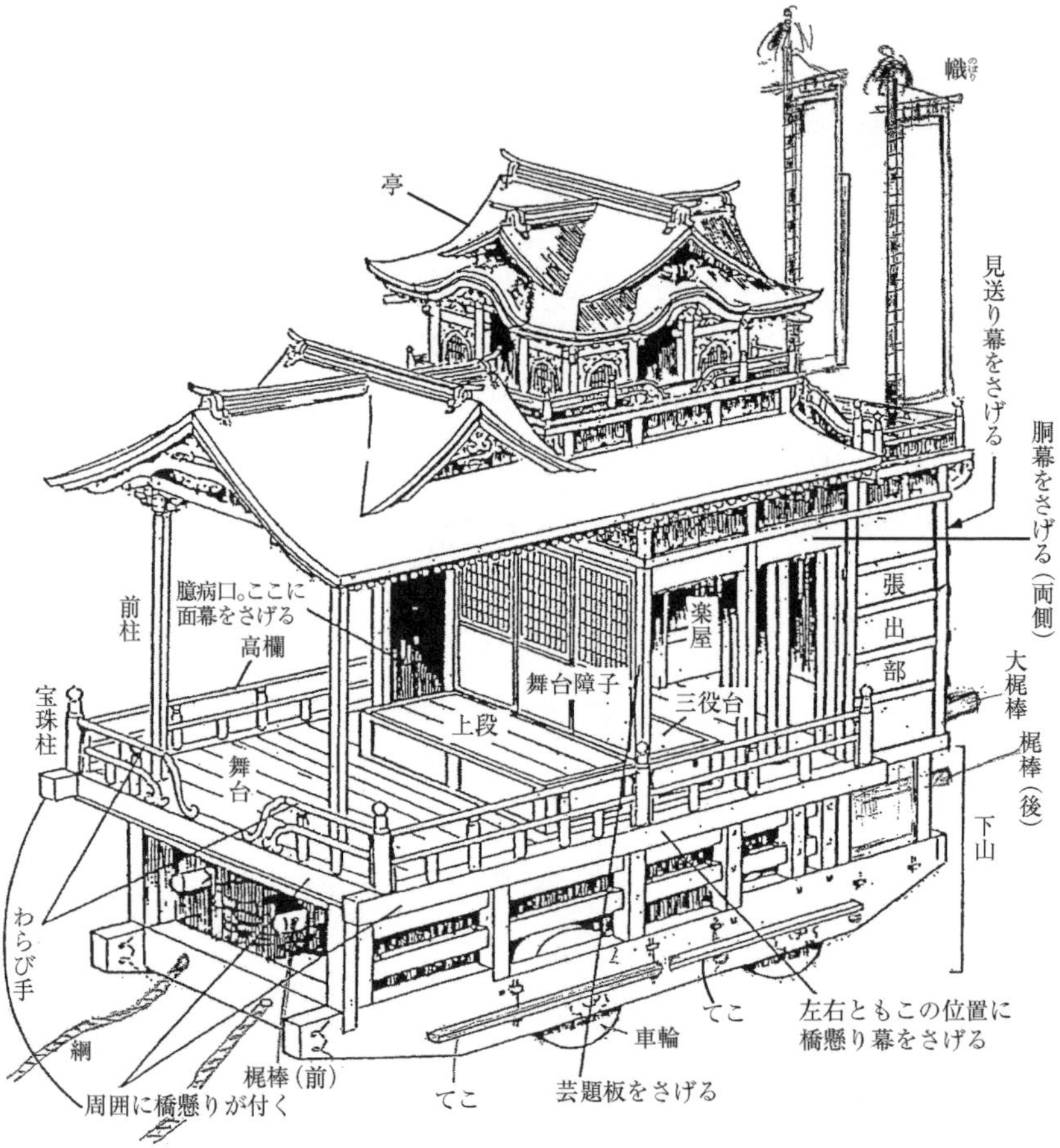


（作画／西川丈雄氏）

**図8-1　曳山の構造**（地域情報誌『長浜み～な』127号、34頁より引用）

している。木地には彫刻が彫り込まれ、漆による黒・赤・金を中心とした彩色がなされている。また数多くの錺金具、そして懸想品や舞台障子なども含めて美しく装飾され、「動く美術品」とも称される（図1-4）。

こうして華麗な姿で観客を魅了する曳山は、当然ながら祭礼において用いられるためのものであるが、しかしその使用について山組の人びとは常に慎重である。それは曳山が祭礼やその他のイベント、展示といった形で使用されればされるほど損耗してしまう資源であり、木製で周囲に鉄輪を填めて作られた車輪やその車軸の故障で移動が困難になったり、木部に亀裂が発生したり、軽量化するために和紙に漆をしみこませて重ねた屋根に修理が必要になったり、また錺金具の汚れや欠損、漆や幕の紫外線による退色、幕の摩耗や金糸の剥離などが必ず発生するからである[3]。

さらに曳山に用いられている技術のなかには、現代でそれを再現するには多額の費用がかかり、極めて困難な場合さえある。また近年の長浜における仏壇産業の衰退もあって、大工・漆・錺金具等に関する技能を持つ浜仏壇の職人も極めて限られており、その後継者不足も危ぶまれている。したがってそうした損耗を抑えるべく定期的なメンテナンスを含めた適切な修理、また時には大規模な修理・復元を行なうことが、曳山を維持していくうえで極めて重要である。損耗の状況と照らし合わせつつ、祭礼に限らずどの程度それを一般の人びとへの観覧に供するか、そして曳山という資源を維持するべく修理のための費用、またそのための設備や技能の調達をどう確保するかが問題となる。

本章ではそうしたことをふまえて、曳山という資源の管理とその展示という形での公共的用益の提供の仕方をめぐって発生した2つのターニングポイントとなる出来事を軸に、山組という町内による曳山の管理の変容、そしてその安定的な管理を見据えて行なわれた外部への公共的用益の提供のしくみの構築プロセスを見ていく。そして山組の人びとが、長浜という都市が経済的困難に瀕したときにも、曳山を安定的に管理し祭礼を継承しようとするなかで、行政・経済団体・職人・専門家といった、山組を超えたさまざまなアクターとどのような関係性を取り結んでいくことになるかを明らかにすることを通じて、祭礼を通じた地域社会における関係性のネットワークを描き出す。

まず第2節では1980年代より以前における山組内における曳山の維持や修理の仕方、それを可能にする職人との結びつき、そして資金調達のしくみや山組共同でのとりくみについて概説する。この段階での曳山の管理は山組という共同性、あるいはせいぜい山組連合というべき町内同士の協力関係にもとづいて行なわれていた。

次に第3節では山組の人びとが資金的にも、また修理のための技能や施設の面でも曳山の管理を行なうことが困難になった1980年代以降、商店街や青年会議所のような地元経済団体、行政のネットワークをいかに活用して交渉しつつ、曳山の管理のしくみを創りあげていったかについて、2000年に開館した長浜市曳山博物館の建設プロセスを手がかりとして論じる。博物館という、誰でもがそこで曳山を見、そこから用益を得られる公共的な場の建設プロセスとそれによる曳山の管理のしくみの変容を通じて、山組という町内とそれらの諸アクターとの地域社会における関係性について明らかにする[4]。

第4節では曳山の修理に必要な多額の費用をまかなうことを可能とした、国指定重要無形民俗文化財の山車修理のための補助金の獲得と、それによって曳山が帯びるようになった文化財としての公共的な位置づけが、曳山の管理にどのような影響を与えたかについて論じる。文化財への指定は法的には保存と活用、すなわち歴史的な真正性があると公的（official）に認定された方法でそれが保存されることと同時に、それが国民に対して広く公共的（opened）な用益として提供されて、国民の文化的な向上に役立つことが前提とされている。現代の山組においては費用面からも、曳山の修理とその継承を行なううえでは、文化財という公共的な文脈を引き受けることは不可欠となっていったが、そのことを通じて曳山の所有者である山組による管理のしくみがいかに変容し、また曳山をめぐる意識や祭礼のあり方にどのように影響が及んでいったかを通じて、曳山をめぐる社会関係の変容を描き出す。

## 第2節　1980年代以前の曳山の管理をめぐる社会関係

まずは本章で描き出す時期より前について、各山組が曳山という資源をどのようなしくみで管理していたかについて概観しておこう。もっとも曳山についてどのようなメンテナンスや修理が過去に行なわれてきたのか、そのために誰が費用・労力などを負担し、またどのような人的ネットワークを用いることで行なわれていたのかについてのデータは、現段階では断片的な資料しか見いだされない。

曳山の修理履歴については、かつて長浜市教育委員会・長浜曳山祭総合調査団によって1991〜1995年度にかけて行なわれた調査によって、ある程度明らかにされている。また現在、各曳山の解体修理を行なう際には、修理の内容についての協議のための資料として、曳山の各部を解体した際に発見されるかつて建造・修理にたずさわった職人が残した墨書にもとづいて過去の修理記録が作成される。しかしそうした調査からも、明治期から昭和40年代以前の修理に関しては、各山組に断片的に残された幕類の会計書類などを除けば、今のところほとんどわかっていない[5]。なお長浜市で長年にわたって曳山祭に関する調査・研究を行なってきた元文化財担当職員で、B町の指導的な中老を務めるBC1氏によれば、戦後、山組に修理のための資金的な余裕ができたのは昭和40年代後半以降のことであり、それまでは解体修理のような大がかりな修理は行なわれていなかったという[6]。その際の修理はおもに、木部の退色した部分の漆の塗り直し、欠損した錺金具の修復、屋根の修繕といったところが主であり、それほど多額の費用がかかるものではなかったと思われる。

この時期は、曳山の管理においては単に現状を維持するための修理だけでなく、新たな錺金具を加えたり、また見送り幕と呼ばれる曳山後部に取り付ける鮮やかな幕を交換したりといったことも可能であった。たとえば1974年にはE町で曳山の台輪に[7]、ある富豪が資金を出して鋳物の装飾が取り付けられている[8]。元来、他の山組との競い合いのなかで祭礼は行なわれるものであって、山組同士としても互いに曳山を飾り立て、加算的に装飾を加えてアップデートすることで威信を示そうとするのは一般的なことであった。

この時期に山組がどのように職人たちに修理や新作の依頼をしていたのかについて、現段階でわかることを記しておこう。共に１９５０年代生まれで80年代より父親と共に塗師として曳山の修理を行なってきたM氏・N氏、そして１９３０年代前半生まれで戦後から現在まで曳山の錺金具の修理を引き受けてきた錺金具師のO氏によれば、職人たちは各山組の負担人や中老から依頼を直接受けて仕事をしており、そのときに担当する負担人や中老の知り合いであったり、人づてで評判を聞いて連絡があったりという形で、特に決まったつきあいはなかった[9]。修理内容は、修理は錺金具については曳山から取り外して職人が自宅の工房で行ない、漆の場合は職人が山蔵に出向いて劣化・退色した部分の塗り替えを行なうというものであった。修理の内容や金額は山組と職人との間で相談して決定し、漆の塗り替え、幕の新作などは曳山の所有者である山組が制約なく自由に決定することができた。

この時期の修理の仕方についてM氏は、「あまり文化財っていう感じでの修理じゃなくて、単に山車の修理っていう。だから祭りの道具の修理みたいな感じの扱い」と形容する。すなわち歴史的に曳山がどのようなものであったか、その材料や修理方法をめぐって真正性が問われるということはなく、時には「山組のなかでたとえばそういう道具屋さんとか、趣味でそういうの［修理］をやってはるっていう方で、漆っていうのはかぶれますんで、合成塗料で一部ここのところだけちょい直しとかっていう感じで補作みたいな形で直しとかはる」ということもあったという[10]。

次に修理に関する費用はどのように賄われていたのか。これについても網羅的な形で判明しているわけではないが、A町・B町・C町では、曳山の修理のみを目的とする特別会計のような形で集めていたわけではなく、第4章で論じたような家の格に応じて毎年集める祭典費の積立金の一部を取り崩して修理に充てていた[11]。なおE町が新たに台輪に装飾を加えた際には、当時E町に在住していた自営業者が寄付を行ない、それによって全額が賄われている[12]。曳山が、町内の富裕な自営業者がみずからの家の威信を刻印するメディアとなっており、そうした機会に装飾が加えられたことがうかがえる。ただし今のところ他の山組ではこうした錺金具の付加について、昭和期以降に行なわれたことがわかる事例は見いだされていない[13]。

こうした自主財源での修理という状態が変化していくのは1968年からである。この年に行なわれたJ町の山蔵の修理費用6万500円に対して、市教育委員会から市の指定文化財保護として1／3の補助金が支出されている。補助限度額は上限があったが、1973年は30万円、1978年に50万円、1983年には200万円プラス修理にかかる総額100万円の出費につき5万円の加算と次第に増額された[14]。

また1972年には曳山の修理に対して、滋賀県文化協会から700万円（後に1000万円まで増額）を上限として、無利子で借り入れて8年間で返済するしくみが作られる。1968年以降の記録ではそれまで総事業費が80万円台程度までの修理しか行なわれていなかったのが、これ以降はほぼ毎年のように、曳山本体や幕類・山蔵について100万円単位、山組によっては1000万円を上回る金額の修理も行なわれるようになる。加えて1986年には曳山が滋賀県指定有形民俗文化財に指定され、県が費用総額の1／3について負担するようになった。このことで各山組の負担はさらに軽減され、大規模な修理を現実的に考えることができるようになった。なお、このように滋賀県や長浜市からの補助金や借り入れのしくみが整備されてからも、基本的に曳山の修理の仕方についてはそれまでと同様、所有者である山組と職人との間で決定されており、県や市の文化財担当部局が内容について口を挟むことはなかったという[15]。

こうして修理に関する環境が整いつつあったなかで、山組全体としても1970年代には総當番の下で保全委員会を立ち上げ、今後の曳山の管理の仕方を模索している。保全委員会では各地の山・鉾・屋台を用いる祭礼の収蔵庫の視察に出向いて保全の方法について研究する勉強会が行なわれた。また当時の総當番における議論では、観光客で賑わう飛騨高山の屋台会館では「会館入場者は80万人で、300円の入館料で2億4千万円の収入を上げ、修理代や経費に充当されている」という報告がなされ[16]、展示という観光客の用益に供することで、曳山の維持費や毎年の祭礼に関する経費を賄う可能性にも期待がかけられた。

さらに1979年に長浜曳山祭は国指定重要無形民俗文化財へと指定される。これに合わせ、総當番のように1年かぎりで交代するのでなく国・県・市などからの補助金の受け皿となり、かつ今後の継承に向けた事業を行なう恒常的な組織として、山組は連合して長浜曳山祭保存会を設立した（市川 2017: 31）。保存会は第1部会（行事）、第2部会（曳山）、伝承委員会（狂言・三役）にわかれ、それぞれ各部会に各山組から1人ずつが参加することが定められた[17]。

このうち曳山の修理は第2部会で協議され、山の保全や修理に関する情報共有が行なわれた。また第2部会の下には曳山のパーツのなかでも車輪の材料について、入手困難な巨大な木材の調達を協議する「車輪部会」があり、12の山組が毎年5万円ずつ資金を積み立てて、材料に関する情報を共有して購入するかどうか、またどの山組がその資金を用いて修理するのかについての協議を行なっていた[18]。このように各山組がバラバラに修理を行なうのではなく、曳山を今後どのように維持し継承していくかについての山組間での情報共有や相互扶助のしくみが、シャギリの場合と同じように1970年代末以降、創り上げられていった。とはいえ、ここまでの段階においては曳山の管理の仕方や修理を行なううえでの技能と人材の調達は、あくまで各山組という町内単位で自主的に決定されていたものであったと言えるだろう。

## 第3節　中心市街地の衰退と曳山博物館構想の曲折

一方この1970～1980年代において、山組の多くを構成する中心市街地の商店街は、経済的な危機を迎えつつあった。この時期、長浜は次第に地方都市としての中核性を失い、山組と重なる中心市街地は衰退していった。長浜の中心市街地は長く滋賀県北部（湖北）一帯から買い物客を集める場であったが、次第に大規模スーパーマーケットの攻勢に押されるようになっていった。すなわち曳山の維持というだけでなく、そもそも祭礼を継承していくうえでの前提となる経済的な基盤が揺らいでおり、それは後継者として町内で家業を継承するという人材が近い将来に流出することをも意味していた。

特に１９７９年には、西友と平和堂[18]によって長浜郊外の国道８号線沿いに広大な駐車場スペースを持つ大型店舗の出店申請が出され、中心市街地の商業者たちに大きな動揺を与えた。申請をふまえて大店法に定められた商業活動調整協議会（商調協）での議論は、出店を歓迎する消費者代表と、長浜中心市街地の商店街を中心とする長浜市商業近代化協議会（近代協）との対立で難航するが、最終的に１９８３年に西友の出店が認められ、５年後の88年にオープンする（矢部 2000: 57）。さらに「北部商業集積構想」という第三セクターによる新たなショッピングモールの構想も１９９１年に浮上し（後に中止されたが）、中心市街地の商業者たちの危機感はさらに強まっていく。

たとえば１９９１年に発行された中心市街地に位置するＩＧＯ商店街連盟[20]が発行した新聞折り込みニュースは、一面で「近未来ノンフィクション『曳山祭の消える日』」という記事で、２００１年2月の山組総集会で総当番委員長が曳山祭の中止を苦しげに告げ、それを承けて「４００年続いた伝統ある曳山祭が何故……」とつぶやく負担人たちの姿から始めて、西友に加えて北部商業集積構想によるショッピングセンターができることで商店街が致命的な打撃を受ける様子、さらに大規模ショッピングセンター同士の争いの結果、商店街に見切りを付けてそちらに進出した商店主たちも苦境に立たされていくという未来像を描き出している[21]。

## 青年会議所と曳山博物館構想

こうした状況を背景に、長浜や周辺郡部の若手自営業者たちの経済団体である長浜青年会議所が、1980年に設立25周年の記念事業として提唱したのが「曳山博物館構想」である。青年会議所のメンバーのうち中心市街地の出身者は半数未満であったが[22]、当時は「中心市街地の人間が青年会議所のなかでまず主流を占めてた[23]」というような、指導的な立場にあった。この構想を打ち立てた際の副理事長・実行委員長を務めたのはJC2氏である。JC2氏は若衆として筆頭まで務めた山組の有力メンバーであり、J町で印刷業を営む有力な経済人の家の後継者として、青年会議所の中核にあった。

曳山博物館構想は一見すると、青年会議所のメンバーのなかで半分に満たないJC2氏をはじめとする山組出身者たちのみの利害に関することのようであるが、「湖北の展望は、長浜の中核の充実、発展がないことには内容のある絵が描けない」（長浜青年会議所昭和55年度総合企画委員会編 1980: 8）というように、この地域の中核的な都市である長浜の経済的な活況は周辺地域の若手経営者によっても不可欠なものとされていた。したがってそうした周辺地域の若手経営者層も協力する形で、以前から商店街の再開発に向けたとりくみを継続しており[24]、曳山博物館構想はその延長線上に位置づけられた。

青年会議所が曳山博物館構想を提唱する理由として挙げたのは、先に述べたような大型スーパーマーケットの進出に備えた長浜の再開発の起爆剤として博物館が見込めると考えたためである。大型スーパーに資本力では敵わない商店街が対抗するための手段として、貨幣価値では量れない「文化」と「郷愁」、すなわち貴重な文化財を数多く有することで知られた大通寺や曳山といった大資本が取り入れることができない歴史的な遺産の活用が重視された。それらは観光資源であると共にみずからの地域を再認識するものともなり、大学の誘致や美術館・スポーツ施設・レクリエーションゾーンや文化的な街並みといった施策と組み合わせることで、青少年層の定住を進めるまちづくりを行なうという展望が記されている（長浜青年会議所昭和55年度総合企画委員会編 1980: 8）。

このときの構想では、博物館は中心市街地を東に外れた場所にある長浜八幡宮の境内に建設することになっており、中心市街地で多くの参拝者が集まる大通寺、そして中心市街地を西に外れた琵琶湖岸にある豊公園と合わせて、東西に人びとが回遊する導線を作ることで経済効果を発生させるというのが、まちづくり全体の基本的なプランであった。そのようにして曳山を中心市街地の活性化に結びつけると共に、博物館自体の入館料収入から山組の祭典費用を補填することも想定された（長浜青年会議所昭和55年度総合企画委員会編 1980: 5-9）。このように青年会議所が提起した曳山博物館構想は、祭礼の時期以外も含めて観光客等の外部の人びとに曳山を展示するという形で公共的用益を提供する、すなわち公共性を通じて中心市街地に多くの人びとを集客して商店街の経済状況を改善することを目的にしていた。青年会議所内で山組と無関係なメンバーにとっても、そうした方向性は説得性を持つものであった。

そしてこの年以降、青年会議所は山組関係者でないメンバーが祭りやその雰囲気を理解できるように裸参り・神輿かきへのメンバーの参加を決め、また曳山祭を全面に押し出した観光ガイドブック『湖北ながはま――郷愁とロマンの里』（保育社、1983年）の出版、観光キャラバン隊の派遣による祭りのPR、観光案内や土産物・曳山関連商品の販売、販売して得た収益を博物館建設に役立てるための市への指定寄付など、盛んに活動を行なっている[25]。また青年会議所を40歳で卒業したメンバーは「ながはま21市民会議」という新たなまちづくり団体を作って、卒業後も曳山博物館の実現を働きかけた。

ただし青年会議所のなかでも山組出身のメンバーは、商店街の経済的活性化の手段という面を主張しつつも、同時に曳山という町内の共有資源の管理という観点からこの構想について考えていた。当初からの曳山博物館構想の中心メンバーで、1986年の青年会議所と滋賀県による共同シンポジウムでは副理事長として曳山博物館の必要を訴える基調講演を行なったGC1氏は、曳山博物館を通じて商店街の活気を取り戻すと共に、「祭りそのものの継承はもちろん、曳山の修理技術者の養成や、調査研究等の諸機能をあわせもったコンベンションホール的な総合文化施設」の構想を述べている（長浜青年会議所・滋賀県 1986: 10）。ＧＣ1氏は当初より、「展示のほうはサブ的なもんで、あくまで有形無形の保存のためにあそこに集結ささないかん」、すなわちあくまで主目的は曳山の保存・修理や祭礼の継承にあったと述べている。その際に博物館は有形の曳山に関する「船のドック」のような修理施設、「そこにいろんなハードい面の技術の職人さんやなんかがいて［中略］工房があったらもうそのままそこで仕事になる」というような空間としてイメージされていた[26]。このように山組のメンバーとしては、曳山を展示という形で公共性にある程度開くことをバーターとして、曳山を安定的に管理することを可能にするしくみを獲得する方が目的であった。

そうした山組としての立場からの曳山のドック、また職人の養成や技術の継承という目的から曳山博物館の建設を視野に入れつつ、山組の若手経営者たちは曳山の展示による中心市街地の再興と、それによる周辺地域への経済的な波及効果という枠組みで青年会議所全体の方向性をまとめ、その人的ネットワークを駆使していく形で地域社会に曳山博物館を望む声を高めようとした。嶋田吉朗は飯塚市の青年会議所の事例から、青年会議所が祭礼のような経済外のフィールドにおいてもそのネットワークを活用して核になってその復活に大きな役割を果たしたことを論じている（嶋田 2015: 154）。長浜の場合、山組組織の継続が困難となって祭礼が中断されるような状態ではなく、むしろ山組の若手経営者たちがリーダーシップをとり、祭礼や曳山を外部に提供することによる経済効果を強調することで、本来他のメンバーには直接関係のない曳山博物館に賛同や協力を得る形で青年会議所の力を活用していったということができる。

**行政による曳山博物館プランとその推移**

さて青年会議所が主張していたこの構想は、その3年後に行政によって採用されることになった。先に述べた1983年の商調協による西友出店の決定の際に、商店街振興組合を中心とした近代協を納得させるべく、西友に対抗できるような措置を行政として講ずることが同時に定められた。その目玉となるプランとして市が近代協に提示したのが、青年会議所が主張していた中心市街地の集客施設としての曳山博物館の建設だった[27]（長浜商工会議所編 2001: 57、国友 2016a）。翌年の長浜市総合計画においては、「長浜ルネサンスプラザ整備事業」として曳山博物館の建設が記載された[28]。すなわち行政の側の主眼は、まずもって経済的な活性化策にあったのである。

しかしその実現には長い時間を要することになる。まず用地選定に時間がかかり、ようやく決定したのはすでに西友が出店して中心市街地が危機的な状況にあった1988年になってからであった。当初、青年会議所が挙げていた八幡宮境内は、山組側から「あんなところ持って帰ってもうたら、自分らの山でなくなってまう。ほんなもん持っていったらあかんやんけ。誰が見に行くんや。しょっちゅう近くで見てるさかいに［山を］守ろうと思うんや[29]」というように、各山組の曳山の所有意識にもとづく反対意見が強かった。場所が決まらなかったもう1つの理由としては、中心市街地の起爆剤として期待する複数の商店街のなかで誘致合戦が発生したこともあった[30]。最終的に博物館は中心市街地内の4つの山組が接する地点に立てられることが決定する。

それ以降、行政を中心に曳山博物館の建設プランが何度も立てられることになるが、用地買収が難航したことに加え、博物館の目的とそれに即した中身の方向性をめぐって調整がつかずに建設が延期され続けることになった。

当初、青年会議所全体として提起されていた目的は寂れゆく中心市街地の活性化のための中核施設というものであり、中心市街地の商店からも「博物館を建てたら、その分、動員力がある建物ができるっていうふうな期待[31]」は強かった。しかしGC1氏らが当初からイメージしていた曳山の修理施設、またその修理を行なう職人の養成や技術の研究といった曳山の修理機能と、青年会議所として提唱した商店街の集客機能という2つの機能、すなわち山組にとって重要な管理か、公共性への開放かについての優先順位をめぐって、構想は迷走した。集客を進められなければ山組・商店街が経済的に行き詰まり祭礼の継承は困難になるし、曳山の修理やメンテナンスが困難となれば祭礼の執行はいずれ不可能となる。曳山という資源を展示することで外部への公共的用益を提供しつつも、それと曳山の保存・修理という管理のための目的とどちらに重点があるのか、またその2つの折り合いをどこにつけるかが問題であった。

こうしたなかでさまざまな立場から、早期建設を求める要望が出されていく。先に述べたように青年会議所はシンポジウムを通じて博物館の建設の機運を高めようとし、1990年には山組によって構成される長浜曳山祭保存会、さらに商店街振興組合からも市に対して早期建設を求める要望書が出された。保存会は要望書で、文化庁の指導を得た保存を行なうことに加えて修復機能を付加させること、さらに修理に当たる職能集団や長浜曳山祭保存会、伝承委員会の活動拠点となること、国の重要有形民俗文化財指定に向けたとりくみを強く求めた。[32]

一方、商店街振興組合の要望書では曳山博物館について「まちづくりの核」として以下の4つを求めている。①中心市街地のシンボル・ランドマークとなること（黒壁・曳山博物館・大通寺という拠点をつなぎ、面を構成する商店街のまちづくりに役立つこと）、②世代間交流を行なうコミュニティ機能を持つこと（伝統工芸のミュージアムショップやクラフト教室など）、③観光客に曳山祭の魅力を伝えるエンターテイメント機能を持つこと（ハイビジョンシアターなどを中心として、曳山の展示は最小限でよい）、④祭りの保存継承の機能を持つこと（歌舞伎の資料・ビデオの整備、三役の養成、歌舞伎クラブの発表の場となる小劇場・シアター、修理職人の養成とその工房・ミュージアムショップ）。商店街振興組合の構成員も山組の人びとであるが、ここでは保存会とも重なる④だけでなく、集客機能や世代間のコミュニティ機能といった施設の公共性をより強調したものとなっている。一方で曳山自体の展示については最小限にする方向性を提示している。[33]

これらの要望を受けて1990年、長浜市が長浜市教育委員会を主管としてまとめた案は、博物館は歌舞伎の公演ホール、ハイビジョンシアター、伝承活動室、職能集団室、曳山の展示ホール、曳山収蔵修理室、ミュージアムショップ、ギャラリーによって構成され、曳山や歌舞伎の伝承を中心とするというものであった。[34] この案は川の景観を博物館に取り入れたいということで川に向けて入口を設け、商店街に向かっては単に壁が連なっているだけの状態というものだったため、商店街振興組合からの批判を受けて撤回される。

市はその後すぐに所管を経済部商工観光課に移し、中心市街地の活性化に重点をおいて、娯楽機能を持った商業施設の中心に曳山1基ないし2基を据えて展示するという「中心市街地核再生プロジェクト（仮称：曳山座）」案を提示した。しかしこの案は山組からの猛反対にあうことになった（国友 2016b）。特に強く反発したのは、商店街から南に離れた山組であるH町の中老であるＨＣ1氏らである[35]。

ＨＣ1氏は和装の履物の製造・問屋・小売業を営む当時の経済的な実力者であり、黒壁の出資者として設立時の常務取締役も務めた。ＮＨＫの連続テレビドラマ『鮎のうた』（１９７９～１９８０年放送）の舞台の長浜への誘致や、長浜大花火大会・長浜きもの大園遊会といった大型イベントの開始の際に中心的な役割を果たすなど、実行力とリーダーシップを持っていた人物である。出身は市周辺部の農村であったが、財を成してH町に家を持ち、長浜の町衆の1人として認知されたいという強い思いから祭礼にも力をふるった。H町で負担人、その後に総當番委員長を務め、１９９０年にはふるさと創生基金で振付・太夫・三味線の後継者を育成する三役修業塾を創設するように市に働きかけて実現した。１９９３年には長浜市・滋賀県と連携して子ども歌舞伎のアメリカ公演も行なっている。そうした経緯も含め、市に対しても強い発言力を持っていた。

ＨＣ1氏らは曳山の美術工芸を展示する重要性やそれによる集客の必要性については共有しつつも、市のプランが観光客に向けた展示機能にばかり目を向け、曳山の保存・継承という観点が欠けている点を問題とした。曳山のある山蔵は必ず中心市街地を流れる川のそばにあり、一定以上の湿度が保たれる環境で保存されてきた。曳山が乾燥してしまえば漆は剥げ、車輪も収縮してしまう。また照明を当てることで幕類の退色・劣化が発生する。これでは曳山の寿命を縮めるばかりではないかという批判に市側は窮することになった。ＨＣ1氏に限らず先のＧＣ1氏のような山組の側からすれば、曳山を公共的に開くのは手段であり、むしろそれと引き替えに曳山を適切に管理するしくみを創りあげる方が目的なのだから、こうした批判は当然のことだったろう。

実際、それまで曳山は年間のうち、祭礼期間の4月13日〜16日、それになんらかの行事やフェスティバル、加えて虫干しのような機会にしか山蔵の外に出されることはなく、それ以外は直接、長い時間にわたって光に当たることはなかった。山組の人びとはそれだけ大事なものとして曳山を扱ってきたわけである。それをもし1年間展示に出すということになれば、よほどの管理体制がないかぎり乾燥や光によって急速に劣化するのは明らかであった。

HC1氏らが求めたのは、そうしたリスクをできるだけ少なくしつつ展示を行なったうえで、それと引き替えに曳山の保存と曳山祭の継承という観点に沿った修理用ドック、さらに漆・彫金・彫刻といった曳山の修理に関する技能を伝承し、その技能を受け継ぐ人材である職人を養成する機能を曳山博物館に持たせるという、GC1氏らがそれ以前から求めていた構想であった。すなわち単に曳山を展示して、中心市街地を訪れる人びとの観覧という形での公共的用益を提供するというだけではなく、適切な収蔵環境を整えてメンテナンスを行なうという曳山の管理に関する面を重視するというわけだ。その点で言えば、限られたスペースのなかでの娯楽機能や商業施設の優先度は相対的に下がることになる。

しかしその後、1992年に総務課に主管を移して提案された「長浜歌舞伎博物館基本構想」においても、商業施設などを通じた中心市街地の活性化という観点が基本的には継承された。この案では曳山の温湿度に配慮した展示設備を2基分、そして修理施設を備えるという形で曳山の管理に配慮していた。しかし中心は曳山以上に歌舞伎にあり、また夜間営業可能なレストラン、ミュージアムショップ、小劇場、ハイビジョンシアター・映像ギャラリーを設けるという集客施設が大きなスペースを占めていた[36]。さらに土地買収の完了後の1996年に市長の指示で山組以外のメンバーを数多く含む形で発足した曳山博物館建設検討委員会でも、温湿度を管理できる曳山の展示室2基分と修理ドック、技術の伝承スタジオと共に、アンテナショップ・ファーストフード店・ハイビジョンスクリーンによるスポーツバーといった集客施設が数多く計画された[37]。

この案はHC1氏らが中心になって市長に対して働きかけたことによって最終段階で変更された。祭礼の出番山組である4つを単位として祭りの流れと合致させるべく、収蔵する曳山は4基へと変更され、さらに展示するのは2基ずつ半年として、展示による劣化を防ぐことになった（国友 2016b）。これにともなって先の集客施設はほぼ消滅し、企画展・特別展のスペースも大幅に縮小された。

加えて曳山の展示に関してのさまざまな配慮もなされた。彫金・木材・幕それぞれの文化財保存科学の専門家の指導の下で各山組の山蔵の温湿度について季節や高低を変えて網羅的に計測してデータをとり、それぞれの山蔵の環境に合わせた温湿度調整が常時可能な展示室が作られ、さらに展示による劣化を緩和するため、4つの曳山のうち2つずつが、3ヵ月交代で展示に供することとされた。また照明によって退色が発生してしまう幕類については温湿度を管理した収蔵室で別に保管し、1500万円をかけて製作された展示用のレプリカの幕をHC1氏が1組、さらにHC1氏の働きかけで長浜信用金庫がもう1組を寄付して、それを用いることで解決された。

こうして2000年にようやく実現した曳山博物館は最終的に、1階に4基の展示室（ただし展示に供するのはそのうち2基のみで3ヵ月ずつで交代する）、修理ドック・伝承スタジオ（会議・講演会・寄席・歌舞伎上演などを行なう多目的ホール）・市民サロン、2階に映像展示室と企画展示室となり、またワークルームと呼ばれる建物が別に作られた。展示については大幅に縮小されて曳山自体の管理を重視したものとなり、曳山を解体修理するためのドック設備やその部品の保管のための充実した環境に特徴を持つ施設となった。職人の養成や修理プロセスの観覧については職人自身が自宅にある工房で行なうのが一般的なために実現しなかったが、それ以外はほぼHC1氏らが要求したものが実現したといえる。初代館長はHC1氏の推薦もあり、青年会議所による曳山博物館構想が提起された際の副理事長・実行委員長として運動を推進してきたJC2氏となり、運営は保存会を改組して設立した財団法人長浜曳山文化協会が担うことになった。

博物館の集客は現在では年間5万人程度にとどまり、市や商店街の期待したような集客には至っていない。しかし山組としての観点からは、展示による劣化は最小限にとどめつつ、展示という形での外客に向けての用益を提供することと引き替えに、長期的に曳山を維持していく施設を獲得することで、祭礼を長期的に継続することが可能になったのである。都市祭礼がそうした観光という社会的文脈を付与されるものとなっている状況においては、公共的な用益の提供による曳山の管理への影響を最小限に抑えつつ、そうした文脈を利用していくのが現実的であった。

博物館の建設が単に山組の枠を超えた正統性を帯びていったのは、長浜曳山祭保存会や総當番のような従来からの山組の組織だけでなく、山組の若手経営者たちが、長浜青年会議所のような広域かつ山組が必ずしも中心とはいえないさまざまな業種の若手経営者団体を動員して、中心市街地の再活性化という公共性を前面に出した形で運動を行なったことが大きな意味を持っていた。そうした人的ネットワークを山組出身の若手経営者たちが駆使することで、行政がそれを受け入れる素地ができあがり、また山組と重なる商店街の自営業者たちもそれに期待をかけたのである。

加えてHC1氏のように、みずからの経営手腕と人的ネットワークで地域での数々の大型イベントを実現するだけの力を持ち、市の行政にまで大きな影響を及ぼせた経済人の存在も重要な意味を持っていた。すなわち山組そのものというよりは、メンバーとしては山組であっても、それとは異なる経済団体や人的ネットワークを駆使して運動を行ない、また時には首長や議員、行政に対して直接的に働きかけを行なったことが、山組の立場から最も重要であった、曳山の修理ドックとしての博物館の実現をもたらしたと言えるだろう。

## 第4節　文化財という文脈の活用と曳山の管理をめぐる矛盾

## 文化庁による補助金制度の新設とその影響

さて博物館の建設以降、それまで各山組の山蔵の前に曳山を曳き出して行なわれていた修理は、すべて博物館の施設である全天候型ドックで行なうようになった。それまでは雨天時や夕方以降に曳山の修理は不可能であり、また山蔵を修理する場合でも、中に曳山がある状態で行なわれていたため、瓦の葺き替えや壁の補修はかなり気を遣うものであった[38]。しかし曳山博物館の建設によって時間や場所の制約なく曳山の修理を行なうことが可能になり、また取り外した部材を安全に保管できるようにもなった。曳山という資源を納得のいく形でメンテナンスする設備を山組は連携して手に入れたのである。

それよりやや時期のさかのぼる1993年、文化庁によって「民俗文化財保存活用支援活動国庫補助要項」が定められた。これは祭礼や民俗行事・民俗芸能等の無形の文化財の保存のために、そこで用いられる用具や舞台などの施設の修理・新調の際には必要な費用の1／2の補助金を支出するというものである。以前より存在していた滋賀県・長浜市からの有形民俗文化財に対する補助金と滋賀県文化協会からの借り入れに加え、この大きなバックアップが生まれたことで、山組がその自己負担を軽減して根本的な修理を行なうための基盤が、資金的にも整備されることになった。文化財という公共的な位置づけは、そうした意味で山組が曳山を管理するうえで重要な意味を持つ。

これによって1996年より行なわれるようになったのが、曳山の解体修理である。解体修理が現実的になったことは、山組の人びとの修理への意欲をかき立てることにもなった。すでに述べたように、他の山組との競い合いのなかで曳山を豪華にしていったのがこの祭礼であり、他の山組が修理の結果としてより美しい姿で祭りに登場すれば、他の山組での曳山修理も促されることになる（秀平 2002: 41）。このようにして1996年から2018年までの20年間に10基、そして国からの補助金が出るより前に、県・市の補助金で修理が行なわれた曳山1基を合わせると11基が、大規模な修理を受けて現在に至っている。

また修理に当たる錺金具師・塗師といった職人の選択においては、長浜市・滋賀県の方針としては、長浜市に在住しており国の選定保存技術保持団体である祭屋台等製作修理技術者会の会員、あるいは滋賀県が認定した保存技術保持者に選定されていることが条件となっている。このように一定の高度な技能水準に達している者しか修理に関われないようにすることで、修理の水準を担保するしくみが定められた。こうして確実な形で曳山を修理するための技能は確保されることになる。

ただしこのようにして国の補助金を受けての修理を行なうにあたっては、「安易な修理・新調事業による文化財の変容の危険を避けるため、学識経験者等による修理委員会等を組織して、計画策定および実施に関して適切な協議や検討を行い、修理等の詳細な記録を残すことを求め」られる（菊池健策 2002: 27）。曳山博物館の開館後、その運営に当たる財団法人長浜曳山文化協会の下では長浜曳山行事曳山保存専門委員会が開かれ、山組から提出のあった修理計画についてその内容や方法について審議を行ない、それが長浜市を通じて滋賀県、そして国へと提出されて事業採択が決定する。そのうえで定められた修理内容にもとづく形での業者・職人による入札が行なわれ、それ以降は学識経験者と長浜市の文化財保護担当者、山組、そして実際の修理を行なう業者・職人とが委員会で協議しつつ、修理の方向性を決めていくことになっていく。

### 曳山の管理をめぐる共同性と公的側面の矛盾

このことは同時に、それまでのように山組が職人たちとの直接のつながりのなかで依頼・相談のうえで、自分たちがやりたい修理のやり方を通すことができなくなっていくことを意味していた。すなわちそれまでは曳山を共同で所有する山組が、その管理の決定権を当然のこととして掌握していたのが、補助金を獲得して修理を行なうためには、学識経験者の修理に対する考えに従わざるをえなくなるのだ。そこで大きな問題になったのは、加算的に装飾を付加してアップデートし、また修理を通じてより輝かしくすることで山組同士が競い合って創られてきた曳山という山車のあり方に、文化財としての歴史的な真正性という公的（official）な視点が持ち込まれていったことであった。

その違いを比較するためには、曳山博物館の完成前で、まだ国による補助金制度ができる前の1992年に修理されたJ町の曳山の場合とそれ以降とを比較するのが最もわかりやすい。このときはJ町がみずから職人を選定し、漆・錺金具を中心とした大規模な修理を行なっている。当時は「さら［新品］のようになった方が喜ばれ」るのが普通であり、「綺麗になったな！」と山組同士が競いあうというのが曳山の修理であった[39]。錺金具については電気メッキで全面的に鍍金を行ない、漆も塗り直したことで「仏壇の洗濯後みたいな山になっ」た[40]。これについては賛否両論あったものの、修理することによって「少なくとも綺麗になる」という認識は多くの山組にあったという。少なくとも漆の塗りかえや幕の新作は普通に行なわれていた。

ところが1998年以降は、委員会において木部・錺金具・幕・漆についての専門家による指導が行なわれることになり、その結果こうした修理のやり方に制約が加えられるようになった[41]。まず錺金具については鍍金をして、剥げているところは修理するが、その際輝きを取り戻すのではなく最初から年月の経過を感じさせるような修理が行なわれることになった。委員会の専門家からその作業を委託されたO氏は、電気メッキでなく消しメッキという伝統的な方法を用い、さらに土埃・煙がだんだん付着して重なった結果、現在の色になっているのであれば、それらの成分をあらかじめ塗ればよいという原理にもとづいて工夫を重ね古色付けという技法を編み出した。さらに現在では、金具がささくれて地金が出ていても鍍金を全体に行なうことはなく、これもO氏が考案した部分鍍金という方法を採り、鍍金した部分ともともとのオリジナルの部分とで、調子を合わせるために古色を付けて、全体をコーティングするという高度な方法が採用されている。どうしてもそれにとどまらない修理が必要な場合でも、それ以前のオリジナルの部分を極力残すという方針である[42]。

木部や漆についても同様である。曳山は外に出して曳行することによって破損し、また紫外線の影響を受けて退色する。そこで2006年までは建造物の修理のように建造当時のような状態にすべく、傷んだ木部を交換し、また漆を塗り替えるのが当然であった。ところがそれ以降、漆の学識経験者が委員会に新たに加わったことでこれも変化する。それまでであれば曳山は建造物として扱われ、建てかえに相当するような部材の取り替えが可能だったが、これ以降は美術工芸品として扱うものとされ、現品そのものに価値があるとされるようになる。[43]これによって木部の取り替えは最小限にとどめられ、今後の使用に支障がないかぎり再利用する方針へと、修理の仕方は変化した。また過去の漆塗りの履歴をできるだけ活かすことを基本とすべく、漆面の汚れ落としを行ない、漆面を強化するために漆を擦り込む擂り漆という技法をできるだけ使うこととなっている。[44]これによって多少の艶は出るものの、どこを直したのかわからないような状態であるという。

本体部分だけでなく、幕のような懸想品に関してもこうした制約は及ぶ。2000年の時点ではまだ新作の幕を作成して飾ることが可能だったが、それ以降は幕を修理しようとするときには今までの幕の現状維持修理か、あるいは復元新調という形で以前の幕の製法や成分を分析して同様の織り方をしたレプリカを製作して使う（そのうえでオリジナルの幕は保存する）ことしか認められなくなった。

こうしたプロセスにおいて、委員会の設立前は「一応国の指定は受けてるけど、修理する分に関しては、いわば山組さんにお任せしといてお金だけは出しますっていう時代」、すなわち山組の側に決定権があったのが、「とりあえず綺麗に塗りかえてください、それでも塗りかえとか修理するにあたっては、とりあえず専門委員会みたいな形のものを立ち上げて、一応先生に見てもらって山組の方と相談しながら、でも山組の方の意見をどっちかっていうと重視しながら修理してください」という状況に変わり、さらに現在では「委員会で専門職の先生がおられてその先生の指示に従って直してください」というように修理をめぐる主導権が変化していった。[45]そして修理方法についても、かつては「さら［新品］のように」というものだったのが、「どこを直したかがわからない修理が一番いい修理[46]」というように変わっていく。

このことは曳山の綺麗さを高く評価し、またそれを競い合ってきた従来の山組の意識や祭礼のあり方に大きく影響を及ぼした。ある山組の中老は、「修理したら、復元新調やさかいに、新しなるという意識を皆持ってる。ところが先生らのことを言うと、『古色を生かせ。さらにしたらいかんのや』って言うて、まあどうのこうの言うて……。［中略］もっと綺麗にならなあかんのに、ほんまに洗てきただけのような修理になってもうたる」という強い不満を表明している。[47]従来の曳山に関する意識としては「豪華絢爛に」してほしいのが本音であり、またそのことによって他の山組に対してみずからの曳山を威信の象徴として誇ることもできるにもかかわらず、そうした委員会を通して行なった修理の結果は、数千万円の「お金かけた分が値打ちがあるか……」[48]「何や、どこ直したんや」[49]というようなものになってしまう。そのため委員会の席上で、「うちのそういうの［曳山について の知識］に長けてる人が、『これはお前らのもんやない。うちの山組のもんやのに！』て喧嘩してまいはる」[50]ことさえある。

また時には、曳山の彩色をめぐって学識経験者と山組の側で意見が割れる場合もある。[51]たとえば曳山の下山にある「台輪」という部分の金色の金具がはがれてしまっているため、黒く塗ってほしいという山組側の希望があった。ところが金具を外した結果、紫外線で退色していない部分に緑青という緑色の彩色が発見されたために、学識経験者が緑を強く主張することになる。山組の側は抵抗したが、学識経験者による了解が得られなければ修理は不可能であるためにそれを了解せざるをえない。このように資金と高い水準の技能を確保することと引き換えに、委員会によって定められた「伝統」の公的（official）な真正性の基準が優越する形で、曳山の所有者である山組の共同性にもとづく管理の決定権が失われていくことになったのである。

### 山組による文化財保護制度への割り切りと管理への活用

こうした状況に対し歴史遺産課も委員会の議論をふまえた文化財の保護という趣旨に則った上で、できるだけ山組側の意向に沿えるように努力し、たとえば「外から見たらわからなかったけど、外してみたら下からこんな色が出てきた。それだったら縁もゆかりもないこっちの色にするよりは、やっぱり当初この山を作った人がこうしたいと思った色にしましょうよ」というように、理解を求めている。[52] 上記の例でいえば、白っぽい緑から黒っぽい緑まで、また顔料の粒子の細かさを変えてざらついた色から艶のある色までさまざまな色見本を塗師が作成してそのなかで選ぶという選択肢が与えられ、最終的に鈍くてざらつきの大きい緑を山組側が選択したという。また修理過程においてもたとえば錺金具についてどの程度古色を付けるか、また樹脂加工による照りをどの程度にするかといったことについて、学識経験者と山組それぞれの意見を聞きつつ調節している。

こうした修理が定着していくなかで、近年では上記のような方針を事前に長浜市歴史遺産課が事前に山組に対して説明していることもあり、山組もそれを受け入れつつある。[53] 少なくとも補助金を受ける以上は従わざるをえないし、むしろ「補助金をもらうために［学識経験者の］助言を得てる（笑）」[54] というように、曳山のあるべき姿に対するこだわりよりも、まずは文化財としての枠組みとそれによる管理についての制約を受け入れて、その枠組みを活用することで曳山を確実に修理し祭礼を継承するという方向性に変わってきている。すなわち公的（official）なものにその管理の一部を明け渡すことを受け入れて、そのうえで曳山を維持していく状況を山組の側も認めつつあるということだ。

もちろん山組のなかでもみずからの家が金銭的にも責任の面でも祭礼に貢献してきたという自負を持つ人は、「『もう自分のものでなくなるんだよ』っちゅうことはよく言われました。［中略］補助金が入ると、1／3は自分のとこのもんやけど、2／3は公のもんになってしまうから」[55] というように、その代償を強く意識している。しかし、みずからの負担だけで修理を行なうのが困難となった現代の長浜においては、曳山という共有資源を確実に修理して祭礼を安定して継続することを選択するために「文化財」という文脈を選択することは必要だ。また山組の側もこうした修理のあり方が継続するなかで、「だんだん山組の人が最初は『綺麗になったらええんや』って言うてはったのが、だんだん考え方がどっちかっていうと今の先生寄りの考え方に変わってきた[56]」というように、かつてのような曳山の新品のような綺麗さへのこだわりは次第になくなりつつある。曳山の競いあいによって名誉・威信を誇示すること自体はなくなったわけではないが、新たに美的要素を加えあう競争を通じて興趣をひきだすことができない以上、第4章や第5章で論じたような変容する伝統のダイナミズムがそこに生まれる余地は見いだされない。

## 第5節　公（共）的な意味づけを活用した共同的な管理

本章では青年会議所や行政の中心市街地活性化を目的とした曳山博物館構想の帰結とそれによる山組の曳山修理ドックの獲得、そして文化財保護制度にもとづく修理への補助金の新設と引き換えの修理委員会の設置という2つの出来事について論じた。

もともと山組自体が曳山を維持するだけの経済力とそのための人的資源・技術のネットワークを持ち、その内部で曳山の所有・管理のしくみは完結していた。しかし1970年代末以降、そうした状況は大きく揺れ動いていく。山組は曳山を文化財・観光資源として公共的な用益に提供することを通じて、曳山を維持・管理する道を選択し、その管理のしくみは変容していった。このことによって山組は管理の主導権を部分的に失い、また曳山をめぐる意識そのものも変容していく。

その端緒となったのは、山組が青年会議所を活用しつつ中心的に働きかけることで、曳山博物館のように公共的に広く開かれた用益の提供と引き替えに十全な管理のための設備を市に用意させることであった。現在でも山組の側は、曳山博物館について展示の際に問題が発生しないかどうかについて十全な信頼を置いているわけでは必ずしもないが[57]、開かれた（opened）展示と管理、公共的用益の提供と曳山の保全との両立がきちんと成立しているかについて常に注視しつつ、曳山という資源を長期的に管理する設備を入手したわけである。そして実際に、これまでにほとんどの曳山の解体修理が完了するにいたっている。

もう一つは文化財という公的（official）および公共的（opened）な枠組みを活用しつつ、多額の修理資金という資源、また専門家が補償する水準の技能を獲得することで、確実な管理を行なうというものである。しかし単なる多くの人びとへの用益の提供とは異なり、後者の公的な枠組みは、山組という町内の家連合による管理の仕方を大きく損なうものであった。そのことへの不満は根強く存在するが、文化財というしくみとそれを背景に創り上げられた曳山の真正性に関する判断を受け入れることで、曳山を抜本的に修理することで安定的に祭礼を行なえるようにするための資金を獲得し、そうしたなかで曳山の新しさや豪華絢爛さを競いあうという従来の祭礼のあり方は変容していった。

山組の人びとが戦後、みずからの力で祭礼の財源をまかなえなくなっていった状況において山組外からの協賛金というしくみをつくりあげたように（前章を参照）、ここでは曳山という舞台装置を個々の山組でも山組全体としても維持できなくなることが予見された状態で、中心市街地の活性化のツールや、国の重要無形民俗文化財としての位置づけを活用しながら、曳山を維持していくしくみが創出された。そして青年会議所のような地域経済団体の動員や山組外の若手経営者との連携、市の文化財行政官や商工観光課のような部局との交渉がうみだされていく。その結果、曳山は経済活性化や公開される文化財として用益を提供することで、山組がもっていたその管理の主導権を失うことになったにせよ、資金や技能、さらに修理設備を獲得することで継承されている。

そもそも、実はこうした観光による経済活性化のためのツールや文化財といったさまざまな公共的な文脈を山組が受け入れて資源を獲得し、それによって祭礼を継承していくのは、曳山という個別の資源の管理の問題に限ったことではなく、祭礼全体についていえることでもある。さらにそうした祭礼のあり方の変容は１９８０年代以降の中心市街地の地盤沈下以降、初めて起こったというわけでもまったくない。まだ長浜曳山祭を支える山組が豪商たちによって支えられていた戦前期においてですら、祭礼がおかれた社会的な文脈の変化に即して地域社会のさまざまなアクターと関係を取り結びつつ祭礼の公共的用益を配分し、そのことを通じて継承を続けてきたのであって、それは現在まで変わらない。

次章ではより巨視的・歴史的な視点に立ち、山組連合が公共的・公的な枠組みや外部のアクターとの関係性を常に受け入れて、そうしたなかで祭礼のあり方を戦略的に選び取りつつ（あるいは限られた選択肢のなかで選び取らされつつ）、継承を続けていった仕方について、戦前からの長浜曳山祭の歴史をたどりつつ明らかにしていこう。

# 第Ⅲ部

# コモンズとしての都市祭礼／地域社会／公共性

第9章

# 観光・市民の祭り・文化財——公共的用益の活用と祭礼の意味づけの再編成

## 第1節　祭礼の公共的用益への提供とその再編成

本章の目的は山組が、都市祭礼をめぐる観光や文化財といった公共的な文脈を自覚的かつ戦略的に受容・活用することを通じて、祭礼を再編成しつつ伝承してきたプロセスを明らかにすることにある[1]。名誉・威信、興趣といった用益を山組内・山組間で適切に生産し、配分を続けていくためには、これまで述べてきたようにさまざまな資源を適切に維持・調達し続けることが必要とされる。前章で論じた曳山であれば、1970年代以降の山組と重なる中心市街地の状況と経済力の低下、そしてそうしたなかでの曳山の経年的な劣化という状況にあって、曳山を観光客向けの展示や文化財としての公共的な文脈に結びつけ、祭礼の物的資源という面で安定的に維持するしくみを構築しているわけである。

そして前章の末尾で述べたように、公共的な文脈のなかで外部のアクターに用益を配分することを通じて継承を可能にしてきたのは、曳山という資源に限ったことではない。むしろ祭礼全体をめぐる社会的な文脈を位置づけ直すことで公共的用益を配分し、資源の獲得に結びつけることによって、山組という町内は連合して祭礼を継承してきたし、それは決して1980年代以降が初めてではない。むしろ戦前から地域社会の社会変動のなかで、祭礼全体のあり方や持ち得る意味はそうした文脈に合わせて変容されてきた。そのようにして単なる私的な行事にとどまらない公共的な意味合いを持たせることによって、町内及び町内連合同士の全体的相互給付関係を維持してきたのである。本章では祭礼全体を支える資金の獲得の面を中心に、山組という町内の連合が共同して観光や文化財といった公共的な文脈を活用しながら行政等の外部のアクターと交渉し、関係をとり結んできたかについて、大正末から1980年代末までの時期を中心に分析していきたい。

そのための材料として、祭礼執行のうえでの総責任者にあたる総當番が作成した記録[2]（総當番記録）に注目しよう。第1章・第4章でもふれた長浜曳山祭を執行するうえでの最も重要な規約である「祭典申合規約」では、総當番とは「祭典執行に関する事務を統括する」とされ（第6条）、合議に基づき祭典の執行に関する行事および事務を統括する機関と定められている。総當番のメンバーは各山組から選出された中老で構成される[3]。

総當番からは委員長・副委員長が選出され、議事を進行する。総當番が開催する会議としては、総當番だけで打ち合わせを行なう総當番寄り、また総當番と出番山組の負担人が集まって祭礼の執行について協議を行なう出番山組集会、さらに全山組の負担人が参加して祭礼について合議のうえで決定する山組総集会、祭礼終了後の反省会などがある。総當番はそうした会議において山組の意見を集約して祭礼の方向性を決定するとともに、県・市・観光協会・放送局等の、祭礼に関わる山組外部のアクターに対しては山組を代表して交渉する。またそうしたアクターからの祭礼への意見・要望を会議で全山組に伝えて討議し、山組として受け入れ可能な結果となるよう調整を行なう（図1-6）。

すなわち総當番が主催する会議とは、先に述べたようなさまざまな文脈について、山組がそれをどのように受け止めて活用しようとするか、あるいはそうした社会的な位置づけをいかに拒否するのかについて協議が行なわれる場であり、そこで山組と外部のアクターとの間でバッファとしての役割を果たすのが総當番ということになる。総當番が行なうすべての会議、また外部のアクターとの交渉や打ち合わせの内容はいずれも、記録が作成されており[4]、1917年から現在に至るまでの記録は「総當番記録」として毎年総當番で継承される。そこには総當番や会議に出席した山組外のアクターからの提案、各山組の意見と討議内容、山組を代表しての総當番の市・観光協会等との交渉、打ち合わせの内容が克明に記されており、上記の目的を果たすうえでは極めて重要かつ適切な資料であるといえるだろう。

そこから見いだされるのは祭礼を支えていくための資金をどのようにして調達し、その一方でどこまで祭礼を観光や文化財としての公開といった用益に提供するかをめぐるせめぎ合いである。第8章で論じたように、曳山の展示をめぐる公共的な用益の提供とそれによる曳山の消耗というジレンマをどのように解決するかは、山組関係者と行政との間で大きな争点であった。長浜という町は戦後から高度成長期にかけてその繁栄を失い、第7章で論じたような協賛金も含めてさまざまな形での資金の獲得を模索していたわけで、常に一貫して祭礼を継続するための資金の捻出については問題となってきた。そうしたなかで祭礼を継承すべく、山組の人びとが祭礼を公共的な用益にどこまで提供し、またそれに合わせて祭礼のあり方を他のアクターとの関係性においてどのように再編成していくかを、この資料から見いだすことができる。

以下では、4期に時期区分して議論を進めていく。第2節では、総當番記録が保存されている1917年から戦争で狂言執行が中断する1937年までを論じる。この時期の祭礼は観光と結びつきつつも、ほぼ山組自体が持つ資金でまかなわれていた。次いで第3節で扱うのは、祭礼が市の観光振興に関する補助金と密接に結びついて復活した1950年から1965年である。そして長浜曳山祭協賛会と最初の長浜曳山祭保存会の設立から、国重要無形民俗文化財指定直前の1978年までを第4節とし、第5節は指定後の1979年以降について論じる。なお1990年代以降の総當番記録はそれ以前に比べて簡略化され、合議の内容を充分に把握するのは困難なため、本章での議論はおおよそ1980年代末までの状況を中心とする。なおそれぞれの時期の長浜の状況と結びついた祭礼の変容については、本書末尾の近現代長浜曳山祭年表も参照されたい。

## 第2節　戦前期大衆観光の流行と祭典補助費——1924年〜1937年

大衆社会現象としてのツーリズムが日本で始まるのは大正末から昭和初期のことである。この時期は旅行雑誌や鉄道会社、レコード産業やラジオ放送が結びつく形で、地方の民謡や民俗芸能、祭りをめぐっての観光ブームが起こっていたが（武田 2001, 2002）、長浜曳山祭もそうした時代背景を共有しており、大正期以降、鉄道を通じて遠方より多くの人びとが見物に来るようになった。たとえば1915年4月13日付の大阪朝日新聞京都附録は「長濱祭り」の概略を説明し「諸方よりの来観者にて此の三四日間は長濱町は人の山を築かん」と述べている。また新聞紙上からは大正中期には近隣の府県よりの観光客の増加に対応するため臨時列車が増発されていることも確認できる[5]。

そうしたなかで、総當番は組織的・意識的に祭礼を観光と結びつけていった。戦前の長浜曳山祭は現在と異なり10月15日を本日としていたが、1924（大正13）年9月の総當番記録では、山組総集会で「県下及近県枢要地へ宣傳ポスター掲出」が初めて決議されたことと、それについての綿密な打ち合わせの内容が記されている。この年、東海道線（名古屋〜大阪）、関西線（石部〜四日市・桑名など）、北陸線（虎姫〜金沢）、小浜線（小浜・高浜など）、近江鉄道・養老鉄道・京阪電鉄・江若鉄道・京津電気軌道・大津電気軌道・太湖汽船、また京都博物館や京都市内でポスターが掲出された。

結果、この年の祭礼は観客が「近郷近村ハ勿論彦根八幡大津、京都、大阪、大垣、岐阜、名古屋、敦賀、福井、小濱、高島郡方面ヨリ是ノ盛典ヲ観ント来集」し、「非常ニ夥敷汽車汽船ノ着スル毎ニ入込ム数実ニ算スルニ遑アラズ為メニ市内隅ナク人ヲ以テ埋メラレ全市人ノ波ヲ漂ハシムルノ盛況ヲ呈ス」という状況であった。これ以降、戦前の総當番記録ではほぼ毎年、各交通機関の長浜での祭礼期間中の乗降客数が記されている。

祭礼による経済的な活性化に地域社会から大きな期待があったことは、昭和恐慌下の1927年の地域の商業団体からの反応からもうかがえる。たとえば長濱菓子商組合は9月14日に総當番に対して、諒闇のため祭礼の中止が検討されていることに関する陳情書を出し、「目下財界ノ悲境商界ノ消沈悲惨ノ極ニ陥リ仍之レガ挽回策トシテハ例年ノ如ク曳山ヲ賑々シク出シテ我町ノ人気ヲ回復スルヨリ最善ノ良策ハ之ナシ」と祭礼の実施を懇願している[6]。また祭礼の経済効果を考えて開催時期をずらすことも山組集会で検討された[7]。

こうした状況で、観光宣伝は総當番の仕事のなかでも極めて重要となり、毎年の議事録の半分以上はそれに関することで占められている。具体的な内容としては宣伝ポスターの掲示や新聞広告・記事の掲載、そして1925年に仮放送が始まったラジオ放送への出演交渉が挙げられる。すでに同年10月には祭礼の宣伝として、総當番がシャギリ方7人と監督の旅費を支出して収録に出向かせ、シャギリを全国放送しているが[8]、それ以降も1926年、1928年、そして日中戦争勃発の1933年以降祭礼が中断するまで毎年、シャギリや狂言の放送が行なわれた。また日活や大阪毎日新聞社等による活動写真の撮影も行なわれている。さらに1934年11月には東京の白木屋デパートから「長濱祭礼展覧会」が提案され、八幡宮に曳山が並ぶ様子のジオラマや、山組の初集会から戻り山に至る祭礼の流れを描いた絵巻、見送幕・胴幕・幟・御幣持等の衣装・山飾り・長刀組の褌が展示され、場内で物産展として曳山・名所画や長浜の物産、菓子類などが販売された。また長浜町勧業委員会の提案で八幡宮の境内に観光客向けの陪観席が設置されている。

こうして1934年には「本日だけで駅の乗降客だけでも三萬六千から七千それに地方のバスや徒歩の客を含すと五萬人は下らないでせう[9]」という観光客が長浜を訪れる状況となったのである。1935年にはそうした人びとに向けて観光客向けの記念絵はがきと長浜佛教青年会が発行したパンフレットの頒布、そして記念スタンプの作成が行なわれた。

祭礼の経済効果が明確に意識されるようになっていくうち、山組のなかからは祭礼が単に山組の行事というだけにとどまらない公共的な意味合いを帯びており、その実施には行政からの支援があって当然ではないかといった意見が大きくなっていった。そのきっかけは1927年より鉄道省の規則で駅へのポスター掲示が有料となり、多額の宣伝費がかかるようになったことにある。翌年9月の山組集会では「長濱町ノ繁栄策タル以上、従来ノ如ク山組ノミニテモノナルヤ」として、「町経済ニスベク満場一致決議」がなされ、町と長浜町実業協会に宣伝経費の補助が要望された。その結果、この年は両者が経費を負担している。

その後、総當番からの町への強い働きかけによって、1929年以降は宣伝費が補助され、加えて1934年の総當番が「山組ガ藝ヲナス事ハ勿論神社ニ奉納スルモノデアルガ、一面又町ノ繁栄策デアル」と町に対して運動を起こした結果、翌年からは宣伝費とは別に320円が祭典補助費として町から補助されて、当時6つあった出番山組と長刀組に配分されるようになる。

もっとも「どんなに節約しても一と山で一千五百圓から二千圓」を要し[10]、これを「小さい山組は三十戸から四十戸で負担せなければな」らない以上[11]、この額は割合としては微々たるものである。すなわち祭礼は観光や地域振興という文脈において行政の負担でも支えられるべきとする、その後卓越する論理は萌芽的にあるものの、戦前において祭礼は山組自体の資金力によって賄われていた。

## 第3節　観光資源という文脈の活用と市財政への依存——1950年〜1965年

1937（昭和12）年に日中戦争が勃発し、太平洋戦争中は祭礼のうち御幣迎え、神輿渡御・還御、長刀組の太刀渡り行事、御幣返しのみが行なわれるようになった。曳山については山蔵前で山飾りが行なわれるのみで、狂言は長期にわたり中止された（西川丈雄 2012）。戦後の長浜曳山祭の正式な再開は1950年になってからである[12]。この年、長浜八幡宮からの懇請を受けて、採決の結果、全山組の満場一致（ただし1つの山組は欠席）で狂言を行なうことが決定され、各山組が1～2万円の経費を支出するとともに市・商工会議所・観光協会に資金面の協力を要請した。

すなわち戦後の長浜の経済には、かつての隆盛はなかったのである。１９２７年の金融恐慌、さらに１９３０年の昭和恐慌によって長浜を支えてきた織物業はすでに打撃を受けており、特産の浜縮緬の生産は大きく落ち込んでいた。さらに狂言が中断していた１９３９年には政府によって絹織物製品の販売価格の公定化が行なわれて価格が下落し、加えてその翌年の奢侈品等製造販売制限規則の施行によって、縮緬やビロードの生産は中止に追い込まれていた。長浜の経済基盤はこのようにして大きく損なわれていたのである（長浜市史編さん委員会 2000: 196–201, 235–240）。

こうした状況をふまえた総当番の長浜市への交渉の結果、長浜市主催の春の祭典についての協議会で、総予算57万4千円のうち30万円が曳山狂言に充当されることになった。このとき以降、祭礼の経済的基盤は大きく行政の補助金に依存するようになったことは、山組と行政の負担額の比率を戦前と比べれば明らかである。またそれまで「長浜祭」と称されていたこの祭礼について、「春ノ祭典ノ総称ニツイテ観光長浜ガ全国ニ誇リ得る『曳山まつり』ヲソノ総称トシテ長浜ニ於ケル年中行事春ノ祭典ヲ『長浜曳山まつり』ト総称スルコトニ当日ノ協議会ニテ取リ決メヲミル」と、観光向けの名称として「長浜曳山まつり」が定まったのもこのときであった。総当番記録はこの2つの出来事について以下のようにその意義を表現している。

「市ノ年中行事春ノ祭典ノ総称ヲ『長浜曳山まつり』トソノ呼名ノ決定ヲミシコトハ山組ニトッテ将ニ青天ノ霹靂トモ云フベキ歴史的取リ決メニテ観光協会ヨリノ財政面ニ於ケル助成金ノ交付ト共ニ、コノ二ツノ画期的ナル変化ヲ承認シ、コノ歴史的ナル事実ヲ呑ミシ上ハ、今後ノ山組ノ在リ方ニツイテソノ行事ノ運営ニツイテ徒ラニ過去ノ主観ニノミ執レズソノ客観性ニツイテ再思三考シテ古キ伝統ノ中ニ常ニ新ナル伝統ノ創造スル意欲ヲ新ニスル責務ヲ等シク感ジタイ」。すなわち観光向けの名称の決定と観光協会からの財政的支援を中心的な基盤として祭礼が催される以上は観光という開かれた形での用益の提供を前提とし、それに合わせて山組のあり方や祭礼の運営を大きく変えていくことを積極的に選択していくと、ここで表明されている。

この年以降、節目となる山組総集会には観光協会長、さらにその後は市長や市商工観光課課長などが同席するようになった。この年の総当番記録は「今夕ノ会合ニ外部ヨリノ観光協会側各位ヲ客分トシテ同席ヲ得シ事ハ、去ル二月二十八日ノ長浜曳山まつり打合会ニテ、新シキ時代ニ即シタ在リ方ヘト山組ノ性格ヲ脱皮シタ一ツノ現レ」であり、「爾後祭典執行ニ密接不可分ノ観光協会ト双方ノ連絡ヲ密ニシテコレガ運営ノ円満ニ寄与スル事ノ多カラムコトヲ希ムモノナリ」と、祭礼の運営に深く観光協会が関わることを期待している。

かくして再開した祭礼はより多くの観光客の集客を行なうべく、そのあり方を大きく変更していった。翌年より、長浜町商店連盟・長浜料理飲食店組合よりの陳情を承けての山組集会での多数決の結果、観光客の集客には桜の時期の方が良いということで開催時期は10月でなく4月に変更され、また総当番との協議のうえで市によって宣伝ポスターが各地に頒布されるようになった。マスメディアにも再び出演するようになり、１９５３年には朝日放送のラジオ番組「民謡の旅全国大会」において、各山組の狂言とシャギリの一般公開録音が4月11日に満員の長浜市公会堂で行なわれて、祭礼の最中の14日に放送された。またテレビ放送の開始後は、テレビでも曳山狂言は頻繁に放映された。かくして観光客数も増加し、１９５４年の祭礼本日《ほんび》すなわち八幡宮への奉納狂言が毎年行なわれる4月15日の駅の乗降客数は4万人、近江鉄道バスでは普段の3倍の3万人にのぼり[13]、市内の人出を交えて「沿道立錐の余地なき佳き人波」であったという。

こうして長浜曳山祭は観光上の貢献という旗印をまとうことで戦後における経済的基盤を獲得したが、これ以降の総当番は毎年のように助成の増額を求めて一定の資金が確保されなければ出場しないとする各山組と市・観光協会の間に立ち、観光面での貢献を山組へと働きかけつつ、それと引き替えに市の補助金の増額を勝ち取ることが大きな任務となった。折しも長浜市は昭和20年代後半以降厳しい財政難に陥り、１９５６年には地方財政再建促進特別措置法にもとづく財政再建団体となっていた。このため市は祭礼への補助を打ち切るという方針を出したが、その際の総当番の交渉の切り札はやはり観光面での貢献であり、「観光事業ハ産、工業ノ原動力ト存ズルニモ不拘減額ニ過ギルト存スルカラ市当局並観光協会ニ於カレテハ御再考ヲ御願致シ度キ旨」を強く働きかけて、前年よりは減額されたものの32万円の補助を得て執行している。が、逆にいえばこれは観光への尽力を抜きに祭礼を執行すること自体が困難になったことを意味していた。

１９５７年には市長から政教分離のため市は補助を出さないという立場が山組集会の場において示され、そのうえで「神事と観光面を分離しての行事なれば［観光］協会より幾分の助金は出来る」が、「従来の祭の行事の行き方」では「当局より叱積《ママ》を受け」るため、「八幡宮の御神事を如何云ふ風に行ってゆくかを充分検討して頂きたい」との要求が出された。これは以後の市の基本姿勢となる。

市長の発言に対してこのときの総当番委員長は、「観光面でのプラスになる行き方」を模索し、また神事は神事とし、あくまで観光面における行事として曳山狂言を執行すると宣言し、出番各山組も今後の観光への協力、桟敷席の設置や観光客に不満を持たせないための時間励行などを約した結果、補助金は継続された。

かくして「神事」と「観光」を「分離」し後者の面を際立たせていくことが、山組にとっても必要となり[14]、単に名目的に観光面でのプラスになるというだけでなく、実質的に観光客誘致を進める方法が模索された。時間励行の他、「神事も大切であるが、観光の面で欠けているのではないか。この時期には神事と観光をかみ合せ、たくさんの人に見てもらって、観光面にプラスになるように日曜日に執行するよう考えてもらいたい[15]」として、狂言の奉納を日曜に移動することも検討されている[16]。また１９６５年12月には総当番により、曳山の順路を長浜駅前の直線道路である本町通りを通るよう変更し、沿道両側に観光客向けの桟敷を設けて桟敷料を徴収する案が提起され、市に補助金増額と順路変更の請願理由書が提出された。そこで展開される論理は観光面での用益の提供を通じた補助金の獲得という、この時期の山組の方向性を明確に示している。

「観光の盛んな今日では、今までの路線では受入ることが出来得ない。八幡宮で午前中神事、御旅所では夜で終る頃は深夜のことになる。一般大衆向きの観光バス利用等のお客様、又は青少年には適さない観光でない神事とか、いや神事でないとか言はれていますが曳山、狂言、巡行、等は神事のもと、すなわち観光の為に出来たものであります。

全国各地とも郷土の観光の開発に盛んに努力致し、着々と実現されつつある時にあたり、国宝にも等しい古典優雅な曳山狂言巡行等を持つ当市としては、本町通への路線の変更要望は当然であり、山組としても此の華麗なパレード等を広く観光客に見て貰う為に本町通へ変更することも、祖先や神様への義務でもあり、世の人々への務めでもあろう。

いかに立派な資源があっても時代に合った受入体制がなかったならば広く総ての人々に楽しんでもらえず、いたづらに限られた人にのみ楽む祭となって人気は上らず、尚従来通りにおこなって行くならば、反対に近代的感覚とも言うべき方々からは、むしろきらわれて行くのではなかろうか。

特に今年で出番山組としては、一應切替の時となり各組共費用及び人不足等で山組としての負担は実に重く現在の補助金では堪難き折柄でもあり、昨年はややもすれば休まざるを得ない状態にあり、御助成の如何によって休むとなれば市御当局はもとより、山組としても面目が保てましょうか。実に憂うるものであります。」

すなわち「神事のもと、すなわち観光」であると位置づけたうえで、観光客に適した時間に行なうための順路変更が神事の面からも観光からも必要であり、それが時代にあった方法であるため、補助金を増額してほしいというのである。[17] もっともこの要請は市より、神事ゆえに不可能であり、市財政の状況からも困難として拒否されてしまう。かくして、山組が祭礼を執行するための財源を得るために、観光面の貢献という観点以外に何がありうるのかを総当番は模索しなくてはならなくなった。

## 第4節　協賛会の設立と財団法人化の挫折――1966年～1978年

### 「長浜市民」の「郷土の誇り」

こうした状況で次に総当番や観光協会によって模索されたのは、長浜曳山祭協賛会・長浜曳山祭運営協議会の設立と山組の財団法人化であり、いずれも1966年2月13日の臨時山組集会で最初に提案が行なわれている。

まず長浜曳山祭協賛会・長浜曳山祭運営協議会であるが、これは物価高によって祭礼に関する支出が増大していることに理解を示しつつも、市・観光協会としては大幅な補助金の増額はできないため、市が後援する形で市民による協賛会を作ってそこから支援するという目的で作られた。その際に用いられた論理は「長浜曳山祭は古い昔から［の］伝統［が］ある。曳山をどうして運営するかは市民全体の問題であ」り、「此の問題は財政上の問題の為、全市民がどの様に盛上げるか」、さらに「財政上の問題ばかりで無く、色々近代化され時代の移り変りにあう様、山組だけでは無く市民全般に検討する必要が有る」というものである[18]。

すなわちここでは市・観光協会以外からの資金を獲得するために、祭礼を単に山組だけの行事でなく長浜市民全体を対象とした公共的なものであり、運営面・財政面の双方から市民全体で祭礼を支える必要があるとしたのである。かくして産業界・商店街連盟・連合自治会・学識経験者・総当番2名、各山組より1名ずつ12名のメンバーで祭典運営・財源・文化財・保存管理・所有権（管理者）について方向性を定める運営協議会、経済面で市民全体から祭礼を支える協賛会が3月1日の山組総集会で発足した。

なお発足後に市民に対して配布された「長浜曳山祭協賛会　発足についてお願い」という文書では、「天正の昔から今日までの数百年間、十三基の曳山とこの伝統ある郷土芸能は、受け継がれ、引き継がれて、地域住民の心の中に深く生き續けてまいりました」としたうえで、「独り曳山を保有する山組のみではなく、私達の郷土の誇りとして、私達長浜市民はその連帯の使命を帯びて」おり、「私達の郷土の文化財を、山組だけでなく、各界各層に亘る広い組織と多くの市民で守り続けていく」という趣意が示されている。すなわちこれまでの観光に加えて、「私達」＝「長浜市民」の「郷土の誇り」という、山組の外部に開かれた文脈を新たに創出し、市内の自治会や名士を通じて募金を集めることでその経済的基盤を広げていこうとしたわけだ。なお発起人には各山組からの1人ずつを含めて77人が名を連ねている。

こうした「市民」の祭りとしての位置づけによる募金の獲得は、一方ではそれ相応の「市民」への「貢献」、すなわち公共的用益の提供が必要となる。たとえば1967年からは協議会からの意見で、初年度に市民からの募金が芳しくなかった協賛会費増収のため[19]、また協賛者へのお礼として本日の翌日に長浜市民会館で「子供歌舞伎観劇会」として狂言を演じてもらうことが出番山組に要請された。当初、各山組は補助金の増額を条件とし、あるいは拒否していたものの、最終的には受け入れて、以後現在まで毎年実施されている[20]。

### 財団法人化案の中絶と保存会の（名目的）発足

さて1966年2月の臨時山組集会で協賛会と同時に提起された財団法人化は、総當番は毎年交替するので実体がなく補助に適さないが、山組を法人化して財団法人とするのであれば一考の余地があるという市長の市議会での発言をきっかけに、祇園祭などの先行事例をもとに検討が始められ、総當番・市観光係長・市議会議員により提案された。祇園祭では多額に及ぶ経費や山鉾の管理費、維持費の70〜80%が国から補助されており、桟敷席で見物人から徴収した収入を観光協会が得ていること、また市長からも財団法人化への賛同を得ていることが説明されたうえで、財団法人として市・教育課・観光協会などから保存維持費などを捻出してもらい、また観光面をより強化する方針が示された。

ただしこれについては、山組によっては曳山に共有権があり所有権の移行が困難であること、また財団法人化したからといって補助金が出るとはかぎらないうえ、それがいつのことになるのかわからないとして反対意見が出された。この会議では財団法人化は可能な山組から徐々に行なうとされ、後に運営協議会で協議すべきとの議論や[21]、F町をモデルに財団法人化を具体化するとした決議も行なわれたものの[22]、協議会自体が機能しなかったこともあって、結局立ち消えとなってしまう。

これと入れ替わる形で浮上したのが、祭礼の文化財指定と保存会の設立であった。主張したのはJ町より山組集会に出席していた郷土史家で、戦前に長浜曳山祭に関する著作も刊行していたＪＣ３氏であった。ＪＣ３氏はこのとき、財団法人化しなくても１９５８年に滋賀県文化財保護条例で曳山が民俗資料に指定されており、県から補助金が出せるはずと主張して、「行事の方は観光協会から出して貰ひ、文化財保存と言ふ名目で教育［委員］会から貰ふことは出来ないか」という提案を行なっている[23]。

この方向性は翌１９６７年３月、総當番が補助金の増額を要請するため開いた市議会議員との懇談会で突然具体化した。観光面での助成がこれ以上無理となり、議員たちが市長・教育長と協議した結果、県の文化財に指定されている曳山祭の保護・維持のため、市の文化財保護条例にもとづいて、教育委員会の予算で「無形文化財の公開委託料」として20万円を助成することが受け入れられたというのである。ただしその際には毎年交替する総當番ではなく安定した受け取り先が必要であること、財団法人化は時間がかかり難しいことから、急いで保存会を作ることが議員たちから提案された。

そしてこの懇談の３日後に急遽開かれた山組責任者集会で、総當番委員長を会長とし、副会長・会計は総當番、理事はすべて山組負担人という山組の内輪だけで構成された保存会が発足する。保存会の目的は「長浜曳山祭の伝統を保存すること」とし、その具体的な事業は「長浜曳山祭の公開に関すること」「曳山及びその付属物の維持保存に関すること」と定めた、極めて簡単な会則が定められ、翌日に届出がなされる。

ただし、保存会が受け取った委託料が協賛会の会計と同一になり、協賛会によって山組に対して配分されたことが象徴するように、あくまで出番のときに用いる資金の一部を文化財の名目で引き出すことが主目的であり、文化財という価値づけに重点を置いてなんらかの保存や維持を行なおうとは意識されていなかったように思われる。[24] 実際に、こうした経緯で生まれた保存会は、市からの委託料を受け取る窓口以上の機能を持つことはなく、翌年以降は有名無実化する。祭礼の経費の増大のなか、山組の側からは常に助成額についての不満が出ており、資金が確保できるのであればそれでよかったのである。

その後1978年の祭礼に至るまで、山組の市・観光協会への助成増額に向けてのとりくみは、文化財としての価値よりは、観光面での貢献や市全体の行事として観光客や市民に対して用益を提供することを念頭におきつつ行なわれた。そうしたこの時期のとりくみの代表例が、1978年に行なわれた八幡宮境内での夕渡りである。このときは最初に長浜曳山祭囃子保存会による演奏が行なわれた後、四番山から御幣使を先頭に役者一行が入場し、出発の合図の花火と共に始まった囃子の演奏が宵宮を盛り上げた。その後各山組の御幣使と役者の紹介があり、紹介を受けた役者からステージとスロープを渡って、待機中の各山組の夕渡り行列に合流し出発したが「役者紹介の間ステージ、スロープの両側には若衆が馬乗提灯を掲げて待機する中を、照明に照らされてスロープを渡り行く役者衆の姿は誠に壮観で八幡宮での観客二千人余の拍手は実に盛大なものであった」という。[25] この演出は市と出番山組、総當番との相談のうえで行なわれ、スロープ等は市の予算で作られたものであった。

## 第5節　文化財指定と複数の公共的文脈の併存——1979年以後

### 重要無形民俗文化財指定の影響

ところがこうした観光客のためのこうした演出は、翌年急に後景に退くことになる。そのきっかけは78年秋からの長浜曳山祭の国指定重要無形民俗文化財に向けた準備、そして翌年の文化財指定であった。

文化財指定に際しては毎年交代する総當番の名義は使えないため、12年前に発足したまま有名無実となっていた長浜曳山祭保存会の名称が省みられ、実質的には新設される形で復活した。79年1月11日の市と総當番との調整のなかでは、総當番は保存会の傘下にあるが、祭礼執行のための機関として従来の祭典申合規約にもとづき運営されることと共に、保存会と協賛会とは別個に運営されることが明確に定められた[26]。また保存会役員の構成メンバーは各山組より1名ずつ、総當番は委員長と他2名、学識経験者として文化財審議委員、そして市議会議長、総務産民委員長、並びに各種団体長1名とされ、会長は市長となった。協賛会と会計を同一にする単なる補助金の受け入れ団体でなく、山組外部に向けた「文化財」としての公（共）的な（official、opened）価値と結びついた保存会がめざされたのである。

重要無形民俗文化財指定に即した祭礼の執行の方向性を定めたのは、この時期に長浜市の文化財審議委員を務め、指定に向けて尽力したＪＣ３氏である。ＪＣ３氏は、指定決定を承けて開かれた１９７８年12月の臨時山組集会で指定の意味について「現在のままの状態を維持して行く事の法的な支えであり、祭の行事の国におけるランク付がされた事となる。国の予算の範囲内で多少の補助はある事だろう」と説明し、また時代によって行事が変わると指定取消があり得ると述べている[27]。

そして１９７９年の出番山組集会においては夕渡りでのステージ使用について、時間がかかりすぎることや、列が乱れて観客に迷惑がかかるといった点からA町の負担人やH町の総當番委員からの異論があったことをふまえて、ＪＣ３氏は「吾々は祭りを昔の通りに執行すればよい。それを観光にしかる可く利用すべきであって、[今後のステージ使用を希望する市に対して]山組の総意で使用しないと返事すれば済む」と一蹴する。さらに出席者全体に対して「古来からの伝統によって確実に実行して頂きたい」[28]として、狂言・登り山・シャギリ・芸題・裸参り・夕渡り・出笛など15項目にわたって、彼が考えるところの真正な曳山行事のあり方について説明を行ない、「規約四十六条に本規約に記載なき事項にして古来より良好なる慣例は之を尊重することとあります。これをどうか考えて頂きたい。長浜の山ではやらない事は何時迄もこれを守って頂く。之がつまり指定になった根本であります」とその変更を禁止している。

## 異なる公共的な文脈の活用と使い分け

このような文化財という価値づけは、これまでの観光という文脈からの観光協会からの助成とは異なり、保存会に対する文化庁からの3年間の補助、また市からの助成としては社会教育課からの補助をもたらす枠組みになっているが、だからといって従来からの観光という文脈が否定されたわけではもちろんない。このとき記念事業として浮上したのは第一に「紀念館（収蔵展示館）」の設立（第8章で論じた曳山博物館構想である）、第二に文化財指定を記念しての13基出場であったが、いずれもこれらは観光客誘致という動機とも結びついていた。前者の構想は20年後に長浜市曳山博物館として結実する。後者については1979年に暇番山組の経費も含めた市の助成、さらに県の助成を得て、暇番山組が協賛する形式で実際に行なわれた。

さらに翌年以降1983年まで、総當番とその年々の出番山組が主導して、8つの協賛山組も含めて全基が御旅所に巡行する形式が続いた。継続されるうえでの論理としては、ここまで論じてきたいくつかの社会的文脈が併存する形で見いだされる。それらはいずれも山組自身が補助金を引き出すうえで祭礼を位置づけてきた文脈であるがゆえに一定の説得性があった。また協賛山組に対する総當番からの山曳きアルバイトの手配、市からの若干の補助金も後押しとなった。

全基巡行をうながす論理としては、第一に、1980年にNHK連続テレビ小説「鮎のうた」で長浜が舞台となったことで観光客が増加し、そうした観光客に向けてさらなるPRが必要という文脈であった。これ以降、観光という観点からしばしば、本日の日曜への移動ないし5月の連休での開催が検討事項に上がるようになる。

第二に「市・協賛会・市民の浄財を得、吾々は直にお祭を執行する立場で全市民が一つになってお祭をし、又豪華絢爛な祭典は市の観光の最高のもので、山組の出る、出ぬの問題について軽々に定めて行くと言う事は市民の誇りを傷つけ意気を阻害する」[29]といった「市民全体の祭り」という文脈である。これは総當番や出番山組から繰り返し言及されている。1983年については市制40周年だったということも影響して、市の側からも要望が出されて山組もそれを受け入れた。

第三が「文化財」という文脈である。全基出場については「無形民俗資料［文化財］の国の指定を受け、長浜祭の価値は非常に上がったが財政的には余り恩恵が無い。今後は有形の指定を受け保存の問題に取り組まねばならぬ。その為十三の山が出場して、お祭りをより豪華に盛り上げ有形の指定を受けねばならぬ」[30]といった有形民俗文化財指定とそれによる曳山の修理への助成の獲得運動としての意味づけもされた[31]。

そしてここに見られる3つの文脈がこれ以降、祭礼への助成増額を正当化するものとして活用されていく。ただし、こうした文脈すべてのなかでの優先順位が付けられる場合も存在する。たとえば先のＪＣ３氏が「文化財」という文脈から、観光客に向けた夕渡りについての派手な演出を否定したような場合もそうした一例である。また観光や市民向けに暇番山組も含めて曳山を展示し、観光や市民向けの展示といった用途に提供することが、文化財としての保全という文脈と相容れにくいのは、第8章の議論からも明確である。実際、83年までの引き続く全基出場で曳山の修理が必要な状況が起こるなか、市の意向を受けて暇番山に協賛を求める総當番に対し、「山組には山の維持・保存を保護する責任が有り、夫の上毎年曳山祭に出ると言う責任をもたされる。夫に対し裏付が少しもない。市が観光事業として曳山祭を表看板にやられるのなら、山組がもう少し余融のある祭をさせてもらいたい。毎年市の要求にそこまで応じ、夫に伴ふ山の維持・保存・保護の役目が皆山組にかかって来る。その様な山組の有り方が何時まで続けてやって行けるのか。大層不安に思ふ」[32]といった声が山組より出るようになった。こうした結果、市からの要請を退けて、1984年以降は特別な場合を除いて4基出場に戻された。

その後、文化財としての側面を代表する長浜曳山祭保存会は１９９９年に財団法人長浜曳山文化協会となり、また収蔵庫構想は第8章で論じたように長浜市曳山博物館として結実した。市からの補助金は現在では「曳山行事公開補助金」として、観光振興課の予算として協会に交付され、そして総當番を通して配分されて山組の予算に充てられている。長浜曳山祭協賛会のしくみも継続しており、さらに第8章で論じたように曳山の修理については国庫補助事業として補助金が随時充てられている。

なお観光面については、２０１６年に長浜曳山祭を含む33の国指定重要無形民俗文化財に指定されている山・鉾・屋台行事が、ユネスコ無形文化遺産に登録されるということで（２０１６年12月に登録）、長浜市が総當番を通さない形で山組の有力者や、全山組の若衆たちによる横断的な懇親組織であった若衆会の会長等を中心とした「曳山ユニット」という組織を作り、「ユネスコ曳山ユニット事業」として、翌年まで数多くの活動が行なわれた。２０１６年には東京での長浜曳山祭に関する観光客向けキャンペーンや、一般財団法人地域伝統芸能活用センター主催の「地域伝統芸能による豊かなまちづくり大会ながはま」（日本の祭りinながはま）への長刀組とその年の出番山組４山の出場があった。２０１７年の本日には13の曳山が御旅所に揃い、また同年7月9日には同じく長刀組と出番山組のうち3つが参加して、東京・国立劇場における狂言の披露が行なわれている。

もっとも長浜市が主導するこうした観光という形での外部への公共的用益の提供に予算を傾注しようとする動きに対しては、山組側からはそうした予算があるならば、曳山の保全など今後の安定的な祭礼を可能にするしくみづくりを考えてほしいとする意見も少なくない。山組の側はあくまで祭礼とそれを通した町内の全体的相互給付関係を安定的に継続することが目的であり、観光はそのために必要な資源を獲得するための手段に過ぎない以上、優先されるべきが前者なのは当然のことである。

## 第6節　公共的な用益を通じた諸資源の獲得と地域社会における関係性の広がり

本章では、長浜の戦後の衰退と経済力の低下のなか、山組連合が祭礼を継承すべく行政との間でいかに関係性を取り結んでいったかについて論じた。そこでは観光という外部への用益の提供、長浜市の市民全体への用益の提供、さらに国指定重要無形民俗文化財への指定というそれぞれの時期に使うことができる文脈を駆使しつつ、祭礼の位置づけを変容させていく山組側のしたたかな戦略が見いだされる。

１９８６年４月１日の山組総集会に市長代理として出席した助役は、長浜曳山祭が「伝統ある行事、神事、観光、民族《ママ》行事、コミュニティの場といった多面的な要素を持っている」と挨拶している。こうした多面性は戦後、財政的な面で祭礼を山組が単独で支えていくことが困難になるなか、観光や市民全体の祭り、さらに文化財といった複数の社会的文脈に改めてそれを位置づけ直し、再編成していくなかで地層のように積み重ねられていった結果であった。

かつて祭りや民俗芸能をめぐってはそれが観光資源化されてしまい、文化財としての保存に反しているとして民俗学者によって批判されることは多かったが、むしろ祭りを執行する当事者の側から見れば、こうしたさまざまな意味づけは一方的に外部から押しつけられたものというよりは、地域社会の変容や産業構造の変化といった前提条件のなかで、その執行や曳山自体の修理を可能にするための財政的な裏付けを可能にするために、選択的に行なったものでもある。

逆に文化財としての位置づけを積極的に取り込むのも、そのことが単に「伝統」に即していて、観光に対して批判的だからというわけでもない。ＪＣ３氏がステージの使用を文化財という点に照らして否定しているのも、夕渡りのステージ使用が「祭を盛大にとの意図から総當番と出番との熱意に市も助力され出来たステージの事とて、無下にこれを取り止められず、特に市の希望もあり苦慮している次第。昨年の出番の方々の意見としては、結果として双手を挙げて良かったとは云えない状態で、一長一短あって本当に困っている」[33]というなかで、文化財として「古来からの伝統」に合わないからと回答することで、決して山組内で賛成が多いとはいえなかったステージ使用についての市からの希望を拒否できるからであるにすぎない。実際、JC3氏も全体としては決して観光への活用を否定していないのである。

加えて文化財という位置づけ、文化財保護法という法律も、単に祭礼を「保存」するだけでなく、それを「国民」に対して活用（公開）することを前提としており、祭礼の執行に対して国や自治体が公金を投じて補助するのが正当化されるのは、その所有者である山組だけではなく、多くの人びとがその当該の文化財に触れて楽しみ、また知識を得ることができるという用益にも開かれているからでもあって、文化財であるという理屈は、むしろ多くの人びとにそれを公開するためにも使うことができる。実際、前章で論じた曳山の修理は、山組の側がそうした論理を採用することで可能となっている。観光にせよ、市民の祭りにせよ、文化財にせよ、そうした社会的文脈をうまく活用することで、その時々の状況に応じて必要な資源を調達していくのであり、したがってこれらの論理はある程度融通無碍に使い分けられる。

したがって、外から見れば「観光」と「文化財」、「市民全体の祭り」と「文化財」、あるいは本章では触れなかったが神事と観光といった文脈が対立するように見えたとしても、それらは山組の側からは、その時その時で祭礼を継承するために必要な資源を獲得するために選び取られ、重層しつつ用いられていく。祭礼を継続するための資源を獲得するためであれば、手段として適宜、新たな公共的文脈を受け入れて外部のアクターに用益を配分するし、より資源を獲得できる文脈があれば、それを手段として採用する。大事なのは何よりも第4章および第5章で述べたような祭礼を通じた全体的相互給付関係を継続することなのだ。

またこの章では資金獲得と結びついた社会的文脈を中心的に論じてきたが、資金以外の祭礼における各種資源の獲得と結びつく形でも祭礼はさまざまな公共的意味づけを持ってきた。第8章で論じた曳山はもちろんのこと、たとえば第6章で論じたシャギリについてであれば、かつては雇いシャギリという形で技能とそのための人的資源を調達していたのが、それが困難になって以降に学校と連携して郷土教育という文脈に位置づけられたからこそ子どもへの継承のきっかけを得た。現在でもそうした文脈において長浜曳山文化協会の下で地域での伝承活動を行なう伝承委員会、そして長浜曳山祭囃子保存会が指導者を派遣して、学校を通じて多くの小・中学生がそれについての技能を習得し、生徒の関心と参加を喚起している。なお伝承委員会ではシャギリ以外にも、三味線という狂言に関する技能についても、学校と連携して郷土教育の場を設けている。

また第7章で論じた協賛金に関しても、青年会議所を通じた協賛金集めが可能なのは、若手経営者間の交友関係による結びつきと人的ネットワークの保持だけでなく、長浜曳山祭自体が長浜の中心市街地における貴重な文化財であると共に観光資源として地域の経済活動において重要な意味を持つがゆえの地域貢献という意味合いがあるからこそであり、また出す側もそれによって納得できる。

さらにこれもかつては農村部から雇いが行なわれていた山曳きの人的資源については、山組相互の協力も行なわれているものの、そればかりでなく自衛隊高島駐屯地や連合滋賀、滋賀県立大学・長浜バイオ大学にとっては地域貢献活動となるといった形で用益を提供し、そうした結びつきを通じて人材を獲得することができている。

このように長浜曳山祭においては、人材や資金、曳山とその修理設備、技能といったように祭礼に必要なさまざまな資源をめぐって、山組の外部にある地域社会のさまざまなアクターと関係性を取り結び、それぞれのアクターに対して意味のある公共的用益と引き換えにそれを継続していくことで、祭礼を安定的に継承している。

祭礼を行なう山組のメンバー自身にとっては、家同士や町内同士における名誉・威信の配分と競い合いをめぐる全体的相互給付関係、そしてそうした競い合いがもたらす興趣こそが祭礼の中核にある意義となっている。しかし第4章・第5章で論じたように、そうした関係性が成立するのは祭礼がその後も継承され、名誉・威信の配分が将来において自分の家にもなされる可能性が見いだされるからであって、祭礼が継承できないのではそもそも相互給付関係は成立しない。したがって祭礼は何としても継承されなくてはならず、そのためには継承を可能にするための資源の獲得と、それを可能にする地域社会のさまざまなアクターとの社会的なネットワークが必然的に生みだされていくことになる。

こうした都市祭礼をめぐって発生する全体的相互給付関係と地域社会におけるネットワークの重層として地域社会の関係性を見いだした本書の分析をふまえつつ、第10章では本書の内容を再確認して都市社会学、祭礼研究、そしてコモンズ論という3つの観点から、本書の意義をまとめていく。

# 第10章　本書における知見の整理と結論

## 第1節　都市祭礼を通してみる社会関係とネットワークの変容

本章では第4章〜第9章を通じて明らかになったことを、改めて本書の分析枠組みに沿って整理し、そのうえで本書の先行研究に対するオリジナリティと意義、また課題と今後の展望について論じていく。

本書では長浜の伝統的な地域的な生活共同の単位である町内＝山組を事例として、祭礼を通じて見いだされる町内および町内連合の全体的相互給付関係、そして戦後における都市の変容のなかでそれを維持・継承するために公共的用益を通じて創りあげられた関係性を通じて、かつて伝統消費型都市と呼ばれてきた都市の社会関係と社会的ネットワークについて明らかにしてきた。

その際の視角として本書では、第3章で示したように、都市祭礼をさまざまな要素からなる資源の調達と用益の生産・配分をめぐる一連のサイクルの管理とみなして分析を行なった。すなわちまずは祭礼の構成要素を分解し、人材・資金・曳山・技能といった祭礼を成立させるために必要な原材料となる資源を入力し、祭礼をめぐるルールと知識といったノウハウやそれを支える経験と記憶を通して、名誉・威信それに興趣、さらに町内の外部にとって意味を持つ公共的用益を出力、また配分することで祭礼に必要な資源を獲得する一連のサイクルとして都市祭礼を論じた。そしてそれぞれの資源を山組という町内がどのように獲得し、継承し、また用益を生産し配分しているのか、そうしたしくみがどのように変容したのかについて分析した。そのことを通じて町内における家同士や世代間、また町内間や町内と見物人の関係性、さらには町内のメンバーシップや、町外のアクターへの公共的用益を介した関係性とその変容について明らかにすることになったのである。

第4章で論じたのは各山組における祭礼の準備と当日のパフォーマンスを通じて見いだされる、町内の家同士というヨコの関係性、および町内の世代間のタテの関係性についてである。町内には、居住歴の長さと間口の大きさという家の歴史・「格」に応じた負担や労力と、その一方での役者・御幣使・籤取人・舞台後見といった名誉・威信の配分、すなわち「労力、物品、心情の総合的贈答」（有賀 1939=1967: 123）としての全体的相互給付関係が見いだされる。そこでの用益の配分の単位は現在の世帯や個人ではなく、先祖代々の貢献がどれだけあるかという歴史的背景が織り込まれた家である。そのうえでいかにトラブルが起きないように配分を行なうかが課題とされるが、実際にはすべての家を納得させるのは不可能で、ゆえに必然的にコンフリクトが発生する。また狂言とそれにともなう夕渡り、さらに裸参りといった行事を自分たちのやり方で盛りあげることで威信を示そうとする若衆と、曳山の管理や他の山組との交渉の中で威信を損なうことを危惧し、またかつての自分たちのやり方にこだわることで威信を示そうとする中老との間でも、予算の配分や行事のやり方について、互いの自己主張とコンフリクトが発生する。

こうしたコンフリクトは町内の関係性を弱体化させるわけではなく、むしろ家や世代間において名誉・威信を獲得できなかったという負の記憶は、いつかそれを挽回する機会を得ようとする祭礼へのコミットメントを生みだしていく。いわば全体的相互給付関係は常に将来の世代における再配分を通して「将来満たされる」ことを予期して、維持されるものなのである。さらにコンフリクトは祭礼を通じて出力される用益のひとつである興趣を生産し、配分するとともに、祭礼をめぐるルールや知識を伝承する記憶を生みだすきっかけでもある。そしてルールや知識はそうしたコンフリクトを経て、その時々の状況や筆頭の判断を通じて柔軟に工夫されて変容しつつ伝承されていくのである。

第5章では、複数の町内間の対抗関係において、山組相互の威信と興趣が見物人も関与する形で生産されるしくみに焦点を当てた。すなわち裸参り行事における山組同士の4日間の経験や、過去の裸参りをめぐる山組間の喧嘩についての世代間の記憶の継承を通じて「因縁」が創出され、対抗関係というフレームにもとづく喧嘩の興趣が発生する。その際、裸参りのルールは表面的には喧嘩の抑制を目的にしているように見えつつも、実際には「建前」であり、それぞれの山組にとっての正当性を保持できるような形で喧嘩を可能としており、興趣を生産できるように演出可能な形で山組間に共有されている。興趣の発生とそれぞれの山組の威信の発露は、暇番山組を含む見物人の注目のもとで行なわれることを前提としており、見物人もまたそうしたフレームを共有して喧嘩による興趣を期待する。そしてうわさ話の伝播や出番山組への働きかけを通じて対抗関係を煽りそのフレームを強化していくなかで、予言の自己成就的な形で喧嘩が発生し、山組同士が共犯関係を取り結びつつそれぞれの威信を発露するとともに興趣を得るという相互給付関係にある。

そうした競い合いとしての祭礼を成り立たせるためには、各山組が無事に祭礼を行なうために必要な資源を確保することで、共通のプラットフォームが維持されなくてはならない。第6章は戦後に各山組が確保することが困難となったシャギリという技能資源とそれを担う人的資源について、山組間での共同と山組内の再編を通じてそれをどのように創出していったのかについての分析であった。そこでは長浜曳山祭囃子保存会という形での山組間の相互協力という形での相互給付関係の生成と、身分・階層性にもとづいていた祭礼の中下層・女子、山組外からの参加者へのシャギリの開放が見られた。さらにシャギリが狂言の役者候補を育成する場として位置づけられ、中学生以降もシャギリの担い手となることが祭礼の伝承において重要な意味を持つようになるなど、祭礼組織の人材育成のしくみ全体の変容もひきおこされていった。またシャギリを教えることで公共的用益として学校における郷土教育の素材を提供しつつ、それをきっかけとして興味を持った児童が山組に参加する形で、新たな技能資源・人的資源を調達する可能性を見いだすに至っている。

高度成長期以降の長浜の経済的な地盤沈下は、シャギリという技能だけでなく資金の面でも山組にとって大きな影響を与えている。山組の自己資金だけでは祭礼を維持できない状態となって以降、新たに資金獲得のため取りいれられたのが、パンフレットへの広告掲載による協賛金というしくみであった。それは資金という資源の調達を意味すると同時に、若衆の家や山組全体としての社会関係資本という形での山組内外への威信を生産する役割もはたしている。山組内においては協賛金を出すことは名誉・威信の誇示でもあり、また山組間での協賛金は出番の際の相互の資金の融通、相互の名誉・威信を誇示できるようにする交換関係にある。一方、家業などで関わる山組外の取引先や行きつけの店、青年会議所を通じて関係をもつ自営業者は山組内の全体的相互給付関係の外部にある。前二者であればその裏づけになるのは長期の安定的な取引関係であり、後者であれば資金調達において観光資源としての価値という公共的用益に対する協力が見いだされる。

また第8章で述べたように曳山という物的資源についても、1970年代以降の中心市街地の衰退のなかで、公共的用益の提供を通じてその長期的な管理のための資金や設備、技能を調達すべく、社会関係が構築されていく。山組は青年会議所を通じて観光資源としての曳山を展示する曳山博物館構想を実現させることで、曳山の大規模な修理を可能にする設備を入手することに成功する。さらに、山組は文化財という公共的用益に曳山を提供する枠組みを活用して、曳山の修理において必要な多額の資金と専門家の指導の下で適切な技能を持つ人材を確実に入手することに成功する。その一方で、自分たちが町内で決定してきた曳山の管理の権限を、専門家や行政に譲り渡すことになり、また曳山を通した山組間の威信の競い合いという祭礼のあり方は変容を余儀なくされていった。

こうした公共的用益の提供を引きかえにした資源の獲得を通じて祭礼を継承してきたのはそれ以前も同様であ

り、第9章で論じたように、山組連合は祭礼が必要な資金の調達とひきかえに、いかなる公共的用益を地域社会に対して提供できるかを示すべく、その公式的な意味づけを「観光」「市民の祭り」「文化財」といったかたちで何度も変化させ、また使い分けて、行政や観光協会、経済団体などと関係性をとり結んできたのである。

## 諸資源をめぐる社会関係の変容

こうして各章で論じた祭礼における諸資源と用益をめぐる社会関係と戦後におけるその変容について改めて全体像をまとめておこう。第3章で図3-1とともに概略的に述べたように、本書では祭礼をめぐる諸資源と用益について全体的相互給付関係をもとにした山組内・山組間における関係性と、公共的用益とひきかえに山組外からの資源を調達する関係性のそれぞれから、地方都市の社会関係を論じてきた。

第6章以降で述べてきたように、社会環境の変容とともに、祭礼に必要な資源（技能、資金、曳山、技能）を従来通り維持できなくなるなかで、個々の山組あるいは山組連合は、地域社会におけるさまざまな外部のアクターとの関係性を創りあげ、それらに対して公共的用益を提供することでそれらを獲得し、埋め合わせようとしていく。このようにコモンズとしての都市祭礼を維持し、管理していくことを通じて都市における関係性が再編されていく。そうした変化について、以下の2つの図からまとめておこう。

図10-1は、主に戦前期における資源調達の仕方について示したものである。浜縮緬などの産業基盤をもち、また交通の要所にある商家町として栄えた長浜において、祭礼に関する資源、とくに資金はきわめて豊富であった。観光的な貢献に対する町財政からの補助は存在していたものの、祭礼に投入される資金のなかでその割合は無視できるほどに小さく、山組の、特に歴史や威信の大きい商家が多額の資金を投入し、それに応じた名誉・威信の配分が町内全体のなかで行なわれる形で祭礼は行なわれていた。現在でも三役についてはそれに近い状況は残っているが、当時はシャギリや曳山の曳き手のような周辺的な人手、さらには曳山の修理技能についても山組

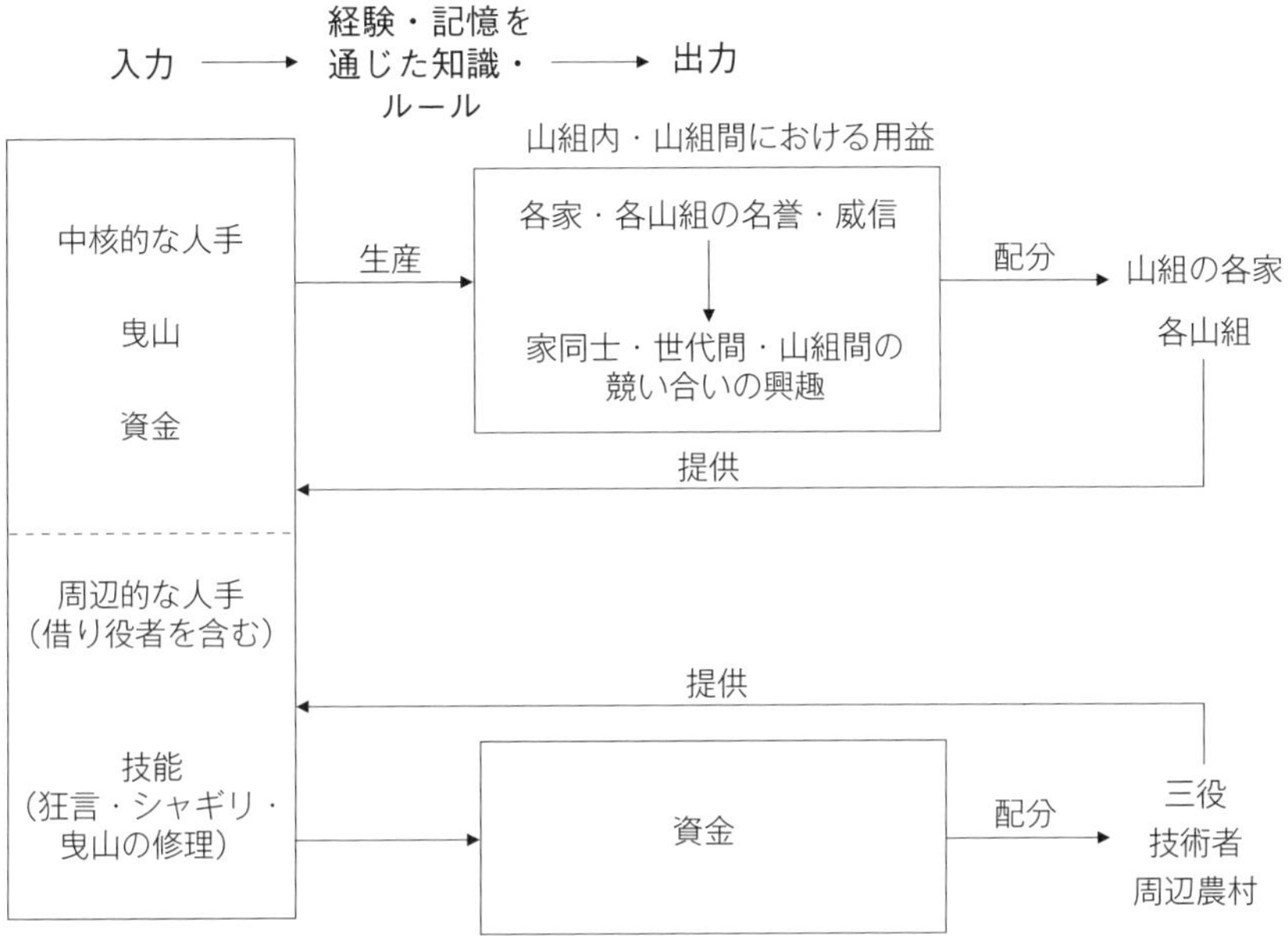


**図10-1　戦前期における祭礼の管理プロセス**

の資金のみを通じて調達されていた。

しかし戦時中の縮緬産業や商家の衰退以降、こうした状況は大きく変わっていく（図10-2）。戦後、自己資金のみで祭礼を行なうのが困難となった山組は、山組外への公共的用益の提供や、山組を構成する個々の家や個人のネットワークによる資源調達にかなりの部分を頼ることになる。パンフレットを通じた協賛金を確得すべく他の自営業者や青年会議所と密接に関係性を創りあげることが祭礼を継承する上で重要になり、また観光による経済活性化への貢献に対する行政や観光協会からの補助金との関係性を通して、公共的用益を提供するための祭礼の社会的な提示の仕方も変わっていった。さらに70年代以降には中心市街地の活性化や文化財としての位置づけと結びつける形で行政と関係性を結び、自分たちだけでは用意できない曳山の修理に関する資金、設備や技能を調達している。周辺的な技能や人手についても、資金を通じてでなく山組内・山組間でシャギリを育成・融通するかたちでの全体的相互給付関係を拡

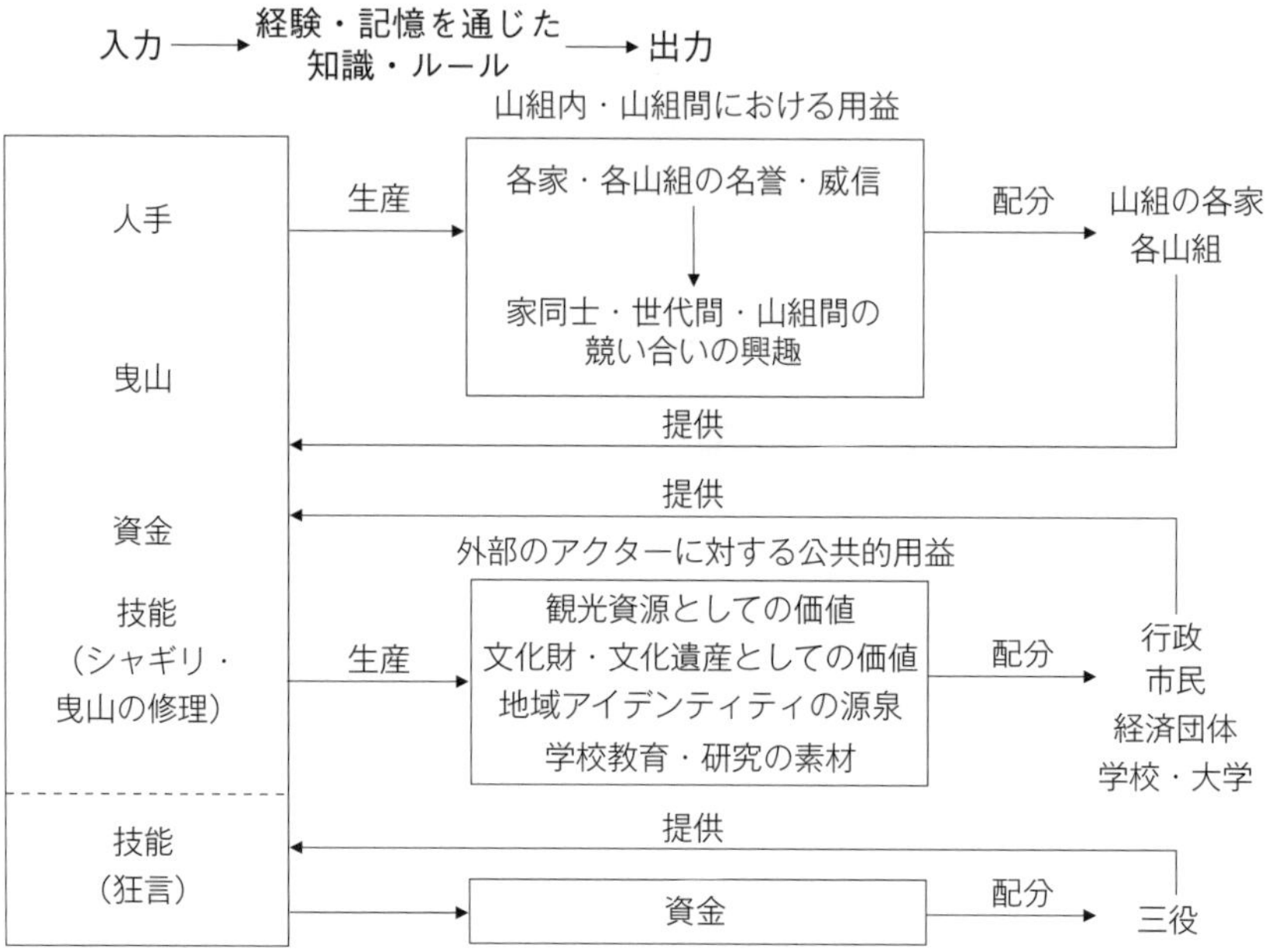


**図10-2　現在の祭礼の管理プロセス**

大することで確保するとともに、学校での郷土教育という公共的用益の活用を通じて参加者を募っている。曳き手についても山組間の融通や伝統的な祭礼への参加そのものを公共的用益として提供することで、ボランティアや大学生を集めるようになっている。

このように人材・資金・曳山・技能を集めるためのしくみを大きく変容し、その一部は山組内や山組連合において自己調達する一方で、かなりの部分については公共的用益を通じて都市のさまざまなアクターとの関係性をとり結ぶことで調達するように、祭礼の管理の仕方は変化してきた。その一方で名誉・威信と興趣とを生産・配分する都市祭礼という全体的相互給付関係のしくみは現在まで維持され続けている。こうした形で山組が町内の関係性を再生産する祭礼を維持していく仕方を析出することによって、本書は町内・町内連合を中心に、こうした都市の社会関係と社会構造を描き出してきたのである。

## 第2節　コモンズとしての都市祭礼

さて本書では、都市祭礼をコモンズ論的な視点から分析することで伝統的な町内とそれをとりまく地方都市の社会構造について分析するという方針を示してきた。上記の内容をふまえつつ、都市祭礼という対象をコモンズとして論じることで何が見いだされるかについて、自然資源をめぐるコモンズ論の場合と比較しながら示しておこう。

### コモンズとしての都市祭礼に見る共同性／公共性の交差

従来、コモンズをめぐる研究では多くの場合、自然資源の過剰利用を抑制するための、伝統的共同性にもとづく管理のしくみに関する議論であることが前提とされてきた。そうしたなかで、特に日本におけるコモンズ論においては、コモンズを「自然資源の共同管理制度、および共同管理の対象である資源そのもの」（井上・宮内編 2001: 11）と定義して、伝統的に共有されている資源とそれを支える伝統的な管理のしくみを区別せずに論じることが多かったことを、高村学人は指摘している（高村 2012: 7）。第3章で論じた俵木悟の、民俗芸能をコモンズとして論じるという提案も、この点はあまり明確ではない。

しかし本来、「資源そのもの」（Common Pool Resources：コモンプール財）の共有と、「資源の共同管理制度」（Common Property Regime：共的な管理・所有制度）というしくみの共有は、本来別の問題である（Dietz et al 2002=2012: 21, 25）。本書は都市祭礼を「文化財」のような単一の資源として見るのではなく、資源の獲得と用益の生産・配分という管理のしくみという意味でのコモンズとして論じた。生産された資源そのものの共有という点は変わらなくても、その目的をより合理的に達成するために、異なる管理の仕方が創出されるといったことは当然、あり得るはずである。そうした変化には大きく分けると①伝統的な管理のしくみ自体の内生的な変化、②伝統的な管理のしくみの、その外部との関係性を通じた変化、の双方があると考えられる。

まず①について。本書では町内内部において祭礼のあり方がダイナミズムを持った形で変容していくプロセスを論じた。第4章では町内における祭礼の経験・記憶やそれにもとづくルール・知識の共有と更新、そして名誉・威信や興趣の生成・配分を通じてその点を明らかにした。そうしたしくみの変化において鍵になるのは町内や町内間におけるコンフリクトである。名誉・威信の配分をめぐるコンフリクトを通して興趣が生成・配分され、興趣を通じてコンフリクトが人びとの間に経験・記憶を創りだし、新たなルール・知識が更新される。そうしたなかで祭礼のあり方は固定化された「伝統」としてではなく、3年ごとに変容するものであり、むしろそれこそが若衆たちが祭礼を行なううえでの強いこだわりとなっている。

また第5章で論じたように町内同士の対抗関係の場合でも似たような面は多い。それぞれの山組の若衆たちは直前数日の、また過去に起きた裸参りにおける喧嘩の経験・記憶をふまえつつ「因縁」にもとづく対抗関係のフレームを創りだし、見物人を前にして山組の威信を示し合いつつ、喧嘩による興趣を発生させる。それによって自分たちも興趣を享受し、また見物人にもそれを配分する。見物人たち自身も喧嘩の経験・記憶を共有しており、そうした対抗関係の発生に関与している。そしてそうした拮抗関係とコンフリクトを、適度に収めつつ祭礼を継承していく。

このようにコンフリクトや対抗関係が、町内における無形の諸資源のあり方の変化に大きな影響とダイナミズムを与えていることは明らかだが、とりわけ先に述べたような調和的な共同性のなかでの資源管理のしくみを前提とする日本語圏の自然資源をめぐるコモンズ論では、こうした変化を見いだすことは難しい。すなわちオストロムが論じたような、資源の管理にはどのような制度が良いのかといったコモンズ内部の制度研究、資源に関わるアクターがその管理におけるしくみを変化させたり新たに創造していく可能性についての研究が進められてこなかったのである（Ostrom 1990; 高村 2012: 7–13）。

本書においてその点で重要な意味を持つのが、先に述べた祭礼をめぐる町内のコンフリクトとそれを通じた町内内部のダイナミズムである。実際オストロムは、コモンズがうまく管理されるための条件としてコンフリクトを解決するメカニズムが備わっていることを挙げ、その解決に至るプロセスの分析の重要性を強調している（Ostrom 1990: 103）、日本に限らずコモンズ論においてコンフリクトとその解決のメカニズムに関する研究は十分に行なわれてこなかったが、高村学人が述べるようにコモンズの利用や管理の方法をめぐってのコンフリクトは、そのことを通じてよりふさわしいルールが発見されるチャンスとして積極的に位置づけられるべきであろう（高村 2012: 43）。

また本書では人びとの経験・記憶を資源の一つとして対象化し、家や町内の履歴や町内のコンフリクトをめぐる笑い話の共有、町内間の「因縁」といった過去の歴史の語り、また息子が役者に選ばれたことへの喜びや不当な扱いを受けたことへの怨念といった人びとの記憶が作用し、それらがメディアとして共有されることを通じて町内における祭礼が伝承されていくしくみを描きだした。そのことによって自然資源の場合には論じられることが難しい人びとの歴史・記憶が地域社会においてどのように作用して地域コミュニティや町内、地方都市といった場を構成しているかも含めて論じることになったといえる。

本書は、地域社会において伝統的な町内のような共同性を分析する際に、単に伝統的な共同性にもとづくしくみの下で共有される資源のあり方を固定的にとらえるのではなく、コンフリクトを通じてむしろそうした経験・記憶が共有され、ルール・知識のあり方が更新されるといったダイナミズムを含み込んだ形でコモンズ論を展開したものとして位置づけることができるだろう。

そして②についてであるが、日本におけるコモンズ論では資源を利用する現地の住民が資源の性質をふまえたうえでそれを自治的に利用・管理するしくみを創り上げていることを高く評価し、それをいかに守るかというのを基本的な論調としてきた。そうした議論においては、資源そのものがそのコミュニティ内部において配分されていることと同時に、管理のしくみもまたそうしたコミュニティ内部で自生的に生みだされたものとして想定される。そこでは管理のしくみを自生的な共同体に存在してきた調和的なものとして描きがちであり、その撹乱要因は、基本的には外部の側におかれてきた。すなわち外部からもたらされるしくみや外部からの影響は、資本主義的なアクターや国家のようなアクターによってコモンズの資源やしくみが危機に陥るといった形で危機をもたらす問題として、あるいはコモンズのしくみを今後も守るためにコミュニティが連携すべき対象となる運動団体との関係といった運動論的問題として位置づけられてきた。

しかしこうした議論は、コモンズに関する伝統的な共同体のあり方をあまりに自己完結的にとらえすぎている。資源を管理するしくみとして外部からのより良いルールや方策を入手してそれを用いることもあれば、法律や裁判にもとづいた決定やそれにもとづく和解の結果、関係するアクター同士が妥協して一つの新たなしくみを作ることもあり得る。たとえばコモンズ論において世界的な影響を与えているオストロムは、そうした自己完結的なコミュニティによる管理だけではなく、裁判の決定や法律による処理といった公共性を通じて、新たにコモンズをうまく管理するしくみがつくりだされていくプロセスが持つ重要性に言及している（Ostrom 1990; 高村 2012: ch.2）。その意味で、本来コモンズ論が持っている射程は資源をめぐる伝統的かつ自生的な共同性についての分析にとどまらず、共同性とその外部に存在するアクターとの関係性や、そうした関係性を通じて管理をめぐるしくみが変化したり、新たに創造されていく可能性にも開かれているはずである（Ostrom 1990; 高村 2012: 7–13）。

実際、先に述べたように町内というコミュニティは自分たちの共同性を創出する全体的相互給付関係をうまく継続するために必要な資源を獲得するべく、実際にはそうした外部の社会状況にうまく適応する形で町内の人びとは祭礼のやり方や位置づけ、組織をフレキシブルに変えてきた。すなわち都市祭礼を行なうにあたって必要となる①～④の危機（シャギリという技能、資金・人材の不足、曳山という物材）において、それを調達するしくみを外部とのアクターとの関係性を通して新たに創り上げていったのである。

たとえば第6章では雇いシャギリの消失という状況において、山組間の相互協力や学校との関係性、町内における役者以外の子どもや女子、さらには町外から参加する子どもへの技能の伝達と人的資源としての取り込みが発生した。それは結果的に、その後に若衆・役者が不足した際に町外からその人的資源を導入するような、組織の再編成をもたらすことになる。また第7章であれば、戦前期まで祭礼をほぼ町内の自己資金のみで行なっていたのが家の社会関係資本を通じて資金を集めるようになり、しかもそれ自体が家や町内の名誉・威信を示すような競い合いという形で祭礼の一部にさえなる。

第8章の曳山についても、その維持（修理）をめぐる困難に際して自分たちのみで技能や資金を調達していたが、博物館における展示や文化財としての助成といった形での公共的な用益へと提供することで新たな管理の仕方を創り上げている。そして祭礼全体においても観光や文化財といった公共的用益を通じて資金を調達するしくみが、祭礼を取り巻く社会環境に応じて柔軟に創出されるのである。また近年ではクラウドファンディングを通して、不特定多数に対して公共的用益と引き換えに資金を獲得するようなことも可能となっている。

こうした外部との関係性はもちろん、曳山をめぐる山組間の競いあいの意味を変質させたりするような影響を与えているが、しかし単にコモンズの資源やしくみが危機に陥るといった形で危機をもたらすというよりは、たとえば曳山博物館の建設構想をめぐる紆余曲折などの例に示されているように、外部との関係性をうまく町内連合の側が交渉を通じて制御しつつ、全体的相互給付関係としての祭礼とその町内のあり方を継承することにつながっている。時には外部からの資金調達のしくみ自体が町内間の競いあいと結びつくような形で、名誉・威信をめぐる相互給付関係の一部にすらなっている。

このように本書は祭礼をコモンズとみなしつつ、そうしたさまざまな資源がどのように管理され、調達されているかのしくみとその変容を分析することを通じて、町内および町内間における生活共同という共同性と、町内に関わる地域社会の社会的ネットワークに関する公共性、そしてそれらが交差し重層する場としての地域社会を描き出すことができたのである。

## コモンズ論の援用による祭礼研究に対する貢献

ひるがえって、こうしたコモンズ論的アプローチは、祭礼研究において新たに何をもたらすか。本研究の特徴の一つは、従来の祭礼研究では十分に論じられてこなかったいくつかの要素を繰り入れることで祭礼のあり方をより説得的に論じることができる点にある。

第一に本書では「生活行為の内面的な部分に及」ぶ「労力、物品、心情の総合的贈答」（有賀 1939=1967: 123）としての全体的相互給付関係という概念を用い、各種資源の供出・調達、そして名誉・威信や興趣をめぐる心情やふるまいの双方をも含みこんだ交換の体系として祭礼を描き出した。そのことによって松平のように資源と名誉・威信の一致を指摘するにとどまらず（松平 1990）、また和崎のような資源の問題を抜きにした記号論的分析や調和的な共同体（態）像とも異なる仕方で祭礼を分析している（和崎 1987, 1996）。すなわち本書は「労力、物品」や資金といった資源の供出と、用益としての名誉・威信といった「心情」の配分の不一致が創出する興趣というもう一つの「心情」の生産・配分を論じた。本書は特に第4章・第5章において、そうした興趣がコンフリクトを通じていかに創りだされ、同じ町内の構成員同士や異なる町内間において、そしてまた見物人も含み込んだ形で共有されるのかについて明らかにしたが、こうしたメカニズムについて論じた研究はこれまでなかった。

またそれと関連して、従来しばしば予定調和的に描き出されてきた祭礼を通じた地域社会の共同性について、本書では名誉や威信をめぐる対抗関係やコンフリクトに焦点を当てた。そうしたコンフリクトは祭礼をめぐる経験・記憶を共有するよすがとなり、さらにはコンフリクトが社会状況の変化に合わせて祭礼の伝統を変容させていくダイナミズムをもつ。そうした視点も従来の祭礼研究にはなかったものである。

第二の貢献として、コモンズ論にもとづく本書の分析が祭礼や民俗芸能といった伝統文化の変容や再創造を理解する上での見取り図を示している点が挙げられる。本書では都市祭礼を単純に共有財としてのコモンズとみなすのでなく、担い手内部における資源—用益のサイクルと、それを可能にするために公共的用益とひきかえに外部から資源を調達するサイクルという2つのサイクルを管理するしくみという意味で、コモンズとして分析している。そして前者のサイクルを継承し続けるための後者の再編を6章以降で論じている。

観光のような外部のアクターとの関係性が本物の伝統を歪めるとする本質主義的前提を批判し、伝統文化が観光と結びついて再創造されてきたことを論じた研究は数多い（橋本裕之 2014; 太田 1998=2010など）。一方これに対し足立重和は観光化を含む、伝統文化のさまざまな変化にもかかわらず、それが「昔のまま」続いているとする住民のリアリティに寄りそうことを主張する。

しかし本書の観点からは個々の伝統文化を共有財として、それが全体として創造か「昔のまま」かを住民のリアリティの水準だけに即して問うのは分析として不十分であると筆者は考える。必要な資源を集めて担い手内部に用益を配分できるなら、外部からの資源調達のために、表面的にはいくら変化しても構わないのである。たとえば観光資源としてであろうが文化財としてであろうが、資金が獲得できるなら、山組にとってはどちらでもたいした違いではない。シャギリについても農村からの調達だろうが、学校を通じた子どものリクルートだろうが、どちらでも構わない。重要なのは担い手内部の用益の生産・配分がスムーズに行なえることである。すなわち伝統文化が全体として創造か「昔のまま」かではなく、資源と用益を管理するメカニズムのどの部分に関する変化かが重要であり、それが担い手内の用益を侵害するものなのか、それとも一見大きな変化でも単なる不足資源を補うものに過ぎないのかという分析が必要である。本書はこうした分析の枠組みを示したものとなっている。

そして第三に、家と町内をめぐるコンフリクトや対抗関係という非日常の時間・空間と日常との間の関係性を論じることの重要性を示したことも本書の成果であろう。第4章や第5章では「この人がこういう風に怒ってた、怒りを見せたいうのは忘れきれませんので。それがあるさかいその人と付き合わないんじゃなくて、普段通りの生活に戻る[1]」というような、日常のフレームと祭礼におけるフレームとの切り離しについて論じた。ともにそれとは逆に山組の人びと同士が日頃会ってともに飲むと必ず山組内や山組間のコンフリクトをめぐる話題を通じて祭礼の興趣を楽しみ、また経験や記憶を通じてルールや知識について伝承し、若衆や中老のなすべきふるまい、コンフリクトの演出などについて学ぶという、日常も含めて祭礼を生きている様子をも描き出した。また第7章のように、家業の取引先や青年会議所等を通じた経営者同士の関係性という日常的な社会関係資本が祭礼にどのように駆使されるのか、さらにそうした資金の獲得が社会関係資本に関する顕示という形で祭礼の場において持つ意味といった形での日常と祭礼の場との関係性の分析も本書では行なっている。

一般的な祭礼研究では、こうした日常と非日常の祭礼の場との関係性に関する記述・分析を行なうのは難しい。というのは、非日常である祭礼の時間・空間については調査者に対してもオープンにされるが、日常生活においての家と町内、その相互の関係性を描き出すこと、また描き出せるようなインフォーマントとの関係性を構築することは簡単なことではないからである。本書においてそのような分析が可能だったのは、筆者自身が若衆として活動していたことが大きかった。家同士や世代間、町内間のコンフリクトが面白おかしく話される場、また過去の経験・記憶を中老世代や幹部の若衆が下の世代に伝承するような場に居合わせ、またコンフリクトやそれがもたらした祭礼を行なう上での危機を経験し、また裸参りにおける対抗関係とその演出、シャギリの練習や祭礼時の参加、若衆としての協賛金集めにかかわっていたことから、若衆や中老たちの日常についての記述は可能となっている。こうした形で祭礼を単にその直接の準備や当日の状況のみで論じるのでなく、人びとが日常において祭礼とともに生きる様子を描いた点は祭礼研究に対しても大きな貢献であるといえるだろう。

## 第3節　都市社会学に対する本書の意義

### 家連合・町内連合としての分析視角の有効性と共同性／公共性

ここまでのまとめをふまえて、都市社会学における本書の意義について改めて考察していく。第2章で論じたように、町内社会のコミュニティの社会関係について、その歴史的な経緯や伝統文化をふまえつつ、人びとの生活経験に即して分析する視点は、都市社会学のなかにおいて極めて希薄であった。都市社会学においては日本の民主化や近代化、行政や企業との関係という視点から町内会に焦点を当てる傾向が強く、町内社会という近世以来の歴史的な蓄積を持ち、そこでの伝統をめぐる意識やそれを前提とした形での家同士の結びつきを強くともなったコミュニティのあり方自体について内在的な分析を行なおうという研究自体が少なかったのである。都市社会学における都市民俗に関する研究の薄さにも、こうした実態が反映している（有末 2011）。

それは松尾浩一郎が論じたように、それは近代的な「市民意識」「コミュニティ意識」という規範への可能性を探るという倉沢進以降の都市社会学の主題そのものの反映であり、シカゴ学派的な分析にもとづく歴史性の排除とも重なって（有末 2011: 松尾 2015: 282, 291）、倉沢らによる津山市調査の進展いかんによってはあり得たかもしれない町内社会の生活経験や生活共同のあり方に関する研究の発展の可能性は依然として省みられてこなかった。都市部における「家」とコミュニティの分断という状況が前提とされるようになったこともその背景にあるが、しかしそうした前提こそが地方都市に関する研究の分析枠組みを弱体化させてしまったのではないかと筆者は考えている。

本書はそうしたなかでの「有り得たかもしれない都市社会学」（有末 2007b）の可能性を、有賀喜左衛門による都市の家連合に関する議論（特に系譜関係のない家々の組的な結合としての町内、および町内連合）と（有賀

1939=1967）、中野卓による家同士の「全体的相互給付関係」（中野卓 1964=1978, 1964）にもとづく分析までさかのぼって見いだし、町内および町内間の関係性を分析した。そしてそのうえで都市祭礼における資金・人材・曳山・技能といった入力される資源だけでなく、ルール・知識やそれに関する経験や記憶といった歴史的・伝統的なしくみとその変容や、そうしたしくみを通して行なわれる名誉・威信、そして興趣の配分といった感情も含めた全体的相互給付関係という観点から、聚落的家連合としての町内および町内連合としての都市を描き出すことの有効性を示すことができた。

かつて安田三郎が有賀・中野卓による都市の聚落的家連合論に対しては、近代都市においては生産活動が家・世帯から分離しており、近代的な都市社会の性格をとらえられないとして批判し（安田 1956: 109）、その後の都市社会学においても（有末賢や松平誠のような限られた一部の論者を除けば）まったくといっていいほど顧みられてこなかった。また京都や津山といった都市の町内に関する研究でも、近世からの町内の歴史的変遷や町内会組織、町内のメンバーシップとその組織・機能、祇園祭における新旧住民の関係性と新たなコミュニティづくりの可能性といった議論であり（鯵坂 1989; 上田惟一 1989a, 1989b; 谷口 1998; 田中志敬 2008; 小松 2008; 西村 2011）、家や家連合に注目したものは管見の範囲では見いだせない。都市人類学や都市民俗学でもこの点は同様である。

ここでは都市社会学に議論を限定するが、伝統消費型都市とされる都市に関する研究において、それが困難だったのはなぜか。都市を「歴史に抗する社会」として位置づける中筋直哉は（中筋 2006: 196）、倉沢進が伝統消費型都市の類型を提示し、都市の歴史記述に初めて顕著な成果をあげたことを指摘しつつ、この類型が国民経済や国民国家の内部機構として位置づけられ、都市の外部からの産業化・都市化の動きのなかでやがて伝統消費型都市らしさを失い、まったく別の社会に変化してしまうはずのものであったからだとする（中筋 2006: 201）。

すなわち蓮見音彦・似田貝香門らが調査した福山市のように、そうした都市は産業型都市のような構造に変質してしまい（蓮見編 1983）、それによって伝統消費型都市という概念自体の有意味性が掘り崩されてしまうことになるというわけだ。もしそうでなくこの概念にこだわるならば、「都市の内部からの都市化力を証明」、すなわち町内や「地場産業」のような「在来型社会組織の歴史的展開にこだわるかしなければならない」。しかしそれは「倉沢自身も含め、その後の都市社会学者たちもついに明らかにできなかったように思われる」と中筋は述べる（中筋 2006: 201-202）。

しかしながら本書において見いだされるように、現在でも長浜における山組という町内の生活共同において、たとえば町外に住む息子・孫世代や娘の家の子どもも含めた形で家の境界は広がりを見せつつ存在し、資金や人的資源、そして名誉・威信と興趣を全体的相互給付関係にもとづいて配分する町内という意識が継続している。そしてそうした家や町内は単にその時々の個人や世帯ではなく、各家の代々の貢献や過去に発生したコンフリクト、コンフリクトを通じて得られた経験と記憶、そして他の町内との対抗関係と因縁といった人びとの記憶にもとづいた歴史によって支えられている。

その意味でこうした都市においては「歴史に抗する」どころか、（その時々で内容が変容したり、再構築されたりするにせよ）常に歴史は蓄積され、参照されている。さらにその全体的相互給付関係はその時々で達成されるものではなく、むしろ現在満たされていない給付が、将来達成されることをそれぞれの家が期待する形でこそ継承されている。町内あるいは町内連合の単位で将来も祭礼とそれにともなう全体的相互給付関係が継承されていると思えるからこそ、現在の強いコミットメントに意味があるのであり、したがって各家にとって聚落的家連合としての町内は歴史的な記憶とともに必ず継承されなくてはならないのである。

## 町内と社会的ネットワーク、共同性と公共性

そしてだからこそ、祭礼を継承するうえでの必要な諸資源の危機に瀕したとき、町内および町内連合はそれを調達するべくさまざまな手段が講じ、町内あるいは町内同士によってだけでなく、町外におけるさまざまなアク

ターとの関係性を創り上げることを通じて継承していこうとする。たとえばシャギリは、町内同士の協力関係によって、それから町内の身分階層性を緩和して子どもを男女問わず山組組織に含み込むことによって、さらには学校というアクターを通じてそれまでなら山組に入ることはあり得なかった子どもでも技能を習得して参加できる回路を開くことによって、町内だけでなくその外からも人的資源を確保できる可能性を開いている。

また協賛金集めにおいては家業として自営業を継いでいる若衆たちや、本人はサラリーマンだが家は自営業という若衆たちが町内だけでなく町外の取引先や出入り業者、青年会議所などを中心とした社会関係資本を駆使して、資金を調達している。さらに曳山においても行政や経済団体との関係性を駆使して、公共的な用益と引き換えにその修理のための施設や技能、資金を入手している。さらに祭礼全体を観光や文化財といった形で外部への公共的な用益に提供することを通じて、行政や市民から資金を調達していったのである。そうした過程で外部のアクターとの関係性に軋轢が生じたり、曳山の場合のように町内同士の威信の誇示のあり方が変容するといった影響があるにせよ、自分たちのやり方で祭礼を継承していこうとする町内の論理と外部のアクターへと提供する公共的用益とを折り合わせながら、町内という在来型の社会組織の枠組みは継続している。

一方でこれについて、たとえば文化財という論理によって曳山をめぐる管理の主導権が外部から奪われる、あるいは資金調達のために観光資源としての努力とそれにともなう祭礼の改変を迫られるといった形で、町内という在来型の社会組織に根づいた共同性が外部から浸食されるというストーリーとみることも不可能ではない。松平誠は『祭の文化』や『祭の社会学』で町内における祭礼のあり方を生き生きと描き出しつつも、そうした町内が崩壊し、自営業者や家事従業者、老人、子どもらの全日制住民による主婦の縁や趣味縁、商店街組合や商工会議所、青年会議所といった職縁も含みこんだ関係性が組み込まれた形で「新しい町内」が生みだされていると説いていた（松平 1983: 277）。そうした「新しい町内」は、もはや家の集団で形成される社会ではなく、等級制のような原理で括られた地縁にもとづく威信構造でもないと松平は述べる。それは「無数の課題ごとに役割を割当て、その都度コントロールの主役や序列を決める役割型の編成であり、こうして、あまたの縁をたどって成立する生活体であ」るという。松平誠はその後の『都市祝祭の社会学』においては「町内」の解体とともに祝祭のあり方も地縁よりも選択縁にもとづいた合衆的祝祭に変化していったという議論へと向かっていった。それは松平が伝統的都市祝祭以後の祝祭として論じた合衆型都市祝祭のあり方とも響きあう。

しかし本書が事例を通して論じたのは、町内のあり方が単にそのように変質したということではない。伝統的な町内とそこでの祭礼のあり方は、松平の述べたような多様な縁、外部のアクターとの関係性を活用し、そのことによって家という単位とそこでの全体的相互給付関係にもとづいて構成された町内および町内連合は変容をこうむるかもしれない。だがむしろ、そうした公共的用益を通じて創出された社会関係をうまく活用することで祭礼と全体的相互給付関係を継続することが可能となり、それを通して聚落的家連合を通した関係性が現在まで脈々と存続し続けているのではないか。むしろ町内の全体的相互給付関係とそれを具現化した祭礼というシステムの存続を駆動因として、行政や経済団体、学校、町外の市民、メディアといったさまざまなアクターと町内（連合）との関係性がとり結ばれ、都市の社会関係が創出されていく。一方で行政や経済団体、観光客といった外部のアクターにとっても、こうした町内が提供する祭礼の公共的用益は関係性をとり結ぶだけの価値がある。その意味で共同性の論理と公共性のそれとは矛盾をはらみつつも結びついて、都市を構成しているのである。

## 地方都市をつくり上げるコモンズと社会的ネットワーク

もちろんこうした家連合としての町内、町内連合は松平が論じたようにかつての集団や地域そのままではない。実際、「地域」や「集団」としては、松平も論じていたように町内はすでにそうした一体性を失っている。空間的にも、「自治会はほとんどないで。皆［店とは別に通常居住している自宅は郊外に引っ越して］住んでないんやもん。自治会長はじめ、役員の9割住んでないんやで。それ［会議］も2ヵ月に1回くらい。AC2さんが自治会長の間は2ヵ月に1回集まって1時間くらいの会議するんやけど、AC2さんの前は1年に1回か2回」[2]というように、住縁コミュニティといえるような実態がもはやない町内も多い。

さらにメンバーシップの面においても、たとえば第4章で外孫を「町内」という枠の中に入れるかどうか、その境界線がその時々の筆頭の決断に委ねられるという例を挙げたように、常にその境界は揺らいでいる。あるいはもともと町内の生まれや血縁でなかったとしても、「[AW10さんは]A町に住んでないもん[者]の籤取[人]としては初めてになる。でもほの状況に関して文句言う人はいいひんかった。祭典費として、それに一生懸命やってる姿も皆見てるで。[中略]筋で言うと外から見とるもんには離れてるけど、中にいるもんは、『彼はもう町内出身や』と認めてる。基準はないけど。」[3]というように、「町内」のメンバーに数えられることもある。

しかし重要なのは、「祭りの一番大事なのは継続することやで、継続する上では形を変えていかなあかん。山の周りでいてくれはる人が、どんだけ力になってくれるか。その温度が次の町内を考える上で大事なんかなと」[4]というように、名誉・威信と興趣の配分のシステムとしての全体的相互給付関係を継続することであって、個々の集団の境界線や地理的領域ではない。「町内という考え方も、決まりがないだけにその形をどんどん変えていきよるし、人の考え、視点によって町内は形が変わってくる」[5]ものなのだということだ。したがって地域の一体性や、集団の境界の拡大という点では「解体」にみえるかもしれないが、むしろ全体的相互給付関係というしくみ自体は現在まで脈々と継続されている。

祭礼が全体的相互給付関係として成り立つのは、過去に各家が供出してきた資源という来歴があり、いつかきっとその見返りが満たされるはずだという期待の上においてであって、現在の祭礼に意味が発生するのはそれが将来も続くからであることは第4章で強調したが、たとえ領域や構成員が変わっても、都市を構成する全体的相互給付関係のシステムとしての町内は回り続ける。現在町内を構成する人びとは、過去の祭礼における歴史的・世代的な資源調達と用益の配分をめぐる経緯のなかに否応なく位置づけられ、また将来の祭礼における名誉・威信の配分への期待に駆りたてられるという全体的相互給付関係の歯車であるともいえる。人びとが祭礼を単に自発的に継承しているという以上に、祭礼というシステムによって人びとの行為が規定されていくのである。

そしてそのシステムの存続のために必要な資源が常に調達され、その調達を可能とする社会的なネットワークが地域社会においてはりめぐらされることによって、かつて伝統消費型都市として論じられてきた地方都市は編成されている。もちろん編成のされ方には変化があり、戦前期であれば、比較的明瞭な領域とメンバーシップを持った町内が中核にあり、それが豊富に蓄積された資金を通じて周辺農村部から資源を調達する形での都市が構成されていたのに対し、戦後においては町内がそうした中核性を失い、またメンバーシップやメンバーの領域的近接性も不明瞭となっていった。それでも全体的相互給付関係のメカニズムが駆動するシステムを軸として、行政や経済団体、そして個々の家のもつ社会的ネットワークによる資源調達を通じて、都市とその社会関係は再生産され続けているのである。

すなわち伝統的な地方都市の中核は現在でも、資源と用益をめぐる管理のしくみとしての町内および町内連合のコモンズ的なしくみであり、そのしくみを創りあげる構成員やメンバーシップの境界線をその時々で変化させつつ、しくみ自体は維持されていく。そしてさまざまな社会変動のなかでこのコモンズ的しくみを存続させるべく、町内と町内の外部にあるさまざまなアクターとのあいだで、資源と公共的用益を媒介とした交渉が広がり、結果として社会的ネットワークが網の目のように紡ぎあげられ、都市がつくりあげられている。かつて松平はそうした多様な関係性が無数の網の目になって交錯するなかでは地縁を土台にした威信構造はもはや不可能だとしたが（松平 1983: 278）、むしろそうしたネットワークこそが、逆にコモンズ的な都市のしくみを支えていくのである。

## 第4節　本書の課題と展望

さて本書において十分に論じることができなかった今後の課題について最後に述べておきたい。これまで都市祭礼を構成する諸資源と用益を手がかりに記述を進め、またコモンズとして都市祭礼を見ていくことが地域社会を分析するうえでどのような可能性を開くものとなっているかについて前節で示したが、そこにはより深められるべき問題があるように思われる。

第一に、歴史と記憶という資源に関わる問題である。前節で都市祭礼をコモンズとして論じることを通じて、人びとの「経験・記憶」といった歴史とそれが都市という場をどのように創り上げるかという点を深めていく可能性を見いだしたが、本書ではそうした経験・記憶、またそれぞれの家の歴史や「格」、そして世代間の威信をめぐる誇示といったことについてコンフリクトをめぐる共通の経験・記憶がルール・知識を創りだす点を中心に論じてきた。ただし祭礼をめぐる記憶はこうしたコンフリクトといった形での、家や世代の境界を越えて分有されるようなものばかりでないのは言うまでもない。

インタビュー調査や祭礼中の参与観察を行なうために、山組のそれぞれの家に行くと、自分の家の息子が役者に選ばれたときの写真がしばしば玄関に飾られ、そうした家の名誉の記憶がとても大事なものとして扱われていることを理解することができる。また各山組はほぼ必ず業者に依頼して、写真撮影・映像撮影を行なう。これはおもに役者親がその記録を大切に残しておけるようにということで、おもに夕渡りや狂言など役者を中心とする場合が多い[6]。山組によっては若衆たち自身が楽しむために詳細な撮影記録を残し、裸参りでの自分たちの威勢のよさや楽しさを振り返りながら酒を飲むということもある。

また若衆たちにとっては狂言の役者を務めた記憶は、彼らがその後若衆として役者の世話をする際に重要な意味を持っている。ある若衆は「僕のなかでやっぱ結構強いのは、子どもの時に「役者として世話を」してもらった感覚で、今、息づいてるし。やっぱほれを次の代にしたいっていうのが、やっぱ息づいてるな。それは口承じゃないねん。感性で。感じるやねん[7]」と語る。そのきっかけはシャギリの音色と「ポンズコールドクリームていう化粧落とすクリーム」であった。「僕はだからその匂いで、その時代の自分の記憶がファーッと甦ったで、その言葉が自然。ここ［頭のなか］でシンクロしてるんや。ほの子［狂言終了後に化粧落としをした役者］が言うてる言葉と、僕がほの［化粧を落とした子どもを車で家に送る］とき感じたことがすごくわかるで。これは感性や、完全に。ほれは感じるな。やっぱ感性に訴えかけるもんなんやなって。僕のなかではそういうのあるな。[8]」という、まるでプルーストの『失われた時を求めて』の冒頭のような語りは、そうした役者時代の記憶が若衆たちにとっていかに重要な意味を持っているかを感じさせる。コンフリクトやルール・知識といった形で共有されるものとは異なる、個々の家の記憶や若衆個人の記憶、また役者たちと世話をしている若衆たちが共有する記憶が重層的に存在している。そうしたさまざまな記憶が、祭礼へのコミットメントとどのように関わっているのかという点は、より深めるに値する論点であろう。

　またこのことは第二に、歴史的な経験・記憶やそれに関する知識を共有していない、したがって上記のような経験を持たない若衆たちが増加しつつある中で（村松 2012, 2017）、祭礼がどのようにそのあり方を変えていくのかという問題ともつながっている。現在、多くの山組では若衆の高齢化と担い手の不足に悩まされており、長浜の外で勤務してから戻ってきてから加入する若衆もいるため、全体として若衆の年齢が高齢化し、また経験の少ない若衆が中心になりやすい状態となっている。加えてテナントの借主として入ってきた若衆も少なくない。こうした状況は町内における経験・記憶のあり方においても影響を及ぼさざるをえないだろう。

　第4章で論じたように若衆と中老はそれぞれの自己主張をし、必然的にコンフリクトが発生するなかで祭礼の興趣が生みだされ、またその面白さと共に祭礼をめぐる経験・記憶が日常的な飲み会などで共有される。しかしそうした日常での付き合いが十分にない状態では、祭礼における伝承についても「こっちは知ってることというのを前提にして話を進めてしまってるけど、若衆は全く知らない、真っ白のままやった[9]」ということはしばしば起こる。そうした状況ではコンフリクトを盛り上げ、また収めるといった高度な判断はそもそも不可能である。また中老との間のコンフリクトを恐れて「〔裸参りのときに〕やったらあかんことまで明確に言うてもらわんとわからんのです」「書いてあるのください」というようにマニュアルを求めるようになっていく[10]。だがそうしたマニュアルが定められてしまえば、祭礼の興趣やダイナミズムは削ぎ落とされてしまう。今後そうした結果として町内における関係性が大きく変わっていく可能性があり、その点について調査を進めていく必要があるだろう。

第三に、本書では長浜の町内という場に歴史的な地場を与えている歴史や記憶の作用については論じた一方で、その場を構成している空間についてはほぼ論じていない。しかし祭礼を行なううえでそれが行なわれる空間をどのように演出するか、祭礼を円滑に進行するためにいかに空間を整序するかといったことは、祭礼を行なう山組にとっても、また祭礼を観光資源として重視している行政の側にとっても重要な課題である。実際、総當番の出番山組集会では長浜八幡宮や御旅所における曳山の位置、事前に本日に曳山が曳行される行程に関する問題などが、各山組からの意見もふまえて必ず詳細に議論される。このように祭礼をとりまく舞台となる空間もまた、祭礼を構成する資源の一部であるだろう。

また観光客を数多く呼び寄せる長浜は、秀吉が開き近世に栄えた歴史を持つ町として、行政と自営業者らを中心とした経済団体による長浜城の博物館としての再建を実現し、また各山組にある山蔵や大通寺などの寺社といった歴史的な遺産を大事にしている。１９８０年代末からは「博物館都市構想」として長浜の歴史的な遺産や町家、またアートを活用したまちづくりなどにも積極的であり、曳山博物館が建設されたのもそうした流れの延長線上にある。歴史的な都市としての背景とそうした歴史的環境の保全が行なわれている状況が、祭礼のあり方や祭礼をめぐる個々人の記憶にも影響していると思われる。これらの点については今後の課題としたい。

# 注

## 第1章

［1］ 行政単位としては町内を流れる米川を境にした川北5組、川南5組の合計10組による「町組」があり、橋の管理組合は個別町を7組に、また長浜町の各入口に設置された木戸の管理組合については8つの組に分かれていた（長浜市史編さん委員会 1998: 2-3）。なおほとんどの山組は複数の個別町から成るが、孔雀山という山組だけは神戸町1町だけで構成されている。

［2］ 長浜の現在の自治会は戦中の市町村合併と戦後の再編成によって生まれた区域であり、近世からの歴史にもとづく山組とは神戸町（孔雀山）・大手町（壽山）の2つを除いては重なっていない。1つの山組が複数の自治会に分かれている場合もあれば、複数の山組のメンバーが含まれている自治会もある。

［3］ なおシャギリへの参加については第6章において詳述する。それ以外には狂言の稽古場を各家が輪番で整える「詰番」の際に、その家の主婦がその役割を担ったり、後述する裸参り行事の際に、若衆たちに賄いを用意するといった補助的な役割を女性が担う山組はある。

［4］ ただし唯一、御堂前組（諫皷山）は2008年に山組を一般社団法人化して、山組内に居住していない者も平等に山組に加入できるようにし、また祭典費も居住地や家の歴史などを問わず平等に徴収するように改めている。

［5］ 本来、役者は自分たちの山組の町内から出すものとされているが、役者の人数が足りないとき、あるいは狂言の軸となれるような実績のある役者が必要と考えられたときに、他の山組、あるいは米原などの同様の子ども歌舞伎の祭りを行なっている地域から役者を招聘することがある。これを山組では「借り役者」と呼んでいる。

［6］ 列見村・八幡中山村・八幡東村・三家村・南高田村・北高田村・宮村・瀬田村の区域を指す。

［7］ なお神輿渡御は2014年以前には13日午前に行なわれていたが、それまで神輿かきを担っていた七郷と呼ばれる集落の人手不足から、暇番山組の若衆の加勢が得られやすい12日夕刻に変更された。

［8］　調査員は浅野久枝・東資子・上田喜江・小林力・中野洋平・西川丈雄・濱千代早由美・藤岡真衣の各氏である。

## 第2章

［1］　倉沢の類型でいえば、城下町に始まり近代以降は県庁都市となった消費都市Aでなく、県庁をはじめとするホワイトカラー企業を持たない消費都市Bや、在来産業のうち小工業生産地として存続した工業都市Cがそれに当たる。

［2］　その後、京都の「町内」に関して社会学の分野でも蓄積があり、たとえば谷口（1998）、田中志敬（2008）、小松（2008）はそうした研究の例として挙げられよう。そこでは家持ちを中心とする町内のメンバーシップのあり方やその組織・機能、前近代からのその歴史的変遷と、戦後の空洞化と都心回帰による変化、祇園祭などにおける旧住民と新住民との関係性と新たなコミュニティづくりの可能性といった点が中心に述べられるが、「家」と「家」同士、「町内」と「町内」同士の関係性については特に触れられていない。

［3］　なお有末は「生活」や「文化」が行政や制度と無関係に存立しうると考えているわけではもちろんなく、地域住民の生活も国家や全体社会との関連で一定に区画された地区単位、「支配の単位としての地域」の上に成り立っていると述べている。

［4］　なおその分析において、松平は有賀を「日本都市の構造的本質に迫った数少ない社会学者のひとり」と位置づけて「都市社会学の課題」を高く評価し、「町内」や「町内連合」の分析における「聚落的家連合」の概念の重要性を強調していることは注目されるべきだろう（松平 1980: 86-87）。

［5］　社会学に限らず、近年の都市祭礼研究には芦田が論じるような「闘争論」ないし「変動論」的パースペクティブを意識したものが増えつつあるが（中野紀和 2007; 中里 2010; 有本 2012）、そうした研究の内容とその問題点については第4章において論じる。

［6］　このことが分析に反映されなかったのは、金の分析が伝統的な「町内」だけでなく、農村部が住宅地化した後に祭礼に参加した、歴史的な「家」意識を持たない地域と対比しつつ行なわれていることとも関係するかもしれない。

## 第3章

［1］　文化財保護法においては、「管理」という語は文化財の所有者もしくはそれに代わる者としての管理責任者の手続きに関する条項で用いられているが、無形の文化財は「所有者・管理責任者」を認めることがそもそも困難なため、無形の文化財についてはこの条項は適用されていない。ここでの管理という概念は、法律的な意味に限定されるのではなく、より広義の意味で用いられている（俵木 2015=2018: 277）。

［2］　これは1975年の文化財保護法の改正によって「民俗文化財」という指定制度ができたことによって可能となったしくみである。その改正の過程とその意義については才津祐美子や菊地暁が具体的に分析している（才津 1996, 1997; 菊地 1999）。

［3］　橋本裕之は最も早い時期に国指定重要無形民俗文化財に指定された壬生の花田植という民俗芸能が、戦前から観光という社会的文脈をふまえ、そこでの視線を媒介して芸能が生成していったこと、そして文化財への指定後においても観光というコンテクストが浸透していることを例にして、こうした状況について明らかにしている（橋本裕之 2014: 118）。

［4］　たとえば管理する側の担い手とそれを観光やまちづくりの面からより活用しようとする行政や市民、観光客の間で矛盾や対立が発生するといった状況である。祭礼やそれ以外の市民・観光客に向けたイベント等で山車を何度も曳き回せば、山車やその装飾品（たとえば車輪・幕類・漆・錺金具など）は必ず傷み、いずれは多額の費用をかけた修理が必要となる。またそうした機会には多額の費用や人手が必要となり、担い手はそのために金銭的な負担をこうむったり、日常の仕事・家庭生活を犠牲にしてそのために出向かなくてはいけなかったりもする。行政や市民、観光客に向けた用益に祭礼を供することが自分たちの祭礼の価値を高め、今後の管理に益すると担い手は考える一方で、あまりそうした機会が増加すると、担い手の側になぜそこまでしなくてはいけないのかという行政に対する不満が溜まり、対立が発生することがあり得る。

［5］　たとえば2017年には長浜曳山祭、そして祇園祭でクラウドファンディングが行なわれており、いずれも目標額に到達している。

［6］　曳山の内部構造や建築としての特色については、過去に詳細な報告が行なわれている（滋賀県長浜市教育委員会・長浜曳山祭総合調査団 1996: 93-143）。
［7］『朝日新聞』２０１５年３月10日付朝刊（滋賀版）による。
［8］　２０１５～16年に行われた孔雀山の解体修理には国・県・市・長浜市曳山博物館と孔雀山（神戸町組）による修理委員会で２０００万円の予算が組まれた。このうち３００万円程度は孔雀山（神戸町組）が負担しており、残りは行政による補助金が充てられている。
［9］　第８章で述べるように、現在、曳山の一部や幕などの装飾を新調するためには、取り替えるものが作られた時期に行なわれていた同じ製法を可能なかぎり再現して、その製法で創られたものと取り替えることになっている。こうした手法を「復元新調」と称する。

## 第４章

［1］　なおＡ町に新たに住まいを構えたり家を借りるにあたっては、戦前期までの自治会規約では紹介者が必要であり、かつ持ち家の場合は１／１０００の入町料が必要とされた。入町料については現在でも同様に徴収されている。
［2］　ＡＷ２氏への聞き取りによる（２０１５年５月15日）。
［3］　Ａ町の中老ＡＣ１氏への聞き取りによる（２０１５年５月20日）。
［4］　Ａ町の負担人経験者の妻、若衆の母であるＡＪ１氏への聞き取りによる（２０１５年５月15日）。
［5］『朝日新聞』２０１５年３月10日付朝刊（滋賀版）による。
［6］　さらにこうした資金の多寡は、同じ町内だけでなく他の山組に対しても、広告の量やその相手先の数でパンフレットを通じて如実に表出されてしまう。そうした点からもどれだけの金額を協賛金として集められるかは重要な課題なのである。こうした点も含め、祭礼を行なううえで、若衆たちの山組外の社会関係資本がもつ重要性については第７章を参照のこと。
［7］　筆者自身の２０１２年３月～４月にかけての若衆としての活動にもとづく参与観察による。
［8］　Ａ町の中老ＡＣ３氏への聞き取りによる（２０１５年５月11日）。

［9］Ａ町の若衆ＡＷ４氏への聞き取りによる（２０１５年５月11日）。

［10］Ａ町の中老ＡＣ３氏への聞き取りによる（２０１５年５月11日）。

［11］Ａ町の女性ＡＪ１氏への聞き取りによる（２０１５年５月15日）。

［12］Ａ町の若衆ＡＷ１氏への聞き取りによる（２０１５年４月24日）。

［13］Ａ町の若衆ＡＷ２氏への聞き取りによる（２０１５年５月15日）。

［14］中老も狂言に関わる総祭りと呼ばれる方式の山組は中老も関与する。しかし近年では総祭りの山組であっても、基本的には若衆中心に決定を行なうのが普通である。

［15］ＡＪ１氏への聞き取りによる（２０１５年５月15日）。

［16］ＡＣ１氏への聞き取りによる（２０１５年５月20日）。

［17］ＡＪ１氏への聞き取りによる（２０１５年５月15日）。

［18］ＡＣ１氏への聞き取りによる（２０１５年５月20日）。

［19］ＡＣ１氏への聞き取りによる（２０１５年５月20日）。

［20］ＡＣ２氏への聞き取りによる（２０１５年５月９日）。

［21］なお２０００年前後にこうした等級制を改めて、各家同額の徴収へと変更している山組も見られるが、家同士の格差について現在でも記憶に残している人びとは多い。たとえばこちらも伝統的な商家町であるＢ町の場合は２０００年に各家一律１０００円へと改められたが、それ以前は①自営業かサラリーマンか、②間口の大きさ、③土地・家屋を所有しているか、あるいは賃貸かという３つを基準にして、３００円台から１２００円台までの格差が設けられていたという。ＢＣ１氏への聞き取りによる（２０１７年１月28日）。

［22］ＡＣ２氏への聞き取りによる（２０１５年５月９日）。

［23］ＡＣ１氏への聞き取りによる（２０１５年５月20日）。なおＡＷ１氏によれば、特に嫌がられやすいのは「爺役・婆役・お歯黒（既婚女性）」のような見栄えの良くない役であるという（２０１５年４月24日）。

［24］ＡＣ１氏への聞き取りによる（２０１５年５月20日）。

［25］ＡＷ４氏への聞き取りによる（２０１２年11月２日）。

[26] AW4氏への聞き取りによる（2012年11月2日）。
[27] たとえばA町では、少なくとも1970年代から現在に至るまで、山組の中で負担人や筆頭を務めるような中心となる運営メンバーは従来からの土地・建物を所有する者とその血縁から選ばれている。これについては筆者の指導学生であった村松美咲が作成した、1970年代以降の若衆のキャリアパスに関する一覧表に依拠している（村松 2013）。
[28] AC1氏への聞き取りによる（2015年5月20日）。
[29] AC2氏への聞き取りによる（2015年5月9日）。
[30] AC2氏への聞き取りによる（2015年5月9日）。
[31] AC3氏への聞き取りによる（2015年5月11日）。
[32] AC3氏への聞き取りによる（2015年5月11日）。
[33] AW1氏への聞き取りによる（2015年4月24日）。
[34] AW1氏への聞き取りによる（2015年4月24日）。
[35] AC4氏への聞き取りによる（2015年5月9日）。
[36] EW1氏への聞き取りによる（2016年7月17日）。
[37] EW1氏への聞き取りによる（2016年7月17日）。
[38] EW2氏への聞き取りによる（2016年2月2日）。
[39] DW1氏への聞き取りによる（2016年2月12日）。
[40] C町の中老CC1氏への聞き取りによる（2015年8月31日）。
[41] AC2氏への聞き取りによる（2016年11月16日）。
[42] C町の中老CC1氏への聞き取りによる（2016年9月30日）。
[43] CC1氏への聞き取りによる（2015年9月30日）。
[44] CC1氏への聞き取りによる（2015年8月31日）。
[45] CC1氏への聞き取りによる（2015年8月31日）。

［46］ＡＣ４氏への聞き取りによる（２０１５年５月９日）。

［47］ＡＣ２氏への聞き取りによる（２０１６年５月９日）。

［48］ＡＷ１氏への聞き取りによる（２０１６年２月６日）。

［49］ＡＣ２氏への聞き取りによる（２０１６年11月16日）。

［50］ＡＣ２氏への聞き取りによる（２０１６年11月16日）。

［51］ＡＣ２氏への聞き取りによる（２０１５年５月９日）。

［52］ＡＣ２氏への聞き取りによる（２０１６年11月16日）。

［53］このことは第６章以降で述べるように、戦後の伝統消費型都市をめぐる社会変動のなかでの経済的危機にあっても、山組の人びとがなぜ是が非でも祭礼を継承しようとしたかについて答えるものとなっている。

［54］Ａ町の女性ＡＪ１氏への聞き取りによる（２０１５年５月15日）。

［55］夕渡りにおいては、狂言執行が４番目となる四番籤を引いた山組が１番目に出発することになっており、そのことを意味している。

［56］Ａ町の中老ＡＣ３氏への聞き取りによる（２０１５年５月11日）。

［57］Ａ町の中老ＡＣ２氏への聞き取りによる（２０１６年５月28日）。

［58］Ａ町の若衆ＡＷ１氏への聞き取りによる（２０１５年４月24日）。

［59］Ａ町の若衆ＡＷ１氏への聞き取りによる（２０１５年４月24日）。

［60］ＥＷ４氏への聞き取りによる（２０１６年７月17日）。

［61］ＡＷ４氏への聞き取りによる（２０１２年11月２日）。

［62］ＥＷ５氏への聞き取りによる（２０１６年７月17日）。

［63］ＡＷ１氏への聞き取りによる（２０１６年２月６日）。

［64］ＡＣ３氏への聞き取りによる（２０１６年５月11日）。

［65］ＡＷ２氏への聞き取りによる（２０１５年５月15日）。

［66］ＡＪ１氏への聞き取りによる（２０１５年５月15日）。

[67] ＡＷ１氏への聞き取りによる（２０１５年４月24日）。
[68] ＡＷ４氏への聞き取りによる（２０１２年11月２日）。
[69] Ａ町の若衆ＡＷ１氏への聞き取りによる（２０１６年２月６日）。
[70] 長浜八幡宮にある、鳥居をくぐらずに直接境内に出入りするための橋を指す。夕渡りの際、役者はこの橋を通って八幡宮から参道に出る。
[71] 四国こんぴら歌舞伎の公演で大歌舞伎の役者たちが道中を練る際に用いられる、役者名を書いた提灯のことを意味する。招きをめぐるコンフリクトの後、Ａ町の若衆たちはそれに代わるものとして、馬上提灯に役と役者の名前を書いて持って歩くことで、コンフリクトを回避しつつ役者を披露する工夫をするようになった。
[72] Ａ町の中老ＡＣ２氏への聞き取りによる（２０１６年５月28日）。
[73] Ｃ町の中老ＣＣ１氏への聞き取りによる（２０１６年９月30日）。
[74] ＥＷ３氏への聞き取りによる（２０１６年７月17日）。
[75] ＡＷ１氏への聞き取りによる（２０１６年９月30日）。
[76] ＣＣ１氏への聞き取りによる（２０１６年９月30日）。
[77] ＡＣ３氏への聞き取りによる（２０１６年５月11日）。
[78] ＤＷ１氏への聞き取りによる（２０１６年２月12日）。
[79] ＥＷ４氏への聞き取りによる（２０１６年７月17日）。
[80] ＥＷ２氏への聞き取りによる（２０１６年７月17日）。
[81] ＣＣ１氏への聞き取りによる（２０１６年９月30日）。
[82] ＡＷ１氏への聞き取りによる（２０１６年９月30日）。
[83] ＡＷ１氏への聞き取りによる（２０１６年２月６日）。

## 第５章

[1] ＤＷ１氏への聞き取りによる（２０１６年２月12日）。

[2] DW2氏への聞き取りによる(2016年2月12日)。
[3] 筆者が参与観察した、A町の裸参り後の打ち上げにおけるAW6氏の語りによる(2012年4月11日)。
[4] JC1氏への聞き取りによる(2016年11月21日)。
[5] なお裸参りの場において警察が警備したり介入したりといった機会は、筆者が知るかぎりではない。あらかじめ各山組が自主警固をするという形を採っており、警察が関わらないことを前提として喧嘩は行なわれている。
[6] CW1氏への聞き取りによる(2016年1月31日)。
[7] DW2氏への聞き取りによる(2016年2月12日)。
[8] A町の裸参り終了後の若衆AW3氏の語りによる(2012年4月11日)。
[9] A町の裸参り終了後の若衆AW6氏の語りによる(2012年4月11日)。翌日の裸参りでは喧嘩の可能性が高いということで、裸参りに参加した筆者と筆者の指導学生たちは、喧嘩のリスクが少ない籤取人のそばに位置するようにAW6氏より指示を受けた。
[10] CW1氏への聞き取りによる(2016年1月31日)。
[11] CW1氏への聞き取りによる(2016年1月31日)。
[12] DW1氏への聞き取りによる(2016年2月12日)。
[13] CW1氏への聞き取りによる(2016年1月31日)。
[14] BC1氏への聞き取りによる(2016年11月11日)。
[15] CW1氏への聞き取りによる(2016年1月31日)。
[16] CW1氏への聞き取りによる(2016年1月31日)。
[17] DW3氏への聞き取りによる(2016年2月12日)。
[18] DW1氏への聞き取りによる(2016年2月12日)。
[19] DW1氏への聞き取りによる(2016年2月12日)。
[20] DW3氏への聞き取りによる(2016年2月12日)。
[21] DW2氏への聞き取りによる(2016年2月12日)。

[22]　DW1氏への聞き取りによる（2016年2月12日）。
[23]　DW1氏への聞き取りによる（2016年2月12日）。
[24]　D町では以前、裸参りの往路で八幡宮の一の鳥居と二の鳥居の間で他の山組とすれ違った際、籤横の若衆が籤取人の赤鉢巻が見あたらないことに気づき、「赤鉢［を向こうの山組に］取られた！」と叫んだという。その瞬間、若衆たちは皆激高して、筆頭や籤取人も含めた若衆たちが相手の山組に対して乱闘を演じ、逃げ去った者も追いかけて襲撃した。このように第四のルールについては、それが破られたときにはフレームが崩壊し、コントロールが効かない暴力の発生を覚悟しなくてはならないため、ほぼ間違いなく守られる。D町の若衆たちへの聞き取りによる（2016年2月12日）。
[25]　CC1氏への聞き取りによる（2016年7月31日）。
[26]　DW2氏への聞き取りによる（2016年2月12日）。
[27]　DW3氏への聞き取りによる（2016年2月12日）。
[28]　DW2氏への聞き取りによる（2016年2月12日）。
[29]　CW1氏への聞き取りによる（2016年1月31日）。
[30]　CW1氏への聞き取りによる（2016年1月31日）。
[31]　もちろん若衆の側も「ここでの喧嘩は演出である」といったように、事前に説明することはない。そんなことをしては、若衆は自分たちが則っているフレームを自己否定することになってしまうし、自分たち自身がそこから興趣を得ることができなくなる。したがってフレームはゴッフマンの概念を用いれば「偽造されたもの」（fabrication）として、維持されることになる（Goffman 1974）。
[32]　DW1氏への聞き取りによる（2016年2月12日）。
[33]　DW1氏への聞き取りによる（2016年2月12日）。
[34]　DW2氏への聞き取りによる（2016年2月12日）。
[35]　CW2氏との2016年4月7日の状況である。
[36]　CW1氏への聞き取りによる（2016年1月31日）。

〔37〕ＥＷ２氏への聞き取りによる（２０１６年1月31日）。
〔38〕ＥＷ２氏への聞き取りによる（２０１６年２月６日）。
〔39〕ＤＷ３氏への聞き取りによる（２０１６年２月12日）。
〔40〕ＤＷ４氏への聞き取りによる（２０１６年２月12日）。
〔41〕ＣＷ２氏への聞き取りによる（２０１６年1月31日）。
〔42〕ＣＷ１氏への聞き取りによる（２０１６年1月31日）。
〔43〕ＣＷ１氏への聞き取りによる（２０１６年1月31日）。
〔44〕ＣＷ１氏への聞き取りによる（２０１６年1月31日）。
〔45〕ＣＷ２氏への聞き取りによる（２０１６年1月31日）。
〔46〕ＣＷ１氏への聞き取りによる（２０１６年1月31日）。
〔47〕ＤＷ５氏への聞き取りによる（２０１６年２月12日）。
〔48〕ＤＷ１氏への聞き取りによる（２０１６年２月12日）。
〔49〕ＤＷ２氏への聞き取りによる（２０１６年２月12日）。
〔50〕ＤＷ２氏への聞き取りによる（２０１６年２月12日）。
〔51〕ＤＷ５氏への聞き取りによる（２０１６年２月12日）。
〔52〕ＤＷ１氏への聞き取りによる（２０１６年２月12日）。
〔53〕ＣＷ１氏への聞き取りによる（２０１６年1月31日）。
〔54〕ＣＷ１氏への聞き取りによる（２０１６年1月31日）。
〔55〕ＡＷ１氏への聞き取りによる（２０１６年２月５日）。
〔56〕ＣＷ１氏への聞き取りによる（２０１６年1月31日）。
〔57〕逆に言えば、見物人の側がそうしたフレーム、またそれによる興趣の期待を共有していない場合は、喧嘩は成立し得ない。たとえば4月12日の裸参りでは大手門通りに各山組の子どもたちが並んでシャギリを奏するが、「子どもの前ではみっともないことはできん」と、その前での喧嘩は御法度とされている。ＤＷ２氏への聞き取りによ

る（２０１６年3月12日）。

［58］ ＡＷ６氏の裸参り後の言葉である（２０１２年4月11日）。

［59］ ＣＷ１氏への聞き取りによる（２０１６年1月31日）。ただし中には暇番山組からの応援や、友人関係を通じて応援として参加する者もおり、また多量の酒が入った状態でもある。そのため必ずしもそうした感覚を共有されていない場合もあるわけで、そうした人びとについて注意を向けて、たとえば簸取人のそばに配置して、すれ違うときにも早めに通過させ、不測の事態が起きないようにするのは、取締と青鉢の重要な役目である。

［60］ ＣＷ２氏への聞き取りによる（２０１６年1月31日）。

［61］ ＣＷ２氏への聞き取りによる（２０１６年1月31日）。

## 第6章

［1］ 直接に史料として証明するものが残されているわけではないが、たとえば１９４０年代生まれのＤ町の中老ＤＣ１氏によれば、山曳きは戦前には岐阜県から人足を雇っていたと上の世代から聞かされたという（２０１１年2月11日聞き取り）。

［2］ これは２０１１年3月3日に筆者が市川秀之・橋本章・東資子・上田喜江・藤岡真衣・小林力と共に行なった聞き取りであり、その成果は報告書、また東・上田による論文としてまとめられている（長浜曳山文化協会・滋賀県立大学人間文化学部地域文化学科 2012; 上田喜江 2012, 2017; 東資子 2012a, 2017）。その後、ＪＣ１氏・ＢＣ１氏に対する筆者と市川による追加調査を２０１１年11月23日に、また筆者単独で２０１５年6月28日にＡＣ５氏、２０１６年4月4日にＪＣ１氏、また２０１６年4月8日にＡＣ５氏に追加調査を行なっている。

［3］ 調査票は長浜曳山祭囃子保存会と筆者が共同で作成し、２０１１年11月に実施・集計している。

［4］ この状況については第9章を参照のこと。

［5］ ＡＣ５氏への聞き取りによる（２０１１年3月3日）。

［6］ ＪＣ１氏への聞き取りによる（２０１１年3月3日、11月23日）。

［7］ ＪＣ１氏・ＡＣ５氏・ＢＣ１氏への聞き取り（２０１１年3月3日）、ＪＣ１・ＢＣ１氏への聞き取り（２０

11年11月23日）による。

[8] この項および次項の記述は長浜曳山文化協会・滋賀県立大学人間文化学部地域文化学科による報告書（長浜曳山文化協会・滋賀県立大学人間文化学部地域文化学科 2012: 83-87）、ＪＣ１氏・ＡＣ５氏・ＢＣ１氏（２０１１年３月３日）、ＪＣ１氏・ＢＣ１氏（２０１１年11月23日）、ＪＣ１氏（２０１６年４月４日）、ＡＣ５氏（２０１６年４月８日）への聞き取りによる。

[9] ＪＣ１氏への聞き取りによる（２０１６年４月４日）。

[10] ＪＣ１氏への聞き取りによる（２０１６年４月４日）。

[11] ＡＣ５氏への聞き取りによる（２０１６年４月８日）。

[12] ＪＣ１氏への聞き取りによる（２０１６年４月４日）。

[13] ＪＣ１氏への聞き取りによる（２０１６年４月４日）。

[14] ２０１６年４月４日のＪＣ１氏への聞き取り、２０１６年４月８日のＡＣ５氏への聞き取りによる。

[15] ２０１２年～２０１５年にかけて筆者がＡ町の若衆として、筆頭や他の若衆らと共にシャギリの練習をする子どもたちの面倒を見たり、また他の山組の稽古を見学していた際、「[狂言の] 稽古のときにちゃんと座れるようにさせとかなあかん」「稽古のとき集中してできるように」といった言葉は若衆たちからしばしば聞かれた。また筆者がオブザーバーとして参加した、２０１２年11月に行なわれたＣ町での役者選びをめぐる会議においては、日頃のシャギリの練習への出席頻度や性格は重要な判断基準であった。

[16] ２０１３年４月13日の祭礼の際のＡＷ１氏からの教示による。

[17] ２０１５年８月31日のＣＣ１氏への聞き取りによる。なお東資子はシャギリ方になることの意味を祭礼集団への正統的周辺参加（Lave and Wenger 1991=1993）として位置づけている（東資子 2017: 103）。

[18] ＡＣ５氏は自分が役者をできなかったことへの引け目や悔しさが未だにあり、それがシャギリに尽力する大きなきっかけとなったと述べている。ＡＣ５氏への２０１５年６月28日の聞き取りによる。

[19] ただし現在でも女子は曳山に上がって演奏することは許されていない。また２つの山組では、現在に至るまで女子のシャギリ演奏を認めていない。

[20]　囃子保存会と筆者による、２０１１年11月の調査票での調査結果による。

[21]　２０１２年11月のある山組での役者選びをめぐる会議においては、役者選びの優先順位として山組の血縁が一番上とされつつ、非血縁でもシャギリに参加している男子は役者候補にできるとされた。

[22]　たとえば２０１１年～２０１６年にかけてC町のシャギリ方の総責任者であった若衆は、出身は長浜市内だが山組ではない。

[23]　筆者自身もまた、そうした新たに入った若衆の1人であった。

[24]　この③の議論は、松平誠が論じた戦後における都市祭礼の担い手の階層的・地域的な拡大について（松平 1990）、個々の時点を比較してそのなかでの変化を見るだけでなく、そうした変化がどのようなプロセスにおいて発生していくか、地縁・血縁原理にもとづく町内の共同性が階層的・地理的に拡大した形で再編成されたのか、その具体的なきっかけやプロセス、そこでの祭礼における人的資源の範囲やその養成のあり方の変容について明らかにするものでもあるだろう（武田 2016c）。

[25]　現在ではD町・H町・F町の３つの山組では、それぞれ出番に当たる年が違うこともあり、阪神淡路大震災の時に自衛隊のボランティアが曳行に来られなかったことをきっかけとして、協力して山曳きを行なっている。

[26]　２０１１年11月19日に開催された「長浜曳山祭囃子保存会40周年記念・しゃぎりフォーラム」では、筆者が招聘されて滋賀県立大学のシャギリに関する調査結果に関する基調講演を行なった。また各山組のシャギリ方の人数や子どもたち出身地の別（山組内からの参加かそれ以外か）、練習方法に関するアンケート調査の結果にもとづいて、子どもの集め方や練習方法に関する意見交換が行なわれた。

[27]　筆者自身も２０１１年のしゃぎりフォーラムの懇親会、また２０１２年～２０１６年にかけての囃子保存会における懇親会に出席し、その年の祭礼に関する各山組の若衆や中老たちの雑談や、それぞれの山組での裸参りの仕方、各山組に関する噂話などを見聞きしている。

[28]　もしこれがだんじり祭りのような力仕事に関する技能の共有であれば、祭礼集団間の大人による相互扶助が中心になっていただろう。

[29]　筆者が参加した、平成27年度長浜曳山祭囃子保存会総会（２０１５年6月28日）での配付資料による。

## 第7章

［1］　AW3氏への聞き取りによる（2015年5月11日）。

［2］　AJ1氏への聞き取りによる（2015年5月15日）。

［3］　たとえばC町のある若衆が筆頭になるときは「嫁の母親と…嫁、自分の母親、ちゃんと筆頭する前、根回ししとったな。真面目な顔して、『これから筆頭せなあかんし、家になかなかおれんで［いられないので］、っていうことを、先言うとこうと思て』と一生懸命言うとった」という（AW1氏への聞き取りによる（2017年2月3日））。結婚している、また特に子どものいる若衆たち同士では祭りを原因として発生する家庭内との諍いとそれについての愚痴がしばしば話題となる。

［4］　長浜市曳山博物館には博物館が開館した2000年より前のものも含め、各山組から寄付された毎年の各山組のパンフレットが所蔵されている。あくまでその所蔵の範囲内でということになるが、最も早い時期のパンフレットはB町によって1957年に発行されたものであり、それ以降50年代に4つの山組で少なくとも発行していることが分かる。また1960年代までに少なくとも5つ、70年代前半には少なくとも9つの山組がパンフレットを発行している。複数の山組での聞き取りにおいても、パンフレットを発行し始めた時期としては「昭和44年より前」（CC1氏、2017年4月27日）というように、1960年代とする回答を得ている。

［5］　従来の都市祭礼研究において祭礼において欠かせない資源である資金の調達については、階層に応じて町内でどのような負担やそれについての葛藤についての分析はあるが（松平 1990; 金 2013）、上記のような町の外部からの資金の導入やそれが祭礼にもたらす意味についての分析は管見の範囲では皆無である。しかし山組という町内の範囲を越えたさまざまな関係性や資源を活用することでしか現代の都市祭礼を維持することはできない以上、祭礼研究という観点でもこうした町内の外部からの資金の流れとそこに見出される社会関係に注目することは必要であろう。

［6］　『朝日新聞』2015年3月10日付朝刊（滋賀版）による。

［7］　中老AC2氏への聞き取りによる（2015年5月9日）。

[8] 4月15日の長浜八幡宮の御旅所での奉納狂言の前には、隣接する豊国神社の参集殿で4つの出番山組が集まって食事をする。その際に賄いの中身で他の山組に負けないように「みんな食べる弁当にある程度命かけるじゃないけど金額かけはる。どんどんどんどん［金額が］上がってった」（若衆AW2氏への聞き取り（2015年5月15日））というような張り合いがあり、そうしたことは半ば笑い話として他の山組でもしばしば聞かれる。

[9] これについては2012年1月〜2月、2014年11月〜2015年2月における筆者のA町の会議での参与観察にもとづいている。

[10] 若衆のAW9氏への聞き取り（2014年11月2日）。

[11] ただしそれ以前の数回は、新入りの若衆は同行せず、筆頭や前回の祭りで筆頭をしていた者のような古参の若衆のみでお願いに行っていたという。若衆AW1氏への聞き取りによる（2015年12月21日）。

[12] 若衆AC2氏への聞き取りによる（2015年12月21日）。

[13] また出番の年やその前年に住宅や自動車を購入した者は、購入の際に不動産会社やディーラーにあらかじめ協賛金を依頼しておく。これも分類としてはこの第五の類型に近いだろう。

[14] なお筆者が参加した際の若衆の会議ではここに挙げた5つ以外に、若衆の同級生、趣味などを通じた友人、子どもの頃に通っていた塾や習い事先も候補に挙げられていた（2015年11月2日）。

[15] 若衆AW2氏への聞き取りによる（2015年5月15日）

[16] 若衆AW8氏への聞き取りによる（2012年10月24日）。

[17] もっとも若衆だれもが協賛金を取りに行くことに熱心というわけではない。そもそもサラリーマンの家の若衆が協賛金を得るような関係性を築くことは困難であり、そうした若衆に必要以上に協賛金集めのプレッシャーがかけられるわけではない。またテナントとして店を出す若衆でも、「長浜で商売をさせていただいているのに、さらに協賛金をお願いするのは心苦しい」として協賛金集めは最小限にし、代わりにみずからが大口の広告協賛金を出す場合もある。若衆AW1氏への聞き取りによる（2015年12月21日）。

[18] 若衆AW3氏への聞き取りによる（2015年5月11日）

[19] 若衆AW2氏への聞き取りによる（2015年5月15日）。

[20]　若衆ＡＷ２氏への聞き取りによる（２０１５年5月15日）。
[21]　ＡＪ１氏への聞き取りによる（２０１５年5月15日）。
[22]　中老ＡＣ３氏への聞き取りによる（２０１５年5月11日）。
[23]　若衆ＡＷ３氏への聞き取りによる（２０１５年5月11日）。
[24]　若衆ＡＷ３氏への聞き取りによる（２０１５年5月11日）。
[25]　本章での「社会関係資本」という概念は、パットナムが述べるような「調整された諸活動を活発にすることによって社会の効率性を改善できる、信頼、規範、ネットワークといった社会組織の特徴」といったコミュニティ全体にとって意味を持つ集合財というよりは（Putnam 1992=2001: 206-207）、Ｎ・リンが論じるような個人財、すなわち互恵性や信頼の媒体とされることで資本としての特性を持つ個人的なネットワークという意味において用いている（Lin 2001=2008）。
[26]　若衆ＡＷ３氏への聞き取りによる（２０１５年5月11日）。
[27]　中老ＡＣ６氏への聞き取りによる（２０１５年6月28日）。
[28]　ＡＪ１氏への聞き取りによる（２０１５年5月15日）。
[29]　若衆ＡＷ２氏への聞き取りによる（２０１５年5月15日）。
[30]　ただしこうした社会関係資本の誇示が持つ価値は、必ずしも全ての若衆に等しく感じられているわけではない。自営業者の家でない若衆や個人的な友人関係にもとづいて外部から参加した若衆にとっては、こうした社会関係資本自体が本人にとって持つ意味自体が希薄になりやすい。なおもともと町内出身の若衆と外部から参加した若衆とで協賛金集めの積極性に違いがあるとは言えず個人差が大きいが、協賛金集めを強く意識して頑張るタイプの町内の若衆は、外部から参加した若衆の比ではないほど多くの協賛金を集めるという。以上は若衆ＡＷ１氏への聞き取りによる（２０１５年12月21日）。
[31]　若衆ＡＷ２氏への聞き取りによる（２０１５年5月15日）
[32]　中にはまるで企業の営業のようにノルマを設け、各若衆がどれだけの額の協賛金を積み上げたか棒グラフで掲示する山組もあるという。若衆ＡＷ１氏への聞き取りによる（２０１５年9月28日）。

[33]　中老ＡＣ２氏への聞き取りによる（２０１５年12月21日）。

[34]　ＡＣ６氏からの聞き取りによる（２０１５年６月28日）。

[35]　ただし全ての山組が協賛金を出番のときのために集めているわけではない。Ｃ町の場合は若衆だけでなく中老も含めて狂言に関わる総祭りの形式を採っており、協賛金も若衆だけでなく中老も依頼しに行く。そして獲得した協賛金は出番の時には手を付けず、曳山の修理を行なうために蓄積しておくという方針を採っている（ＣＣ１氏への２０１７年４月27日の聞き取りによる）。

## 第8章

[1]　モノとしての山車や曳山、屋台についてはこれまで民俗学的な観点からの研究が行なわれてきた。たとえば植木行宣や福原敏男らは祇園祭をはじめとする日本各地の山・鉾・屋台の形成・発展史やそれらの持つ歴史的意味についての研究を行なっている（たとえば植木 2001; 植木編 2005; 福原 2015; 植木・福原 2016）。また文化財保護の専門家からは、それらの保護の現状や修理をめぐる体制とその課題についての報告が行なわれており（大島 2002; 菊池健策 2002; 田中明 2002; 前田 2012など）、長浜曳山祭に関しては秀平文忠による報告がある（秀平 2002）。しかし本章で論じるような、近現代における祭礼の舞台装置としての山・鉾・屋台という共有資源がどのように管理されているのか、またそうした管理を通じていかなる社会関係が創出されているのかといったコモンズ論的な視点からの研究は管見の範囲では見あたらない。

[2]　曳山の内部構造や建築としての特色については、過去に詳細な報告が行なわれており、以下の記述はそれを参照している（滋賀県長浜市教育委員会・長浜曳山祭総合調査団 1996: 93-143）。

[3]　損耗の内容については、長浜市歴史遺産課のＫ氏（２０１７年４月27日）、Ｌ氏（２０１７年３月28日）、また塗師のＭ氏（２０１７年５月１日）、Ｎ氏（２０１７年５月13日）、錺金具師のＯ氏（２０１７年５月11日）への聞き取りによる。

[4]　なお第３節で扱う時期は、郊外への大規模商業施設の進出とそれにともなう商店街の衰退という状態にあった長浜の中心市街地の、第三セクター黒壁によるまちづくりを経た観光地化と重なっている。そのまちづくりの進展

のプロセスについては矢部拓也（2000, 2006）が詳しいが、本稿の分析はそうした黒壁の中心となっていた人びとの視点とは異なった角度から、長浜という伝統消費型都市の社会関係の姿を描き出すことになるだろう。

［5］ 1995年度より現在に至るまで、長浜市に勤務し曳山の修理に関する事務を担当しているK氏の教示による（2017年4月27日）。

［6］ BC1氏はその専門性を見込まれて、1979年に長浜曳山祭が国指定重要無形民俗文化財に指定された際にその保存団体として創設された長浜曳山祭保存会で曳山の保全に関する勉強会を担当する幹事を務めていた。

［7］ 山車の基台部分を指す。

［8］ E町の中老EC1氏への聞き取りによる（2014年4月15日）。

［9］ 以下の錺金具の修理についてはO氏への聞き取り（2017年5月11日）、漆の修理についてはM氏への聞き取り（2017年5月14日）による。

［10］ M氏への聞き取りによる（2017年5月1日）。

［11］ A町の中老AC1氏、B町の中老BC1氏、C町の中老CC1氏による。

［12］ F町の中老FC1氏への聞き取りによる（2014年4月15日）。

［13］ O氏によれば、錺金具の修理を行なうために取り外した場合に製作年が記されている場合があるが、もっとも新しいものでも大正期のものであったという（2017年5月11日聞き取り）。ただし製作年を必ず書き記すわけではないので、それ以降の新作がある可能性を否定できるわけではない。

［14］ たとえば1000万円の修理なら、200万円に加え、1000／100×5で50万円が加算された。これ以降の市による補助金が支出された修理については、長浜市歴史文化課が年度・金額・修理内容に関する記録を残している。

［15］ 長浜市歴史遺産課のK氏への聞き取りによる（2017年4月27日）。

［16］『昭和54年総當番記録』（長浜市曳山博物館所蔵）内の1979年7月25日山組臨時集会（反省会）の議事録より引用。

［17］ 以下の保存会に関する内容はBC1氏（2017年1月28日）、長浜市歴史遺産課のK氏（2017年4月27

日）への聞き取りによる。

［18］ ただし実際に購入したのは1度だけであり、１９９９年に保存会が財団法人長浜曳山文化協会に改組される際に、法人として余剰金を持てないということで積み立てを各山組に返却してこのしくみは消失した。

［19］ 滋賀県を中心に近畿・北陸に展開するスーパーマーケットである。

［20］ ＩＧＯ商店街連盟の「ＩＧＯ」とは伊部町・神戸町・大手門通りという3つの商店街の頭文字を取ったものである。いずれも山組の領域と重なり、翁山（伊部町）、孔雀山（神戸町）、そして大手門通りは壽山（大手町）と高砂山（宮町）の一部である。

［21］『ＩＧＯまちづくりニュース』（１９９1年8月26日版、発行：ＩＧＯ商店街振興組合、編集：まちづくり編集委員会）による。

［22］ 当時の青年会議所副理事長（１９８2年より理事長）で博物館構想の実行委員長を務めた、Ｊ町の若衆（現在は中老）、ＪＣ2氏への聞き取りによる（２０１6年11月21日）。

［23］ 当時の青年会議所メンバー（１９８8年には理事長）でＧ町の若衆（現在は中老）、ＧＣ1氏への聞き取りによる（２０１6年11月21日）。

［24］ たとえば青年会議所は20周年事業として商店街での朝市を3年間にわたって開催し、それを商店街に引き継ぐ形で、町の賑わいを取り戻す活動を行なった（長浜青年会議所昭和55年度総合企画委員会編 1980: 6）。ＪＣ２氏によれば約1万人の集客があったという（２０１6年11月21日）。

［25］ ＪＣ2氏への聞き取りによる（２０１6年11月21日）。

［26］ ＧＣ1氏への聞き取りによる（２０１6年11月21日）。

［27］ 当時、長浜市商工観光課に勤務し、後に曳山博物館建設の担当となったＰ氏への聞き取りによる（２０１６年11月17日）。なおこのとき、曳山博物館以外にも、市が商店街中心部に買い物客向けに市営駐車場と買物公園を整備することも取り決められている。

［28］ このように長浜市が青年会議所による提案をふまえて曳山博物館の建設に乗り出したのは、市がこの時期「博物館都市構想」を策定して、文化財や歴史遺産を生かしたまちづくりを進める方針を打ち出していたことも影響し

ている。この博物館都市構想は「市内に点在する文化財や伝統的なまちの雰囲気を生活の中に生かし、まち全体を〈博物館〉のように魅力ある事物でおおい、個性のある美しいまちにしていこう、という考え方」にもとづくものであり（長浜市 1984: 3）、曳山博物館の建設はその方向性とも一致していた。

[29] ＢＣ１氏への聞き取りによる（２０１７年１月28日）。

[30] 当時、長浜市職員として曳山博物館の用地買収と建設を担当したＱ氏への聞き取りによる（２０１６年11月24日）。

[31] ＪＣ２氏への聞き取りによる（２０１６年11月21日）。

[32] Ｐ氏より提供された、曳山博物館建設プロセスに関する年表による。

[33] 『ＩＧＯまちづくりニュース』（１９９１年８月26日版、発行：ＩＧＯ商店街振興組合、編集：まちづくり編集委員会）による。

[34] Ｐ氏が曳山博物館建設にあたって引き継ぎ所蔵している、長浜市教育委員会作成資料「（仮称）曳山博物館建設基本計画構想（平成４年３月）」による。

[35] 以下のＨＣ１氏の主張や曳山博物館に関する働きかけの内容については、Ｐ氏への聞き取りによる（２０１６年11月17日）。

[36] 当時、総務部長として案のとりまとめに当たったＰ氏からの聞き取り（２０１６年11月17日）、およびＰ氏が部長として案を作成した際に用いた資料「仮称　長浜歌舞伎博物館基本構想（案）」による。

[37] Ｑ氏への聞き取りによる。

[38] 長浜市歴史遺産課のＬ氏への聞き取りによる（２０１７年３月28日）。

[39] 錺金具師のＯ氏への聞き取りによる（２０１７年５月11日）。

[40] ＪＣ１氏への聞き取りによる（２０１６年11月21日）。

[41] 漆については２００６年より前は木部の専門家が兼任していたが、２００６年以降は別に専門家が置かれ、方針が大きく変化したという。塗師のＮ氏への聞き取りによる（２０１７年５月14日）。

[42] Ｌ氏からの教示による（２０１７年３月28日聞き取り）。

[43] これはオリジナルの絵画と、絵画の複製との関係と同じである。たとえどれだけ模倣していても、複製の絵画にはオリジナルと同じ価値は認められない。

[44] 「曳山の解体修理：どんなことをするの?」（『地域情報誌長浜み～な』（127号）、39頁）における、二宮義信氏（長浜市文化財保護センター）へのインタビュー記事による。

[45] M氏への聞き取りによる（2017年5月1日聞き取り）。

[46] K氏への聞き取りによる（2017年4月27日）。

[47] FC1氏への聞き取りによる（2017年4月27日）。

[48] FC2氏への聞き取りによる（2017年4月27日）。またこうした感覚を山組が持つのは、幕や毛槍、そこに付く金具や付属品などの復元新調をする際には、それがどんな材料・技法で作られているかについての科学的分析とその技法の再現が重視され、復元新調したそれらの懸想品そのものだけでなく、その再現プロセスに多額の費用が用いられていることも挙げられよう。これについてはL氏への聞き取りによる（2017年3月28日）。

[49] FC1氏への聞き取りによる（2017年4月27日）。

[50] FC1氏への聞き取りによる（2017年4月27日）。

[51] L氏への聞き取りによる（2017年3月28日）。

[52] L氏への聞き取りによる（2017年3月28日）。

[53] K氏への聞き取りによる（2017年4月27日）。

[54] CC1氏への聞き取りによる（2017年4月27日）。

[55] CC1氏への聞き取りによる（2017年4月27日）。

[56] M氏への聞き取りによる（2017年5月1日）。

[57] たとえばF町の中老であるFC2氏は「山蔵のなかやと車輪大丈夫なんですけど、博物館で温度管理・湿度管理しても、あっちやと痩せちゃうんで、やっぱあの蔵はすごいんですよね。昔からの知恵で。山蔵入れてると大丈夫なんですよ。湿度とかああいう管理に関しては、やっぱり蔵っていうのはすごい。あんだけお金かけて博物館は温度管理・湿度管理しても、やっぱりあかんのですよね」と述べる（2017年4月27日聞き取り）。また歴史遺

産課のL氏も「今でも博物館に預けたくないという人はいると思う」と述べる（２０１７年３月28日）。

## 第９章

［１］　こうした視点は民俗芸能の当事者たちが観光や文化財保護政策といった社会的文脈に適応し、あるいはまたそれを流用し芸能を再構成してきたのかという橋本裕之らによる研究と重なるものでもある（橋本裕之 1996, 2000, 2006; 俵木 1997; 才津 1996, 1997）。民俗芸能研究においては文化財指定の政治性、また伝統文化の真正性をめぐる構築主義的な批判が数多くなされたが（80年代から90年代にかけて行なわれたそうした議論の集大成は橋本裕之（2006）である）、そのことを踏まえたうえでそうした政策を芸能の担い手がどう主体的に引き受けて活用し、あるいは活用しなかったのかという観点での分析の段階に至っている（菊地暁 2001; 俵木 1997, 1999, 2012; 橋本裕之 2014）。

［２］　１９２３年に「祭典申合規約」が制定されたときには、総當番は「総取締」という名称に改められたが、１９５４年には総當番の旧称に戻された（長浜市史編さん委員会 2002: 47）。本稿では引用を除き「総取締」の語は使わず、全て「総當番」で統一する。

［３］　なお１９１７年以降、総當番は十二の山組から二組交替の輪番制で務める当番山組から６人ずつ、氏子総代・長刀組・七郷より各１人の15人であったが、１９６０年の規約改正により、当番山組から３人ずつ、出番山組４つから１人ずつ、氏子総代・長刀組・七郷から各１人の合計13人となり、さらに長浜市役所・長浜観光協会・長浜商工会議所からも１名が選出されるようになった（滋賀県長浜市教育委員会・長浜曳山祭総合調査団編 1996: 43-49; 長浜市史編さん委員会 2002: 46-50）。

［４］　なお総當番記録ではそれぞれの会議の呼称が年によって異なる場合があるが、引用の場合を除き、以下ではここで挙げた名称で統一する。

［５］　１９１９年４月18日付、１９２２年４月14日付の『大阪朝日新聞（京都附録）』などにそのことが記載されている。

［６］　ただし山組集会での全山組の投票の結果、実施５票・中止７票の僅差で、祭礼は中止されている。

[7] 昭和2年に呉服商組合が総當番に対して祭礼の実施を求めた文書では、春季執行によって大幅に商品の動きや金額が落ちたため、秋季に執行してほしいとされている。なおこの要望は、1894年以降、一番山から長刀組に挨拶がなかったという問題から太刀渡りと曳山巡行が分離して行なわれていた問題が1924年にようやく解決し、双方とも10月に行なうことになったにもかかわらず、再び4月に移動すると長刀組との間に問題が起きるという理由もあって、かなえられなかった。

[8] 当時は多くの町では雇いシャギリが一般的だったはずだが、派遣されたシャギリがどのように調達されたかは、議事録には記載されていない。

[9] 1936年10月8日に大阪朝日新聞滋賀版で掲載された「長濱祭を語る座談会②」での長浜町長の発言。なおこの座談会は町長・警察署長・実業協会長・八幡宮宮司・郷土史家でJ町の中老JC1氏、そして長刀組を含めた6つの山組のメンバーによるもので、10月7日~10日まで4日間にわたって掲載された。なお総當番記録では14日~16日で合わせて6万人の観光客が訪れたとされている。

[10] 1936年10月7日に大阪朝日新聞滋賀版掲載の「長濱祭を語る座談会①」による、F町の参加者からの発言。

[11] 大阪朝日新聞滋賀版「長濱祭を語る座談会①」でのJC3氏の発言。

[12] ただしそれ以前に1948年に長浜市制5周年事業として、さらにその翌年10月の豊公350年祭でも曳山4基が出され、狂言が演じられている。

[13] この年の総當番記録に記載されている数字による。

[14] なお観光以外の財源の可能性として、1954年に曳山狂言が県無形重要文化財に指定され、さらに1958年には曳山が有形文化民俗資料と指定されて長浜文化保護協会が発足したことで、補助金として22万円が下付されて曳山1基の実測が行なわれた。こうした状況で国庫補助や国指定の可能性が総當番によって模索されているが、翌年以降は特に具体的な活動は見られない。

[15] 『昭和40年総當番記録』でのR町の前総當番委員長の発言。

[16] G町の負担人の発言と、総當番文書内に引用されているG町より1965年3月9日に総當番に出された請願文書による。こうした意見の背景には、山組内で会社に勤務しているため日曜以外での祭礼への参加が困難な者が

次第に増加したこともある。ただしこれはその後の検討で、神事と狂言を別にすることでの経費の増加や、本日の日程が一定せずかえって観光客が少なくなるという意見のため取りやめられた。

[17] なおこの順路変更案は一部の山組から、変更による山曳きの時間的負担と道路工事の状況から反対があり、立ち消えとなった。

[18] 昭和41年総當番記録での3月1日山組総集会での観光協会長の発言。

[19] なお協賛者には景品が授与され、まとまった口数の場合は観劇会の招待券や御旅所での桟敷席招待が行なわれた。

[20] なお協賛会の開催場所はその後、新たに建設された長浜文化芸術会館に移動している。

[21] 1968年2月1日の山組総集会。

[22] 1968年6月2日の反省会。

[23] 1966年2月13日の臨時山組集会でのＪＣ3氏の発言。

[24] ただし当初の議員との懇談では、20万円の配分は出番山組4基に委託料5万円ずつであったものが、協賛会の会計と一本化されて長刀組へも配分された結果、出番山組の配分額が減少したことに6月10日の山組総集会・反省会で不満の声が上がっている。そうした問題もあって、委託料は「長濱祭の伝統を永久に維持保存する」ためのものであり、保存会は絶対に必要とする主張も見られた。

[25] 『昭和53年総當番記録』の1979年4月14日の項より引用した。

[26] その後長浜市曳山博物館の開館に合わせて、保存会は1999年に財団法人長浜曳山文化協会に改組されている

[27] 『昭和54年度総當番記録』中の、1978年12月18日開催の臨時山組集会による。

[28] シャギリのうち、狂言の開始時に合図として演奏される笛のソロを指す。

[29] 1982年1月28日の山組臨時集会での総當番委員長の発言。

[30] 1982年1月28日の山組臨時集会でのＦ町からの発言。

[31] なお曳山は1985年に、県からは有形民俗文化財に指定されたことは第8章で述べた通りである。国指定に

は2017年現在に至るまで指定されていない。
[32] 1982年2月8日の山組臨時集会でのE町からの発言。
[33] 1979年3月18日の出番山組集会でのH町より出仕した総當番委員のHC1氏の発言。

## 第10章

[1] AC2氏への聞き取りによる(2016年11月16日)。
[2] AW1氏への聞き取りによる(2015年4月24日)。
[3] AW1氏への聞き取りによる(2015年4月24日)。
[4] AW1氏への聞き取りによる(2015年4月24日)。
[5] AW1氏への聞き取りによる(2015年4月24日)。
[6] たとえばD町では役者の配役決めの日に、映像撮影とその予算について役者親が説明を受けていた(2011年2月11日)。
[7] AW1氏への聞き取りによる(2016年9月30日)。
[8] AW1氏への聞き取りによる(2016年9月30日)。
[9] CC1氏への聞き取りによる(2016年9月30日)。
[10] AW1氏への聞き取りによる(2016年2月6日)。

## 近現代長浜曳山祭年表

| 西暦（年号） | 長浜曳山祭に関する動き | 祭礼に関連する長浜市の出来事 |
|---|---|---|
| １９２４（大正13）年 | 総当番によって祭礼の宣伝ポスターが近県に掲出されるようになる（第９章）。 | |
| １９２５（大正14）年 | 長浜曳山祭のシャギリが日本放送協会で初めてラジオ放送される。これ以降、１９３７年までほぼ毎年出演（第９章）。 | |
| １９２７（昭和２）年 | 諒闇のため祭礼中止（第９章）。 | |
| １９２９（昭和４）年 | 長浜町より総当番に対して、祭礼の宣伝費が補助される（第９章）。 | |
| １９３４（昭和９）年 | 長浜町より山組の観光への協力に対して、祭典補助費が支給される。また東京・白木屋デパートで長浜祭礼展覧会が開催される（第９章）。 | |
| １９３７（昭和12）年 | 日中戦争の開始にともない、子ども歌舞伎が中止される（第９章）。 | |
| １９３９（昭和14）年 | | 政府による絹織物製品価格が公定化され、縮緬産業が大打撃を受ける。 |
| １９４０（昭和15）年 | | 奢侈品等製造販売制限規則施行により、縮緬・ビロードの生産が中止される。 |
| １９４３（昭和18）年 | | 長浜町が町村合併し、市制が施行されて長浜市となる。 |
| １９４８（昭和23）年 | 市制５周年を記念し、曳山狂言が行なわれる。 | |

| | | |
|---|---|---|
| 1950（昭和25）年 | 長浜市観光協会からの補助金を得て祭礼が再開される。合わせて祭礼の名称を「長浜曳山まつり」と決定し、山組総集会に市・観光協会が参加するようになる（第9章）。 | |
| 1956（昭和31）年 | | 長浜市が財政難に陥り、自治省によって財政再建団体に指定される（1962年まで）。 |
| 1957（昭和32）年 | J町のJC1氏が四ツ塚でシャギリを習い始める（第6章）。 | |
| | 長浜曳山祭が滋賀県無形民俗文化財に選択される。 | |
| 1958（昭和33）年 | 長浜曳山祭文化財保護委員会が設立され、県の補助を受けて全ての曳山の実測調査が1970年まで継続して行なわれる。 | |
| 1960（昭和35）年頃 | この時期以降、資金調達のためにパンフレットを刊行する山組が増加していく（第7章）。 | |
| | 農村部から山曳きの人足が集まらなくなり、これ以降、滋賀大学の学生がアルバイトで参加。 | |
| 1962（昭和37）年 | 滋賀県人会の依頼により、長浜曳山祭のシャギリが東京公演を行なう。それに合わせてJC1氏が一部の曲を五線譜化する（第6章）。 | |
| 1965（昭和40）年 | JC1氏が長浜西中学校ブラスバンド部にシャギリを教えて演奏させる。翌年に長浜市民会館の完成に合わせて演奏会を行なう（第6章）。 | |

| | | |
|---|---|---|
| 1965（昭和40）年頃 | この時期から、次第に周辺農村部からの雇いシャギリの担い手が集まらなくなる。 | 長浜市民会館が開館。 |
| 1966（昭和41）年 | 長浜曳山祭協賛会が発足。合わせて長浜市民会館での市民向けの狂言の公演が開始される。山組の財団法人化が模索される（第9章）。 | |
| 1967（昭和42）年 | 長浜市文化財保護条例に基づく補助金の受け取りのため、長浜曳山祭保存会が設立される（第9章）。 | |
| 1968（昭和43）年 | 曳山の修理に対し、初めて市からの補助金が支出されるようになる（第8章）。 | |
| 1969（昭和44）年 | | 滋賀県内のスーパーマーケットチェーン・平和堂が長浜駅前に出店。 |
| 1970（昭和45）年 | JC1氏が複数の山組の若衆にシャギリを教え始める（第6章）。 | 平和堂に対抗し、地元業者により商店街内に大型店舗パウワースが開店。 |
| 1971（昭和46）年 | 4つの山組により長浜曳山祭囃子保存会が発足。JC1氏が副会長に就任（第6章）。 | |
| 1972（昭和47）年 | 曳山の修理に際して、各山組が滋賀県文化協会からの無利子借り入れを行なうことが可能となる。これ以降、各山組で修理が盛んに行なわれる。 | |
| 1973（昭和48）年 | 一部の山組が囃子保存会を脱会し、破綻の危機を迎えるが、収束する（第6章）。 | |

| | | |
|---|---|---|
| 1974（昭和49）年 | JC1氏が囃子保存会会長となり、自らが五線譜化した楽譜をもとに各山組の子どもを公募して、指導を始める。また子どもが初めて曳山の亭の上で演奏を行ない、成功を収める。囃子保存会に加入する山組は8つとなる（第6章）。 | |
| | E町の名望家により、曳山に銹金具が新たに取り付けられる。曳山に新たな装飾が加えられたのは、記録上これが最後である（第8章）。 | |
| 1976（昭和51）年 | 裸参り行事に、子どもたちが「迎えシャギリ」として参加するようになる（第6章）。 | |
| 1977（昭和52）年 | 夕渡り行事の先導隊として、子どもたちがシャギリを演奏して参加するようになる（第6章）。 | |
| 1978（昭和53）年 | 囃子保存会に全ての山組が加入（第6章）。 | |
| 1979（昭和54）年 | 長浜曳山祭が国指定重要無形民俗文化財に指定される。文化財指定に関する補助金の受け取りのため、恒常的な組織として長浜曳山祭保存会が設立され、第一部会（行事）・第二部会（曳山）・第三部会（狂言・三役）が設置される（第8章）。 | 西友および平和堂より長浜市に対し、国道8号線沿いに大型店舗の出店申請が提出される（第8章）。 |
| | 長浜曳山祭の国指定重要無形民俗文化財指定を記念して、本日に全山組が出場。これ以降、1956年まで全山出場となる（第9章）。 | |

| | | |
|---|---|---|
| | 全山出場のため、囃子保存会がローテーションを組んで、各山組を応援。女子の演奏への参加、シャギリのキャラバン隊による長浜市内でのパレードや介護施設などでの慰安演奏が開始（第6章）。 | |
| | 山曳きに自衛隊今津駐屯地から支援隊が参加するようになる。 | |
| 1980（昭和55）年 | 長浜青年会議所が曳山博物館構想を提唱。会員が裸参り行事に参加。 | 長浜城歴史博物館の開館を求める市民運動が起こり、2億8千万円の寄付が市に寄せられる。 |
| 1983（昭和58）年 | | 西友長浜楽市の出店が決定する（第8章）。 |
| | | 長浜城歴史博物館が開館。長浜青年会議所の中心メンバーの提唱により、中心市街地の活性化を目指すながはま21市民会議が発足。後に黒壁の源流の一つになる。 |
| 1984（昭和59）年 | 長浜市により、商店街への集客施設としての曳山博物館の建設が決定。 | 長浜市総合計画として「長浜ルネサンスプラザ整備事業」および「博物館都市構想」が策定され、歴史文化を活かしたまちづくりの方向性が示される（第8章）。 |
| 1986（昭和61）年 | 曳山が滋賀県指定有形民俗文化財に指定されて県が修理費用の1／3を負担するしくみがととのえられる（第8章）。 | |
| 1988（昭和63）年 | | 西友長浜楽市がオープンし（第8章）、商店街からの出店が相次ぐ。パワワースが閉店し、テナントとして西友に賃貸される。 |

| | | |
|---|---|---|
| 1989（平成元）年 | | 黒壁ガラス館が開館する。 |
| 1990（平成2）年 | 長浜市教育委員会によって「曳山博物館建設基本計画構想」がまとめられるが、批判を受けて撤回される（第8章）。 | |
| | ふるさと創生基金により、それまで外部調達以外に方法がなかった振付・太夫・三味線の担い手を育成する三役修業塾が開始される。また長浜曳山祭保存会・伝承委員会が中心になり、長浜小学校に子ども歌舞伎クラブが設立される。 | |
| | 長浜市経済部商工観光課が中心市街地核再生プロジェクト（仮称：曳山座）案を提案するが、山組からの反対を受けて撤回される（第8章）。 | |
| 1991（平成3）年 | この年から5年間にわたって長浜市教育委員会・長浜曳山祭総合調査団による各山組の曳山の調査が行なわれ、曳山の文化財としての修理に当たって、過去の修理履歴が明らかになる（第8章）。 | 北部商業集積構想として、新たなショッピングモールの建設構想が浮上（第8章）。 |
| | 長浜市総務課によって「長浜歌舞伎博物館基本構想」が提案されるが、山組からの反対を受けて撤回される（第8章）。 | ながはま21市民会議が求めてきた、京阪神から長浜への直通電車の乗り入れが実現する。 |
| 1993（平成5）年 | 滋賀県・長浜市の協力を得て、狂言のアメリカ公演が行なわれる。 | |

| | | |
|---|---|---|
| １９９６（平成8）年 | 文化庁民俗文化財保存活用支援活動国庫補助要項に基づき、国が修理の半額の予算を補助する形での曳山の解体修理が始まる。これ以降２０１８年までに10基の曳山が解体修理される（第8章）。 | 北近江秀吉博覧会が開催され、82万人を集客する。 |
| | 長浜市長の下で設置された曳山博物館検討委員会において、展示室と修理施設を持つ博物館の構想が決定される（第8章）。 | |
| １９９９（平成11）年 | 長浜曳山祭保存会を引きつぐ形で、財団法人長浜曳山文化協会が発足。 | |
| ２０００（平成12）年 | 長浜市曳山博物館が開館し、文化財としての曳山の展示および修理に関する設備が整えられる（第8章）。 | |
| | 長浜曳山文化協会の下に置かれた伝承委員会によって、中学校でのシャギリ教室が始まる（第6章）。 | |
| ２０１１（平成23）年 | 総当番による市民向けの山曳きボランティアの募集が始まる。 | ＮＨＫ大河ドラマ「江　姫たちの戦国」に合わせて、「江・浅井三姉妹博覧会」が開催され、１１５万人を集客する。 |
| ２０１２（平成24）年 | 滋賀県立大学・長浜バイオ大学に対するボランティアの募集が始まる。 | |
| | 文化庁がユネスコに対して、国指定重要無形民俗文化財となっている32（当時）の山・鉾・屋台行事の無形文化遺産への登録を提案する。 | |

| | | |
|---|---|---|
| 2016（平成28）年 | 長浜市および各山組によって、長浜曳山祭のユネスコ無形文化遺産登録をめざすユネスコ曳山ユニット事業が行なわれる。「地域伝統芸能による豊かなまちづくり大会ながはま」が開催され、狂言がＮＨＫで放映される。 | |
| | 長浜曳山祭を含む33の山・鉾・屋台行事がユネスコ無形文化遺産に登録される。 | |
| 2017（平成29）年 | ユネスコ無形文化遺産への登録を記念して、本日に全ての曳山が御旅所に揃う。また東京・国立劇場で狂言の上演が行なわれる。 | |

# あとがき

本書は、２０１８年3月に東京大学大学院人文社会系研究科より社会学の学位を授与された博士論文「長浜曳山祭の都市社会学――伝統消費型都市の生活共同と社会的ネットワーク」を大幅に改稿したものである。各章のもとになった論文は次の通りであるが、複数の論文の内容をまとめた章もある。

第1章～第3章　書き下ろし。
第4章　「都市祭礼におけるコンフリクトと高揚――長浜曳山祭における山組組織を事例として」（『生活学論叢』28号、日本生活学会、17～30頁、２０１５年）、「再解釈される『伝統』と都市祭礼のダイナミクス――長浜曳山祭における若衆―中老間のコンフリクトを手がかりとして」（『東海社会学会年報』９号、東海社会学会、81～92頁、２０１７年）、「若衆―中老間のコンフリクトと祭礼のダイナミズム」市川秀之・武田俊輔編『長浜曳山祭の過去と現在――祭礼と芸能継承のダイナミズム』（おうみ学術出版会、２３１～２６８頁、２０１７年）の３つの論文を合わせて改稿。
第5章　「都市祭礼における対抗関係と見物人の作用――長浜曳山祭における裸参り行事を手がかりとして」（『社会学評論』67巻2号、２６５～２８２頁、２０１７年）を改稿。
第6章　「都市祭礼における周縁的な役割の組織化と祭礼集団の再編――長浜曳山祭におけるシャギリ（囃子）の位置づけとその変容を手がかりとして」（『年報社会学論集』29号、関東社会学会、80～91頁、２０

16年）を改稿。
第7章　「都市祭礼における社会関係資本の活用と顕示――長浜曳山祭における若衆たちの資金調達プロセスを手がかりとして」（『フォーラム現代社会学』15号、関西社会学会、18～31頁、2016年）を改稿。
第8章　「コモンズとしての山・鉾・屋台をめぐる社会関係――長浜曳山祭における曳山の管理とその変容を手がかりとして」『民俗芸能研究』63号、民俗芸能学会、75～100頁、2017年）を改稿。
第9章　「長浜曳山祭における社会的文脈の流用――観光／市民の祭り／文化財」（長浜曳山文化協会・滋賀県立大学人間文化学部地域文化学科編『長浜曳山子ども歌舞伎および長浜曳山囃子民俗調査報告書――長浜曳山祭の芸能』長浜曳山文化協会、2012年）およびそれをもとにした「都市祭礼の継承戦略に関する歴史社会学的研究――長浜曳山祭における社会的文脈の活用と意味づけの再編成」（野上元・小林多寿子編『歴史と向きあう社会学――資料・表象・経験』ミネルヴァ書房、2015年）を改稿。
第10章　書き下ろし。

本書のきっかけは、2011年1月より祭礼の保存会に当たる財団法人長浜曳山文化協会から、私の勤務先の滋賀県立大学に対して「長浜曳山子ども歌舞伎および長浜曳山囃子民俗調査記録作成事業」が委託され、同僚の民俗学者である市川秀之先生と私が担当者となって調査を実施したことであった。成果は前掲の『長浜曳山子ども歌舞伎および長浜曳山囃子民俗調査報告書――長浜曳山祭の芸能』として刊行されている。調査を始めるきっかけを作っていただいた財団法人長浜曳山文化協会（特に西川丈雄氏・中島誠一氏・橋本章氏・小池充氏・大塚映明氏）、そして市川先生や調査員をお引き受けいただいた先生方にはたいへんにお世話になった。特に調査員のうち東資子氏・上田喜江氏のご論考は、第6章の執筆において重要な役割を果たしている。さらに調査補助員として熱心に参与観察調査やインタビュー、報告書の編集作業を行なった滋賀県立大学の院生・学生の皆さんに心から感謝申し上げたい。

委託された事業は２０１２年３月までであったが、この祭礼の魅力にとりつかれた私はA町の筆頭・副筆頭にお願いして自ら若衆とならせていただき、若衆の会議や日常のシャギリの練習も含めて祭礼に関するすべての行事に参加して調査を進めていった。さらに４月から私のゼミに入る予定の学生は、新学期が始まる前の３月には私の研究室に集まって講義を受け、狂言の稽古に足を運び、祭礼に関する主な行事のほとんどに参加し、参与観察とインタビューを行なうことが恒例となった。

私が勤務するのは人間文化学部地域文化学科という地域社会でのフィールドワークを重視する学科だが、そうした学科の性格とそこで学ぶ学生たちの積極的なとりくみが調査を支えてくれた。彼（女）らはシャギリを習って祭礼の際には一緒に笛を吹いたり裸参りに参加し、祭礼ボランティアとしても毎年活躍してくれている。市川先生との共編著で、学生たちが執筆した『長浜曳山まつりの舞台裏――大学生が見た伝統行事の現在』（サンライズ出版、２０１２年）には、そうした調査やボランティアを経た学生たちが見た祭りの姿がいきいきと表現されている。

また市川先生からは、私自身が若衆として経験したことをアウトプットするように促していただき、それは京都民俗学会の談話会での報告や、滋賀大学・滋賀県立大学・サンライズ出版による「おうみ学術出版会」からの共編著『長浜曳山祭の過去と現在――祭礼と芸能継承のダイナミズム』（２０１７年）として形にすることができた。後者の刊行準備の際には、滋賀大学の副学長をされていた横山俊夫先生（その後、静岡文化芸術大学学長）からの温かい励ましをいただいた。

地方の国公立大学、特に文系をとりまく環境は厳しさを増す一方だが、山組のような地域社会の方々の学生に対する温かさと学生たちの意欲、そして学科の同僚たちの真摯で熱心な教育・研究・地域貢献への姿勢には、未来に向けての希望があると思える。そうした希望を持ち続けることができる環境が維持され、発展できることを切に願う。

さて上記のような経緯で調査を始めたものの、私自身は学部生・院生としてだけでなく就職後も、ほとんど歴史社会学的なナショナリズム論・メディア論の研究しかしたことがなかった。フィールドワーク重視の学科の性格ゆえに2008年頃からそうした調査をするようになってはいたものの、質的調査法のテキストを読みながらの徒手空拳で、果たしてその成果をどう論文にまとめあげていけばいいのやら、皆目見当がつかないというのが正直なところであった。先に述べた委託事業や、他の共同での調査のなかで市川先生の民俗学的なフィールドワークやデータのまとめ方について私が見よう見まねで学ぶ機会をいただき、そこから自分自身のやり方を少しずつ創りあげていくことができたように思う。

もう一つの問題は、ようやく2015年頃から次々に成果を刊行するようになったものの、この研究が社会学のどういう分野で受け入れられるのか、さっぱり確信が持てなかったことである。たとえば日本都市社会学会で本書のような内容を報告しようと思っても、プログラム全体からはかなり「浮いている」印象になると思われた（ちなみに悩んだ挙げ句に入会して報告したのは、一番学会に受け入れられそうと感じた第7章の社会関係資本に関する内容であった）。地域社会学会の過去のプログラムや投稿論文を見ても、あまりピッタリという印象を感じられなかった。

そうした悩みを吹き飛ばしていただいたのは、有末賢先生のご論考「都市研究は都市の民俗をどのように見てきたのか」（有末賢他編『都市民俗基本論文集4　都市民俗の周辺領域』岩田書院、7～24頁、2011年）である。ここから自分の行なっている研究テーマが都市社会学のなかでとりあげられなくなった歴史的な原因を了解することができ、そして有賀と中野卓らの可能性を発展させた「有り得たかもしれない都市社会学」の可能性という、本書の理論的な方向性の展望が開いていった。

研究の進展には、周囲の方々から多くの助けをいただいた。大学時代からの友人の祐成保志氏は、コモンズ論の視点から祭礼を分析することについて重要なヒントをくれた。民俗学者の俵木悟氏には、民俗芸能学会の学会誌『民俗芸能研究』で第８章のもとになる論文を執筆する機会をいただいた。この論文は私がコモンズ論の観点から祭礼を分析した最初のものとなった。また金澤悠介氏にもコモンズ論について示唆をいただいた。

植田今日子氏・金子祥之氏・中村圭氏・牧野修也氏・矢野晋吾氏といったメンバーで行なっている「地域と祭礼」研究会は、祭礼について社会学の立場から集中的に論じる大事な機会となっている。２０１５年から木村至聖氏を中心として始まった「関西若手社会学研究会（通称：さて研）」では、若いさまざまな分野の研究者たちから多くの刺激を受け、学位取得後には博士論文についての報告の機会をいただいた。森久聡氏や有本尚央氏といった方々に接することができたのも、この研究会においてである。また民俗学の福原敏男氏・村上忠喜氏・橋本章氏などが中心メンバーとなられている「山・鉾・屋台研究会」にお誘いいただいたのも、ありがたいことであった。

博士論文の執筆に当たっては、院生時代から私が最も影響を受けてきた佐藤健二先生からの懇切なご指導をいただいた。個別の論文を刊行しつつも、はたしてこの研究が社会学の博士論文としてどのように位置づけられるのかについて自問自答を繰り返してご相談に出向いたときのことや、論文の提出直前に京都から東京に向かう新幹線のなかでコメントをいただいたときのことは、今でも記憶に刻まれている。車中での「大丈夫でしょ。だって聴いてて話に無理がないもん」というお言葉には、心底ホッとしたものであった。

審査に当たっていただいたのは、佐藤先生が人文社会系研究科長に就任されて主査になれないということで代わりを務めていただいた赤川学先生、そして副査としては佐藤先生のほかに出口剛司先生、有末賢先生、吉野耕作先生である。赤川先生には特にコモンズ論や第４章のフレーム分析を中心に多くのコメントをいただいた。出口先生からは特に第4章を中心とした分析の枠組みについて、また有末先生からは都市社会学・都市民俗研究の観点からの評価と今後の課題についての重要な示唆をいただいた。私にとっては有末先生に読んでいただけること自体が、とても大切なことであった。

吉野先生は私が学部から大学院生のときに東大に赴任され、私が民謡や民俗芸能を手がかりにして戦前の日本の郷土意識とナショナル・アイデンティティとの関係を研究していた際に指導教員を務めていただいた。私の就職後に上智大学に転出されていたし、この博論のテーマからすれば明らかに分野違いではあったけれど、ご心配をおかけしたまま博論を出さずにいた自分の思いから、副査をお願いした。吉野先生は日本の社会学の文脈を超えた形で、この研究をよりグローバルで普遍的な文脈において発信していくだけの面白さがあることを示唆され、海外でのさらなる展開を促された。

学位取得後の2018年4月から9月末まで、私はその言葉を胸にオーストリア・ウィーン大学で半年間の在外研修を行なった。海外で慣れない英語での学会報告をし、また英語での著書の分担執筆の話も具体化した9月、吉野先生の突然の訃報に接して愕然とした。本書がこうして形になるのを、そして成果を英語で発信するのを吉野先生にお見せすることができないのは痛恨の思いである。学位論文を審査していただけたことができたことを慰めとしつつ、そしてきっと今後もどこかで見守っていただいていると信じて、先生がそうされていたように野心を持って自身の研究の歩みを進めていきたいと思う。

そして本書ができあがる上での主人公というべき存在は、いうまでもなく長浜の山組の人びとである。先に述べた通り、ほとんどフィールドワークの経験がなかった私や学生たちを快く受け入れ、特に2011年~13年までの調査では、ほぼすべての会議や行事、そして総當番の山組集会を見学することを許された。学生たちがフィールドワークを通じてこの上ない経験を積むことができているのも、山組の皆さんのご理解あってのことである。

A町では若衆として温かく若衆の皆さんに受け入れていただいて、若衆の一員として狂言の稽古に出向き、一緒に飲み会や食事に出向き、祭りに関して話を伺う機会に恵まれた。またA町に限らず山組の皆さんたちからは祭りに関する過去の驚くような出来事、役者と家をめぐる意識、若衆と中老との関係、そうしたさまざまなことについて、インタビューを通じて教えていただいた。すべての山組の囃子方から構成されている長浜曳山祭囃子保存会、また長浜曳山文化協会で若衆たちが祭りを学ぶ場として設けられている伝承委員会では講演の機会をいただいて、それまで接する機会がなかった山組の若衆たちとも知り合い、また各山組の継承に向けた努力や工夫、相互の学び合いを目にすることができた。

そうした機会に伺った祭礼をめぐる語りは、本書のあちこちに引用されている。山組の人びとの多くに共通していえることは、挨拶が上手で、誰もが驚くほど弁が立ち、説得的で、祭りをめぐる人びとの喜びや悔しさ、怒りや悲しみ、美しさや興趣、心得や教訓、そういったさまざまなものを、豊富なエピソードと結びつけて伝える表現力と教養とを備えていることだ。こうした能力も祭りという場における山組内・山組間における挨拶・儀礼の交換や、祭礼をめぐるさまざまな伝承の場が生みだしているものだろう。私自身が調査や参与観察の機会に感じたそんな語りの魅力や雰囲気が、本書を通じてうまく伝わっていればいいと思う。

本書における山組名や個人名はすべて匿名となっている以上、調査でたいへんにお世話になったインフォーマントの方々についてお名前を挙げることができないのが残念だが、お一人だけ実名を挙げるとすれば、それは西川丈雄氏であろう。西川氏は負担人や総當番委員長などを歴任され、長浜曳山祭囃子保存会の副会長である。とともに、市の文化財担当職員として『長浜市史』の執筆・刊行にも重要な役割を果たされ、かつて長浜市曳山博物館の館長も務められた。曳山祭や長浜の歴史に関する西川氏の該博な知識は、本書を執筆する上で大きな助けとなった。

長浜はこうした知識人を数多く輩出し、さらにそうした人びとを培う場やメディアを育ててきた町である。西川氏の手になる第8章の曳山の絵の転載をお許しいただいた、長浜み～な編集室発行の『長浜み～な』という地域情報誌など、驚くほどに地域の歴史や文化に関する興味深い知識に満ちている。今回快く絵の転載に応じていただいたことを感謝申し上げたい。そんな雑誌が愛読され続けるほどに、歴史や文化・芸術への造詣が深い方々がこの町には多く、それらをどうまちづくりに活かしていくかについての理念や思慮を感じられることも、この町の大きな魅力だと思う。祭りを通して知り合い、時間を共有し、お話を伺わせていただいたすべての方々に心より感謝申し上げる。加えて長浜市歴史遺産課・長浜市曳山博物館のご助力にも感謝の意を表したい。

本書を執筆する上で支えになったのは、パートナーの富永京子の存在である。本書のもとになった原稿の大半は2015年以降の学会報告と学会誌の査読論文をもとにしているが、この年に立命館大学に赴任した彼女はいつも私のそばにいて、自宅で一緒に仕事をし、原稿にコメントをくれ、励まし続けてくれた。「いける、いける！」という彼女の声と前向きな姿勢に力をもらい、その仕事ぶりに学ぶことを通じて、私は博士論文と本書を仕上げることができた。あちこちで学会報告や論文投稿をし、新たな仕事を引き受け、研究会に顔を出し、助成金に応募し、海外の大学に客員研究員として長期間滞在する彼女の精力的な仕事ぶりに刺激を受けながら、自分もまたさらに自身の研究を進展させていきたいし、また彼女がしてくれたように私も彼女の研究を支えていきたいと、いつも思っている。

そして就職後、なかなか研究の進展が見られないなかで、もどかしく思っていた両親に感謝を伝えたい。大学時代から常に私の可能性を信じ、研究に専念できる環境を与えてくれて、就職後も心配しながら見守ってくれた。ようやくここに単著という形で成果を見せることができ、少しだけ肩の荷が下りた気がする。

本書は2018年度東京大学学術成果刊行助成の採択を受けて刊行するものである。また冒頭で述べた201

0年度〜2011年度の「長浜曳山子ども歌舞伎および長浜曳山囃子民俗調査記録作成事業」にもとづく助成を受けた。その後は、日本学術振興会科学研究費補助金として2010年度〜2012年度の若手研究B「戦後日本における地域伝統芸能の変容と『地域活性化』に関する（歴史）社会学的研究」（研究課題番号22730397）、そして2015年度〜2018年度の基盤研究C「地域社会における祭礼・芸能の変容と住民／他出者／外部参加者の関係性に関する研究」（同15K03852）を受けて研究を実施している。記して感謝する。
最後に、刊行助成採択後の私の始動の遅さにより、ご迷惑をおかけした新曜社の高橋直樹氏に心より感謝申し上げる。

2019年2月

武田俊輔

# 索　引

◆　た　行



◆　な　行



◆　は　行

# 参考文献

足立重和，2010，『郡上八幡　伝統を生きる——地域社会の語りとリアリティ』新曜社.
秋野淳一，2018，『神田祭の都市祝祭論——戦後地域社会の変容と都市祭り』岩田書院.
阿南透，1986，「『歴史を再現する』祭礼」『慶應義塾大学大学院社会学研究科紀要』26: 23-32.
安藤直子，2002，「地方都市における観光化に伴う『祭礼群』の再編成——盛岡市の六つの祭礼の意味付けをめぐる葛藤とその解消」『日本民俗学』231: 1-31.
有本尚央，2012，「岸和田だんじり祭の組織論——祭礼組織の構造と担い手のキャリアパス」『ソシオロジ』174: 21-39.
有末賢，1999，『現代大都市の重層的構造——都市化社会における伝統と変容』ミネルヴァ書房.
————，2007a，「日本の都市社会研究」北川隆吉・有末賢編著『講座日本の都市社会５　都市社会研究の歴史と方法』文化書房博文社，193-218.
————，2007b，「都市社会研究の系譜と都市社会学の射程——何が見落とされてきたのか」『法学研究』80(9): 1-29.
————，2007c，「総論　都市生活・文化・社会意識の特徴」有末賢・北川隆吉編著『都市の生活・文化・意識』文化書房博文社，19-48.
————，2009，「書評——中野紀和著『小倉祇園太鼓の都市人類学——記憶・場所・身体』古今書院，2007年」『三田社会学』14: 129-132.
————，2011，「都市研究は都市の民俗をどのように見てきたのか」有末賢他編『都市民俗基本論文集4　都市民俗の周辺領域』岩田書院，7-24.
有賀喜左衛門，1939=1967，『有賀喜左衛門著作集Ⅲ　大家族制度と名子制度』未来社.
————，1948=2011，「都市社会学の課題」有末賢他編『都市民俗基本論文集４　都市民俗の周辺領域』岩田書院，161-207.
————，1956=1971，「村落共同体と家」『有賀喜左衛門著作集Ｘ　同族と村落』未来社，117-149.
芦田徹郎，2001，『祭りと宗教の現代社会学』世界思想社.
鯵坂学，1989，「地方都市『銀座』街の町内会——岡山県津山市の事例」岩崎信彦他編『町内会の研究』御茶の水書房，73-194.
東資子，2012a，「現在おこなわれている周辺村落の囃子」長浜曳山文化協会・滋賀県立大学人間文化学部地域文化学科『長浜曳山子ども歌舞伎および長浜曳山囃子民俗調査報告書——長浜曳山祭の芸能』長浜曳山文化協会，200-206.
————，2012b，「祭りと女性」長浜曳山文化協会・滋賀県立大学人間文化学部地域文化学科『長浜曳山子ども歌舞伎および長浜曳山囃子民俗調査報告書——長浜曳山祭の芸能』長浜曳山文化協会，225-231.
————，2017，「長浜曳山祭における祭りと囃子、山組と囃子方」市川秀之・武田俊輔編著，2017，『長浜曳山祭の過去と現在——祭礼と芸能継承のダイナミズム』おうみ学術出版会，81-105.
Coser, L. A., 1956, *The Functions of Social Conflict,* Routledge & Kegan Paul.（＝1978，新睦人訳『社会闘争の機能』新曜社.）
出島二郎，2003，『長浜物語——町衆と黒壁の十五年』まちづくり役場.

―――, 2012, 『その後の長浜――2012〜2013』まちづくり役場.
Dietz, Thomas, NivesDolsak, Elinor Ostrom,and Paul C.Stern, 2002, "The Drama of the Commons," Ostrom, Elinor, ThomasDietz, NivesDolsak, Paul C.Stern, Susan C. Stonich, andElke U.Weber (eds.), 2002, *The Drama of the COMMONS*, National Academies Press: 3-35.（＝2012,「コモンズのドラマ」茂木愛一郎・三俣学・泉留雄監訳『コモンズのドラマ――持続可能な資源管理論の15年』知泉書房，5-47.）
Dore, R. P., 1958, *City Life in Japan: A Study of a Tokyo Ward*, Routledge & Kegan Paul.（＝1962, 青井和夫・塚本哲人訳『都市の日本人』岩波書店.）
Durkheim, Emile, 1912, *Les formesélémentaires de la vie religieuse: le système totémique en Australie*, Les Presses universitaires de France（＝2014，山崎亮訳『宗教生活の基本形態（上・下』筑摩書房.）
藤田弘夫，1982,『日本都市の社会学的特質』時潮社.
―――，2016,「日本の都市社会学史をどのように考えるか――都市社会学発展の多様性と多系性」池岡義孝・西原和久『戦後日本社会のリアリティ――せめぎあうパラダイム』東信堂, 87-112.
福田恵，2011,「都市社会における共有地の形成局面――大都市近郊と地方都市の地域間啓蒙に着目して」池上甲一編『都市資源の〈むら〉的利用と共同管理』(【年報】村落社会研究 47) 農山漁村文化協会，117-155.
福原敏男，2015,『江戸の祭礼屋台と山車絵巻――神田祭と山王祭』渡辺出版.
福原敏男・笹原亮二編著，2014,『造り物の文化史――歴史・民俗・多様性』勉誠出版.
Goffman, Erving, 1959, *The Presentation of Self in Everyday Life*, Dobleday&Company.（＝1974, 石黒毅訳『行為と演技――日常生活における自己提示』誠信書房.）
―――, 1967, *Interaction Ritual: Essays Face-to-Face Behavior*, Aldine.（＝2012，浅野敏夫訳『儀礼としての相互行為』法政大学出版局.）
―――, 1974, *Frame Analysis: An Essay on the Organization of Experience*, Northeastern University Press.
Hardin, Garrett, 1968, The Tragedy of Commons, *Science*, 162: 1243-1248.（＝1993，京都生命倫理研究会訳「コモンズの悲劇」『環境の倫理　下』晃洋書房，445-470.）
橋本章，2017,「歌舞伎芸能の地方伝播――長浜曳山祭の子ども歌舞伎における振付の来訪の様相を題材に」市川秀之・武田俊輔編著『長浜曳山祭の過去と現在――祭礼と芸能継承のダイナミズム』おうみ学術出版会，169-193.
橋本裕之，1996=2014,「保存と観光のはざまで――民俗芸能の現在」橋本裕之『舞台の上の文化　祭・民俗芸能・博物館』追手門学院大学出版会，117-130.
―――，2000=2014,「民俗芸能の再創造と再想像――民俗芸能に係る行政の多様化を通して」橋本裕之『舞台の上の文化　祭・民俗芸能・博物館』追手門学院大学出版会，131-145.
―――，2001=2014,「狭められた二元論――民俗行政と民俗研究」橋本裕之『舞台の上の文化　祭・民俗芸能・博物館』追手門学院大学出版会，146-172.
―――，2006,『民俗芸能研究という神話』森話社.
―――，2014,『舞台の上の文化――祭・民俗芸能・博物館』追手門学院大学出版会.
蓮見音彦編，1983,『地方自治体と市民生活』東京大学出版会.
Heller, Michael A., 1998, "The Tragedy of Anticommons: Property in the Transition from Marx to Markets," *Harvard Law Review*, 111: 621-688.

秀平文忠，2002，「長浜曳山祭の保存・伝承の支援拠点として——曳山博物館の活動と可能性」『月刊文化財』467: 39-42.
平野敏政，2000，「生活組織と全体的相互給付関係——有賀『家』理論の基礎概念」『三田社会学』5: 76-81.
Hobsbawm, E. and Ranger T. (eds), 1983, *The Invention of Traditions*, Cambridge University Press.（＝1987，前川啓治他訳『創られた伝統』紀伊國屋書店.）
俵木悟，1997，「民俗芸能の実践と文化財保護政策——備中神楽の事例から」『民俗芸能研究』25: 42-63.
————，1999，「備中神楽の現代史」『千葉大学社会文化科学研究』3: 97-119.
————，2012，「文化財／文化遺産をめぐる重層的な関係と、民俗学の可能性」『東洋文化』93: 177-197.
————，2015=2018，「民俗芸能のフロンティアとしての無形文化遺産」俵木悟『文化財／文化遺産としての民俗芸能』勉誠出版，263-287.
市川秀之，2012，「人材育成・芸能継承のための組織」長浜曳山文化協会・滋賀県立大学人間文化学部地域文化学科『長浜曳山子ども歌舞伎および長浜曳山囃子民俗調査報告書——長浜曳山祭の芸能』長浜曳山文化協会，232-236.
————，2017，「序説・長浜曳山祭の歴史と現在」市川秀之・武田俊輔編著，2017，『長浜曳山祭の過去と現在——祭礼と芸能継承のダイナミズム』おうみ学術出版会，1-41.
市川秀之・武田俊輔編著，滋賀県立大学曳山まつり調査チーム，2012，『長浜曳山まつりの舞台裏——大学生が見た伝統行事の現在』サンライズ出版.
市川秀之・武田俊輔編著，2017，『長浜曳山祭の過去と現在——祭礼と芸能継承のダイナミズム』おうみ学術出版会.
池上甲一，2011a，「本書の課題と構成」池上甲一編『都市資源の〈むら〉的利用と共同管理』（【年報】村落社会研究 47）農山漁村文化協会，8-21.
————，2011b，「都市の中の〈むら〉という問題設定」池上甲一編『都市資源の〈むら〉的利用と共同管理』（【年報】村落社会研究 47）農山漁村文化協会，23-47.
池上甲一編，2011，『都市資源の〈むら〉的利用と共同管理』（【年報】村落社会研究 47）農山漁村文化協会.
井上真，2010，「汎コモンズ論へのアプローチ」山田奨治編『コモンズと文化——文化は誰のものか』東京堂出版.
井上真・宮内泰介編，2001，『コモンズの社会学』新曜社.
磯辺俊彦，2004，「コモンズという言葉で何が言いたいのか？」『農業研究』99: 185-191.
磯村英一1959，『都市社会学研究』有斐閣.
磯村英一（編），1977，『現代都市の社会学』鹿島出版会.
————，1989，「社会学の都市計画への接近——私の視点」『磯村英一都市論集Ⅲ』有斐閣，16-17.
伊藤久志，2016，『近代日本の都市社会集団』雄山閣.
岩崎信彦，1989，「町内会の可能性」岩崎信彦・鰺坂学・上田惟一・高木正朗・広原盛明・吉原直樹編『町内会の研究』御茶の水書房，469-477.
岩崎信彦・鰺坂学・上田惟一・高木正朗・広原盛明・吉原直樹編，1989，『町内会の研究』御茶の水書房.
岩崎信彦・鰺坂学・上田惟一・高木正朗・広原盛明・吉原直樹編，2013，『増補　町内会の研

究』御茶の水書房.
柿崎京一，1988,「村落研究における有賀理論の視座」柿崎京一・黒崎八洲次良・間宏編,『有賀喜左衛門研究——人間・思想・学問』御茶の水書房，117-144.
川田美紀，2011,「都市における財産区の役割——阪神淡路大震災の被災地を事例として」池上甲一編『都市資源の〈むら〉的利用と共同管理』農文協，83-116.
菊地暁，1999,「民俗文化財の誕生——祝宮静と一九七五年文化財保護法改正をめぐって」『歴史学研究』726: 1-13.
————，2001,『柳田國男と民俗学の現在——奥能登のアエノコトの二〇世紀』吉川弘文館.
菊池健策，2002,「国指定山・鉾・屋台とその行事に関する補助制度」『月刊文化財』467: 26-28.
菊池美代志，1990,「町内会の機能」倉沢進・秋元律郎編著『町内会と地域集団』ミネルヴァ書房，217-238.
金賢貞，2013,『「創られた伝統」と生きる——地方社会のアイデンティティー』青弓社.
北川隆吉・松岡昌則・和田清美・熊谷苑子・石原邦雄・永野由紀子・藤井勝・藤井史郎，2000,「総括討論」北川隆吉編『有賀喜左衛門研究　社会学の思想・理論・方法』東信堂，227-262.
小林忠雄，1990,『都市民俗学——都市のフォークソサエティー』名著出版.
小林力，2012,「シャギリの指導方法と伝承母体の変化」長浜曳山文化協会・滋賀県立大学人間文化学部地域文化学科『長浜曳山子ども歌舞伎および長浜曳山囃子民俗調査報告書　長浜曳山祭の芸能』長浜曳山文化協会，207-212.
————，2017,「三役と湖北農村部の娯楽」市川秀之・武田俊輔編著，2017,『長浜曳山祭の過去と現在——祭礼と芸能継承のダイナミズム』おうみ学術出版会，145-168.
小松秀雄，2008,「祇園祭の山鉾町のアクターネットワークと実践コミュニティ」鯵坂学・小松秀雄編『京都の「まち」の社会学』世界思想社，58-77.
小西賢吾，2007,「興奮を生み出し制御する——秋田県角館、曳山行事の存続のメカニズム」『文化人類学』72(3): 303－325.
国友伊知郎，2016a,「昭和の長浜江州商人　原田良策の足跡14——曳山博物館への道①」『滋賀夕刊』(2016年11月15日付)，滋賀夕刊新聞社.
————，2016b,「昭和の長浜江州商人　原田良策の足跡15——曳山博物館への道②」『滋賀夕刊』(2016年11月22日付)，滋賀夕刊新聞社.
————，2016c,「昭和の長浜江州商人　原田良策の足跡16——曳山博物館への道③」『滋賀夕刊』(2016年11月29日付)，滋賀夕刊新聞社.
————，2016d,「昭和の長浜江州商人　原田良策の足跡17——曳山博物館への道④」『滋賀夕刊』(2016年12月２日付)，滋賀夕刊新聞社.
倉沢進，1968,『日本の都市社会』福村出版.
————，1977,「都市的生活様式論序説」磯村英一編『現代都市の社会学』鹿島出版会，19-29.
————，1981,「1970年代と都市化社会」『社会学評論』31(4): 16-31.
————，1990,「町内会と日本の地域社会」倉沢進・秋元律郎編著『町内会と地域集団』ミネルヴァ書房，2-26.
Lave, Jean and Wenger, Etienne,1991, *Situated Learning: Legitimate Peripheral Participation*, Cambridge: Cambridge University Press.（＝1993，佐伯胖訳『状況に埋め込まれた学習：正統的周辺参加』ひつじ書房.）
Lessig, Lawrence, 2001, *The Future of Ideas: The Fate of the Commons in a Connected World*, New York: Random House.（＝2002，山形浩生訳『コモンズ——ネット上の所有権強化は

技術革新を殺す』翔泳社.）
Lin, Nan, 2001, *Social Capital: A Theory of Social Structure and Action*, Cambridge University Press.（＝2008，筒井淳也・石田光規・桜井政成・三輪哲・土岐千賀子訳『ソーシャル・キャピタル――社会構造と行為の理論』ミネルヴァ書房.）
前田俊一郎，2012,「民俗文化財を支える用具・原材料をめぐる現状――山・鉾・屋台行事の原材料調査と選定保存技術『祭屋台等製作修理』」『月刊文化財』584: 25-28.
増井正哉，1994,「まち・祭・すまい――都市祭礼の社会的基盤・空間的基盤」谷直樹・増井正哉編『まち祇園祭すまい』思文閣出版，169-187.
松平誠，1980,『祭の社会学』講談社.
―――，1983,『祭の文化――都市がつくる生活文化のかたち』有斐閣.
―――，1990,『都市祝祭の社会学』有斐閣.
―――，1994,『現代ニッポン祭り考――都市祭りの伝統を創る人びと』小学館.
―――，2000,「都市祝祭論の転回――『合衆型』都市祝祭再考」日本生活学会（編）『生活学　第二十四冊　祝祭の一〇〇年』ドメス出版，199-216.
―――，2008,『祭りのゆくえ――都市祝祭新論』中央公論新社.
松本通晴，1983,『地域生活の社会学』世界思想社.
松尾浩一郎，2015,『日本において都市社会学はどう形成されてきたか――社会調査史で読み解く学問の誕生』ミネルヴァ書房.
松岡昌則，1979,「現代農村における近隣関係――村落社会研究の分析視角をめぐって」『東北大学教育学部研究年報』27: 157-184.
―――，2000,「『全体的相互給付関係』の今日的継承」北川隆吉編『有賀喜左衛門研究』東信堂，187-190.
松下圭一，1959,『現代政治の条件』中央公論社.
Mauss, Marcel, 1925, *Essai sur le don: forme et raison de l'échange dans les sociétés archaïques*,（＝2009，吉田禎吾・江川純一訳，『贈与論』筑摩書房.）
Merton, Robert K., 1957, *Social Theory and Social Structure: Towards the Codification of Theory and Research*, Free Press.（＝1961，森東吾・森好夫・金澤実・中島竜太郎共訳『社会理論と社会構造』みすず書房.）
森栗茂一，2003,『河原町の歴史と都市民俗学』明石書店.
森田三郎，1990,『祭りの文化人類学』世界思想社.
森田真也，2007,「『文化』を指定するもの、実践するもの――生活の場における『無形民俗文化財』」岩本通弥編著『ふるさと資源化と民俗学』吉川弘文館，129-160.
本禄賢志，2012,「ボランティアが見た稽古場」市川秀之・武田俊輔編著・滋賀県立大学曳山まつり調査チーム『長浜曳山まつりの舞台裏――大学生が見た伝統行事の現在』サンライズ出版，177-187.
村上忠喜，2009,「伝統的な都市の民俗」内田忠賢・村上忠喜・鵜飼正樹『日本の民俗10　都市の生活』吉川弘文館，77-180.
村松美咲，2012,「山組の組織と今後」市川秀之・武田俊輔編著・滋賀県立大学曳山まつり調査チーム『長浜曳山まつりの舞台裏――大学生が見た伝統行事の現在』サンライズ出版，177-187.
―――，2013,「都市祭礼の担い手集団の変容と継承をめぐる課題――滋賀県長浜市長浜曳山祭を事例として」滋賀県立大学人間文化学部地域文化学科2012年度卒業論文.

―――，2017，「山組の組織の変化と今後」市川秀之・武田俊輔編著『長浜曳山祭の過去と現在――祭礼と芸能継承のダイナミズム』おうみ学術出版会，195-230.
長浜曳山文化協会・滋賀県立大学人間文化学部地域文化学科，2012，『長浜曳山子ども歌舞伎および長浜曳山囃子民俗調査報告書――長浜曳山祭の芸能』長浜曳山文化協会.
長浜青年会議所（編），1983，『湖北ながはま 郷愁とロマンの里』保育社.
長浜青年会議所（編），1989，『曳山博物館――Visual Presentation』長浜青年会議所.
長浜青年会議所昭和55年度総合企画委員会（編），1980，『昇華――郷愁とロマンの文化圏湖北の展望　長浜曳山まつり』長浜青年会議所.
長浜青年会議所・滋賀県，1986，『湖国21世紀ビジョン地域討論会　シンポジウム「明日へ向けてのまちづくり」』滋賀県.
長浜市，1984，『博物館都市構想』長浜市.
長浜商工会議所（編），2001，『長浜商工会議所70周年記念誌』長浜商工会議所.
長浜市史編さん委員会（編），1999，『長浜市史第３巻　町人の時代』長浜市役所.
―――，2000，『長浜市史第４巻　市民の台頭』長浜市役所.
―――，2001，『長浜市史第５巻　暮しと生業』長浜市役所.
―――，2002，『長浜市史第６巻　祭りと行事』長浜市役所.
―――，2003，『長浜市史第７巻　地域文化財』長浜市役所.
長澤壮平，2009，「『上演』に根ざす岳神楽の近代」『早池峰岳神楽――舞の象徴と社会的実践』岩田書院，187-204.
中村八朗，1973，『都市コミュニティの社会学』有斐閣.
中村孚美，1972，「都市と祭り――川越祭りをめぐって」『現代諸民族の宗教と文化――社会人類学的研究　古野清人教授古稀記念論文集』社会思想社，353-384.
―――，1986，「博多祇園山笠――そのダイナミックスとアーバニズム」『馬淵東一先生古稀記念　社会人類学の諸問題』第一書房，161-186.
中野紀和，2007，『小倉祇園太鼓の都市人類学――記憶・場所・身体』古今書房.
中野卓，1954，「都市調査」福武直編『社会調査の方法』有斐閣，71-110.
―――，1964=1978，『商家同族団の研究――暖簾をめぐる家研究』（上・下）未来社.
―――，1964，「『地域』の問題と社会学の課題」中野卓編『地域生活の社会学』（現代社会学講座Ⅱ）有斐閣，1-45.
中野洋平，2012，「長浜曳山祭における三役の変遷とネットワーク」長浜曳山文化協会・滋賀県立大学人間文化学部地域文化学科『長浜曳山子ども歌舞伎および長浜曳山囃子民俗調査報告書――長浜曳山祭の芸能』長浜曳山文化協会，220-224.
中筋直哉，1998，「都市社会調査法――一つの社会学入門」田中宏編著『社会学のまなざし』八千代出版,1-29.
―――，2006，「地域社会学の知識社会学」似田貝香門監修・町村敬志編集チーフ『地域社会学の視座と方法』（地域社会学講座Ⅰ）東信堂，192-212.
―――，2008，「日本の都市社会学――都市社会学の第１世代」菊池美代志・江上渉編『改訂版　21世紀の都市社会学』学文社，91-102.
―――，2013，「商家同族団の研究」中筋直哉・五十嵐康正編著『よくわかる都市社会学』ミネルヴァ書房，166-167.
―――，2014，「コミュニティ研究における社会学の領分」『公共政策志林』2: 15-20.
中田実，1993，『地域共同管理の社会学』東信堂.

———，2005，「地域共同管理論の成立と展開」『村落社会研究』11(2): 1-6.
———，2011，「地域共同管理組織としての〈むら〉と〈まち〉」池上甲一編『都市資源の〈むら〉的利用と共同管理』（【年報】村落社会研究 47）農山漁村文化協会，157-186.
中里亮平，2010，「祭礼におけるもめごとの処理とルール——彼はなぜ殴られたのか」『現代民俗学研究』3: 41-56.
西川幸治，1994a，『都市の思想（上）』日本出版放送協会.
———，1994b，『都市の思想（下）』日本出版放送協会.
西川丈雄，2012，「戦中・戦後の曳山祭」長浜曳山文化協会・滋賀県立大学人間文化学部地域文化学科『長浜曳山子ども歌舞伎および長浜曳山囃子民俗調査報告書——長浜曳山祭の芸能』長浜曳山文化協会 : 237-244.
西村雄郎，2011，「都市における『町』の生成・展開と〈まち〉づくり」池上甲一編『都市資源の〈むら〉的利用と共同管理』（【年報】村落社会研究 47）農山漁村文化協会，49-82.
西山八重子，2006，「〈農村-都市〉の社会学から地域社会学へ」似田貝香門監修，町村敬志編集チーフ『地域社会学の視座と方法』（地域社会学講座Ⅰ）東信堂，27-45.
似田貝香門，1973，「日本の都市形成と類型」倉沢進編『社会学講座５——都市社会学』東京大学出版会，47-78.
似田貝香門・蓮見音彦，1993，『都市政策と市民生活——福山市を対象に』東京大学出版会.
岡村正史，1991，「トンプソン論文に関する二、三の考察」岡村正史編著・トンプソン、リー・亀井好恵・川村卓・西尾亮二『日本プロレス学宣言』現代書館，61-79.
奥田道大，1964，「旧中間層を主体とする都市町内会」『社会学評論』14(3): 9-14.
———，1971，「コミュニティ形成の論理と住民意識」磯村英一・鵜飼信成・川野重任編『都市形成の論理と住民』東京大学出版会，135-177.
———，1983，『都市コミュニティの理論』東京大学出版会.
大島暁雄，2002，「山・鉾・屋台行事の保護への新たな取り組み——『山・鉾・屋台行事に関する調査研究』の報告」『月刊文化財』467: 4-9.
———，2007，『無形民俗文化財の保護——無形文化遺産保護条約にむけて』岩田書院.
近江哲男，1958，「都市の地域集団」『社会科学討究』3(1): 181-230.
太田好信，1998=2010，『増補版　トランスポジションの思想——文化人類学の再想像』世界思想社.
Ostrom, Elinor, 1990, *Governing the Commons: The Evolution of Institutions for Collective Action*, Cambridge University Press.
Ostrom, Elinor, Thomas Dietz, Nives Dolsak, Paul C. Stern, Susan C. Stonich, and Elke U. Weber (eds.), 2002, *The Drama of the COMMONS*, National Academies Press（=2012，茂木愛一郎・三俣学・泉留雄監訳『コモンズのドラマ——持続可能な資源管理論の15年』知泉書房.）
Simmel, Georg, 1923, *Soziologie: Untersuchungen uber die Formen der Vergesellschaftung*, Dunker & Humbolt.（=2016，居安正訳『社会学　上』白水社.）
Portes, Alejandro, 1995, Social Capital: Its Origins and Applications in Modern Sociology, *Annual Review of Sociology*, 22: 1-24.
Putnam, Robert, D., 1992, *Making Democracy Work: Civic Traditions in Modern Italy*, Princeton University Press.（=2001，河田潤一訳『哲学する民主主義』ＮＴＴ出版.）
———, 2000, *Bowling Alone: The Collapse and Revival of American Community*, Simon &

Schster.（＝2006, 柴内康文訳『孤独なボウリング』柏書房.）
齋藤純一, 2000,『公共性』岩波書店.
才津祐美子, 1996,「『民俗文化財』創出のディスクール」『待兼山論叢（日本学篇）』30: 47-62.
———, 1997,「そして民俗芸能は文化財になった」『たいころじい——太鼓と人間の研究誌』15: 26-32.
佐藤健二, 2011,『社会調査史のリテラシー——方法を読む社会学的想像力』新曜社.
———, 2015,「地方都市空間の歴史社会学——自身の家と郷土を素材に」内田隆三編『現代社会と人間への問い——いかにして現在を流動化するのか？』せりか書房, 296-319.
佐治ゆかり, 2013,『近世庄内における芸能興行の研究——鶴岡・酒田・黒森』せりか書房.
滋賀県長浜市教育委員会・長浜曳山祭総合調査団, 1996,『長浜曳山祭総合調査報告書』滋賀県長浜市教育委員会.
嶋田吉郎, 2015,「経営者の結社活動から見る伝統行事の再興プロセス——青年会議所と飯塚山笠を事例として」『年報社会学論集』28: 148-159.
園部雅久, 2000,「書評論文——有末賢著『現代大都市の重層的構造』」『日本都市社会学会年報』18: 119-127.
菅豊, 2008,『川は誰のものか——人と環境の民俗学』吉川弘文館.
———2010,「ローカル・コモンズという原点回帰——『地域文化コモンズ論』へ向けて」山田奨治編『コモンズと文化——文化は誰のものか』東京堂出版, 263-291.
鈴木榮太郎, 1965=1977,『鈴木榮太郎著作集６　都市社会学原理』未来社.
鈴木広, 1985,「概説　日本の社会学　都市」鈴木広・高橋勇悦・篠原隆弘編『リーディングス日本の社会学７　都市』東京大学出版会, 3-16.
鈴木広・高橋勇悦・篠原隆弘編, 1985,『リーディングス日本の社会学７　都市』東京大学出版会.
高木唯, 2012,「まちなかの変容と山組」市川秀之・武田俊輔編著, 滋賀県立大学曳山まつり調査チーム『長浜曳山まつりの舞台裏——大学生が見た伝統行事の現在』サンライズ出版, 166-176.
高村学人, 2012,『コモンズからの都市再生——地域共同管理と法の新たな役割』ミネルヴァ書房.
武田俊輔, 2001,「民謡の歴史社会学——ローカルなアイデンティティ／ナショナルな想像力」『ソシオロゴス』25: 1-20.
———, 2002,「柳田國男の民謡論——＜声＞からの近代批判の可能性と困難」『ソシオロゴス』26: 36-56.
———, 2012a,「長浜曳山祭における社会的文脈の流用——観光／市民の祭／文化財」長浜曳山文化協会・滋賀県立大学人間文化学部地域文化学科『長浜曳山子ども歌舞伎および長浜曳山囃子民俗調査報告書——長浜曳山祭の芸能』長浜曳山文化協会, 245-257.
———, 2012b,「曳山まつりの継承とその未来」市川秀之・武田俊輔編著, 滋賀県立大学曳山まつり調査チーム『長浜曳山まつりの舞台裏——大学生が見た伝統行事の現在』サンライズ出版, 188-209.
———, 2015,「都市祭礼の継承戦略をめぐる歴史社会学的研究——長浜曳山祭における社会的文脈の活用と意味づけの再編成」野上元・小林多寿子編著『歴史と向きあう社会学——資料・表象・経験』ミネルヴァ書房, 129-151.
———, 2016a,「都市祭礼におけるコンフリクトと高揚——長浜曳山祭における山組組織を事

例として」『生活学論叢』28: 17-30.
────，2016b,「都市祭礼における社会関係資本の活用と顕示──長浜曳山祭における若衆たちの資金調達プロセスを手がかりとして」『フォーラム現代社会学』15: 18-31.
────，2016c,「都市祭礼における周縁的な役割の組織化と祭礼集団の再編──長浜曳山祭におけるシャギリ（囃子）の位置づけとその変容を手がかりとして」『年報社会学論集』29: 80-91.
────，2017a,「若衆-中老間のコンフリクトと祭礼のダイナミズム」市川秀之・武田俊輔編著『長浜曳山祭の過去と現在──祭礼と芸能継承のダイナミズム』おうみ学術出版会，231-268.
────，2017b,「再解釈される『伝統』と都市祭礼のダイナミクス──長浜曳山祭における若衆－中老間のコンフリクトを手がかりとして」『東海社会学会年報』9: 81-92.
────，2017c,「都市祭礼における対抗関係と見物人の作用──長浜曳山祭における『裸参り』行事を手がかりとして」『社会学評論』68(2): 265-282.
────，2017d,「コモンズとしての山・鉾・屋台をめぐる社会関係──長浜曳山祭における曳山の管理とその変容を手がかりとして」『民俗芸能研究』63: 75-100.
竹元秀樹，2014,『祭りと地方都市──都市コミュニティ論の再興』新曜社.
玉野和志，1993,『近代日本の都市化と町内会の成立』行人社.
────，2002,「都市町内会論の展開」鈴木広監修，木下謙治・篠原隆弘・三浦典子編『地域社会学の現在』（シリーズ社会学の現在２）ミネルヴァ書房，75-88.
田中明，2002,「高山祭屋台の修理・製作技術の保護」『月刊文化財』467: 32-35.
田中志敬，2008,「京都の地域コミュニティと地域運営アソシエーション」鯵坂学・小松秀雄編『京都の「まち」の社会学』世界思想社，31-56.
田中重好，1990,「町内会の歴史と分析視角」倉沢進・秋元律郎編著『町内会と地域集団』ミネルヴァ書房，27-60.
────，2007,『共同性の地域社会学──祭り・雪処理・交通・災害』ハーベスト社.
────，2010,『地域から生まれる公共性──公共性と共同性の交点』ミネルヴァ書房.
谷直樹・増井正哉編『まち祇園祭すまい』思文閣出版.
谷口浩司，1998,「歴史的都心の商家と家族──京都中京・六角町」佛教大学総合研究所編『成熟都市の研究　京都のくらしと町』法律文化社，149-170.
トンプソン、リー，1991,「プロレスのフレーム分析」岡村正史（編著）・トンプソン、リー・亀井好恵・川村卓・西尾亮二『日本プロレス学宣言』現代書館，27-60.
辻竜平・佐藤嘉倫，2014,『ソーシャル・キャピタルと格差社会──幸福の計量社会学』東京大学出版会.
鳥越皓之，1993,『家と村の社会学　増補版』世界思想社.
────，1994,『地域自治会の研究──部落会・町内会・自治会の展開過程』ミネルヴァ書房.
塚原伸治，2014,『老舗の伝統と〈近代〉──家業経営のエスノグラフィー』吉川弘文館.
内田忠賢編，2003,『よさこい／YOSAKOI 学リーディングス』開成出版.
上田惟一，1989a,「近代における都市町内の展開過程──京都市の場合」岩崎信彦他編『町内会の研究』御茶の水書房，77-104.
────，1989b,「京都市における町内会の復活と変動」岩崎信彦他編『町内会の研究』御茶の水書房，105-116.
上田喜江，2012,「長浜曳山祭と周辺村落──長浜囃子保存会以前のシャギリを中心に」長浜曳

山文化協会・滋賀県立大学人間文化学部地域文化学科『長浜曳山子ども歌舞伎および長浜曳山囃子民俗調査報告書――長浜曳山祭の芸能』長浜曳山文化協会，191-199.
―――，2017,「シャギリと周辺農村」市川秀之・武田俊輔編著『長浜曳山祭の過去と現在――祭礼と芸能継承のダイナミズム』おうみ学術出版会，107-144.
植木行宣，2001,『山・鉾・屋台の祭り――風流の開花』白水社.
植木行宣（編著），2005,『都市の祭礼――山・鉾・屋台と囃子』岩田書院.
植木行宣・福原敏男，2016,『山・鉾・屋台行事――祭りを飾る民俗造形』岩田書院.
上野千鶴子，1984,「祭りと共同体」井上俊編『地域文化の社会学』世界思想社，46-78.
和崎春日，1987,『左大文字の都市人類学』弘文堂.
―――，1996,『大文字の都市人類学的研究――左大文字を中心として』刀水書房.
―――，1999,「都市生活のなかの伝統と現代――民俗の変貌と創造」藤田弘夫・吉原直樹『都市社会学』有斐閣，177-195.
谷部真吾 ,2000,「祭における対抗関係の意味――遠州森町『森の祭り』の事例を通して」『日本民俗学』(222): 64－94.
矢部拓也，2000,「地方小都市再生の前提条件――滋賀県長浜市第三セクター『黒壁』の登場と地域社会の変容」『日本都市社会学会年報』18: 51-66.
―――，2006,「地域経済とまちおこし」岩崎信彦・矢澤澄子監修、玉野和志・三本松政之編集チーフ『地域社会の政策とガバナンス（地域社会学講座３）』東信堂，88-102.
山田浩之，2016,「新しい共同性を構築する場としての祭り――祇園祭に見る祭縁の実態」山田浩之（編著）『都市祭礼文化の継承と変容を考える――ソーシャル・キャピタルと文化資本』ミネルヴァ書房，46-81.
山田奨治，2010,「〈文化コモンズ〉は可能か？」山田奨治編『コモンズと文化――文化は誰のものか―』東京堂出版，6-43.
柳田国男，1922=1997,「祭礼と世間」『柳田国男全集』(3) 筑摩書房，189－230.
―――，1942=1998,「日本の祭」『柳田国男全集』(13) 筑摩書房，355－508.
安田三郎，1956,「都市社会学の回顧」福武直編『日本社会学の課題――林恵海教授還暦記念論文集』有斐閣，99-116.
矢島妙子，2015,『「よさこい系」祭りの都市民俗学』岩田書院.
矢崎武夫，1962,『日本都市の発展過程』弘文堂.
―――，1963,『日本都市の社会理論』学陽書房.
米村千代，2014,『「家」を読む』弘文堂.
米山俊直，1974,『祇園祭――都市人類学ことはじめ』中央公論社.
―――，1979,『天神祭――大阪の祭礼』中央公論社.
―――，1986,『都市と祭りの人類学』河出書房新社.
吉田竜司，2010,「伝統的祭礼の維持問題――岸和田だんじり祭における曳き手の周流と祭礼文化圏」『龍谷大学社会学部紀要』(37): 28-42.
吉野英岐，2016,「日本の農村と戦後農村社会学の展開」池岡義孝・西原和久『戦後日本社会のリアリティ――せめぎあうパラダイム』東信堂，113-142.

**著者紹介**

武田俊輔（たけだ　しゅんすけ）

1974年奈良県生まれ。

東京大学文学部行動文化学科社会学専修課程卒業。同大学院人文社会系研究科社会文化研究専攻社会学専門分野博士課程単位取得退学。博士（社会学）。

現在、滋賀県立大学人間文化学部准教授。

専攻は社会学（文化社会学・都市社会学・メディア論・ナショナリズム論・歴史社会学）

■主要著書

『長浜曳山祭の過去と現在──祭礼と芸能継承のダイナミズム』（共編著）おうみ学術出版会、2017年

『歴史と向きあう社会学──資料・表象・経験』（共著）ミネルヴァ書房、2015年

『民謡からみた世界音楽──うたの地脈を探る』（共著）ミネルヴァ書房、2012年

『ナショナリズムとトランスナショナリズム：変容する公共圏』（共著）、法政大学出版局、2009年　ほか

新曜社

**コモンズとしての都市祭礼**

長浜曳山祭の都市社会学

初版第1刷発行　2019年4月8日

初版第2刷発行　2023年4月18日

著　者　武田俊輔

発行者　塩浦　暲

発行所　株式会社　新曜社

〒101-0051 東京都千代田区神田神保町3-9

電話（03）3264-4973（代）・FAX（03）3239-2958

E-mail：info@shin-yo-sha.co.jp

URL：http://www.shin-yo-sha.co.jp/

印刷所　星野精版印刷

製本所　積信堂



ISBN978-4-7885-1629-8 C3036